類型研究視野下的

中彰
民間故事

劉淑爾・著

目　次

第二章　一般民間故事──幻想故事之一

第三章　一般民間故事──幻想故事之二

第六章　笑話

結論

引用書目

導論

一、概說

在談「類型研究」之前，首先必須對什麼是「故事類型」，有清晰的定義及說明：

所謂「故事類型」是指故事內容中以主角人物為中心之一連串遭遇問題解決問題，並進而推展故事內容的過程發展型態。所以「故事類型」是以主角性質及主角之動作性質為中心。而同一個故事過程發展型態，須有三個以上（含三個）的不同說法才能成型，所以同一個「故事類型」中，主角人物只要性質相同（例如：被後母欺凌的女孩），他可以是美國人，也可以是中國人；他可以叫做「辛德瑞拉」，也可以叫做「春美」；而以動作為中心的「情節單元」，只要性質相似（例如：遇到「神奇的幫助者」）它可以是「魚蝦補洞」，也可以是「鳥雀分穀」，所以同一個「故事類型」的故事，並不須要有完全相同的「情節單元」，或同一姓名身分的主角。例如「灰姑娘」的故事，就是「故事類型」中相當被人所熟悉的基型，故事的內容過程是：後母出難題給女孩（如破桶挑水、分開穀豆、織布等）→難題解決（因得到魚蝦、鳥、或織女的幫助而解決）→參加宴會→掉鞋→成婚。在這個「故事類型」中，同位的「情節單元」是可以改換的（如「破桶提水」的難題式「情節單元」，便可換成在短時間內「分開豆穀」的「情節單元」），所以同一個「故事類型」便可在不

同的國度、不同的風俗民情下，因運用不同的「情節單元」而產生各種不同說法的「灰姑娘」了[1]。

由此可見，「故事類型」以故事結構為依歸，而故事結構則是故事「情節單元[2]」（motif）的組織與進行方式的呈現，某一故事類型，為何會將某一些情節單元混合、串接在一起，總遵循著某種邏輯，或者含某種文化信息與特殊意趣，或者是社會生活的折射，或者受文學傳統與審美情趣的制約，在隱含的敘述邏輯中融合了民眾深沉的文化心理、豐富的藝術智慧和獨特的審美情趣。因此，在民間故事的研究中，「類型研究」是很能探究故事核心價值的方式之一，這是本書在進行中彰民間故事研究時，何以要從類型研究這個角度切入的重要原因。

類型研究的主要特點是把同一故事的多種異文集合起來進行比較、分析、綜合，既可以從「大同」中看出它們共有的情節單元、思想文化內涵及藝術情趣等等，展現出故事的原型，在廣闊的時空背景下探索民間故事的生活史，也就是故事的發生、傳承、演變的情況；也可以從「小異」之處看出不同文本的地域色彩以及講述人的個性風格等等。能清晰呈現與詮釋這些「大同」與「小異」所顯現的意義，則是本研究之目的。

---

[1] 劉淑爾：《元雜劇情節單元與故事類型研究》（新北市，花木蘭出版社，2012.03），頁117-118。

[2] 同前註，頁7。
「情節單元」（motif）一詞，在「民間故事」的研究中，是指「故事」構成的最基本要素，也是「故事」分析中不可再分析的最小單位，所有可稱之為「故事」的，至少都有一個極基本的「情節單元」。而形成「情節」的要件，則必須是一不尋常的、有趣的、令人意想不到、或值得一提的事件：通常它以行為、行動為核心——包含行為的本身不尋常（如：死而復活、人變老虎）、行為的發生者不尋常（如：聚寶盆、鳥雀助人分穀）、行為的結果或影響不尋常（如：繡球招親、假新娘）等；亦或是不以行為、行動為核心的靜態異象（如：三腿驢、九尾豹）。因此，一般性的、通常性的事件敘述，縱使是洋洋千言，也不能成為「故事」；必須具有這種值得一提的非常通常性「情節單元」，才能構成「故事」。

　　從事類型研究的第一步，便是必須將民間故事的文本歸入適當的「故事類型」，並給予正確的類型編號。因此，適切的分類，則成為研究論述之前的基礎工作。本研究所使用的故事分類法，是屬於AT分類系統。所謂AT分類系統，是由芬蘭學者阿爾奈教授（Antti Aarne）創始，他所著作的《The Types of the Folktale》（Helsinki, 1961）（《民間故事類型》）一書，後來由美國學者湯普遜教授（Stith Thompson）加以增定再版發揚光大，AT系統的代稱，取的便是這兩位學者之姓氏的第一個英文字母。這個系統，因最初阿爾奈在完成了故事類型的編製後，便倡導各國各民族的故事都能用同一種分類和編號，他的呼籲也得到了支持，因而由阿爾奈和湯普遜兩人合訂的《The Types of the Folktale[3]》，也就在西方各國，廣為從事民間故事之類型分類與研究的學者所使用。

　　第一個將中國民間故事用AT分類法分類，並以AT分類系統把中國民間故事介紹給西方學者的是丁乃通教授；他以英文撰寫的《A Type Index of Chinese Folktales》（《中國民間故事類型索引》，往後敘述簡稱為丁的《索引》）一書，於1978年在芬蘭首都赫爾辛基出版，於1986年被翻譯成中文[4]，重新在中國出版。於是，AT分類法也透過丁乃通教授，首度被引入了中華文化區。

　　在丁書出版之後，大陸各地區的民間文學普查工作仍持續不斷進行，因此，大陸各民族、各省分的民間故事文本也就更豐富了起來。金榮華教授，因為教授民間文學課程，想要有適當的教材以供介紹AT分類，便取用《中國民間故事集成》中四川、浙江、陝西三個省卷本，纂成《中國民間故事集成類型索引（一）》，後來又取北京、吉林、遼寧、福建四個省市卷本編纂第二冊。於退休之後，以上述二書為底，大量擴充材料（如取用《中國民間故事全集》、《中華民族故事大系》的文本），並且增加外國故事之已經譯

3　Antti Aarne, Stith Thompson, The Types of the Folktale (Helsinki, 1973, SUOMALAINEN TIEDEAKATEMIA ACADEMIA SCIENTIARUM FENNICA).

4　丁乃通著、鄭建成等譯：《中國民間故事類型索引》（北京，中國民間文藝出版社，1986年）。

成漢文出版者，建型歸類，彙成一編，名為《民間故事類型索引[5]》（往後
敘述簡稱為金的《索引》），於2007年出版。

民國80年代起，臺灣各縣市政府，也相繼委託學者專家，進行區域性的
民間文學普查工作，歷經近二十年的累積蒐集，也有相當可觀的成績，各
縣市政府，總共出版了超過一百多冊的民間文學集。胡萬川教授便以此為
主要文本，加上日治時期以來所出版的相關的民間文學集，也以AT系統，
編纂了《台灣民間故事類型（含母題索引）[6]》（往後敘述簡稱為胡的《索
引》）一書，於2008年出版。

就故事類型的AT分類系統而言，丁乃通的《中國民間故事類型索
引》、金榮華的《民間故事類型索引》、胡萬川的《台灣民間故事類型（含
母題索引）》，這三部書為兩岸之間尋找同一類型故事的不同異本，提供了
方便的指引。所以，這三部書可以說是中華文化區裡，民間故事的重要索引
工具書，當然也是筆者從事此一區域性類型研究的基礎工具書。

這三部索引工具書，雖都屬AT分類系統，然而，因受作者在當初編纂
索引時，其目的與希望有所不同，致使這三部書的AT編碼有所差異，甚至
編碼之後的標目內容也有所不同，所以當你蒐集或閱讀完一組故事群，也要
依AT系統，給予適當的AT編碼時，卻會發現：有些AT編號，在這三部索引
書目裡是有出入的。

舉例而言，「白賊七」的故事群，是一個多騙局的複合類型故事，也
就是說，這一個故事常不是單一故事類型而已，若依金榮華《民間故事類
型索引》，則「白賊七」的故事是1539【騙人的傳家寶】＋1635A【惡作劇
者兩頭騙人　被騙者虛驚一場】＋1535【死裡逃生連環騙】＋330A【計敗閻
王（龍王）】。（當然不是所有白賊七的文本，上述的每一個類型都全部包
含），所以，依金書的編纂，在上述的幾個編碼下，都會列有「白賊七」這
個故事文本。但若依胡萬川《台灣民間故事類型（含母題索引）》一書，則
會發現上述的330A、1535、1539及1635A等類型編碼，在此書中並不存在，

[5]　金榮華：《民間故事類型索引（上、中、下冊）》（台北，中國口傳文學學會，2007）。
[6]　胡萬川：《台灣民間故事類型（含母題索引）》（台北，里仁書局，2008）。

而「白賊七」的故事文本，最主要出現在此書1530***【小販（或其他）受騙吃苦】及1635A*【虛驚】的編碼下。

有這樣的出入，除了文本的簡繁不一，最重要的是這三部索引之編碼與類目時有不同，因此，便不得不對原AT分類法的分類方式和架構、以及這三書使用AT編碼的特點，重新做一番瞭解，以明白其造成差異的原因，進而能更準確地將所要研討的文本歸入適切的AT編碼，並依此得出更適切的論述。

二、AT分類法的分類方式和架構

有關阿爾奈、湯普遜所著之《民間故事類型》，其分類法的分類架構及其各類之配號如下。而上述另外三部索引，若對原AT分類有更改，則另外加其姓氏註記其更改的說明：

一、動物故事（1-299）

　【※金：動植物及物品故事　1-299】

　【※胡：無1-9之次類型的條目，直接列屬於1-299之最小細目的各條類目】

　1. 野獸（1-99）

　2. 野獸和家畜（100-149）

　3. 人和野獸（150-199）

　4. 家畜（200-219）

　5. 禽鳥（220-249）

　6. 魚類（250-274）

　7. 其他動物和物品（275-299）

　【※丁：其它動物和物體275-299】

　【※金：「其他」含植物、物品及自然天體等故事275-299】

二、一般民間故事（300-1199）

　【※胡：無1-4次類型及其所屬項下之子類的條目，直接列屬於

300-1199之最小細目的各條類目】

1. 神奇故事（幻想故事）（300-749）

　（丁：神奇故事300-749）

　(1)神奇的對手（300-399）

　(2)神奇的親屬（400-459）

　　a. 神奇的妻子（400-424）

　　b. 神奇的丈夫（425-449）

　　c. 神奇的兄弟姊妹（450-459）

　(3)神奇的難題（460-499）

　【※金：奇異的難題460-499】

　　a. 疑難獲解（460-462）

　　b. 其他難題（463-499）

　(4)神奇的幫助者（500-559）

　　a. 織女（500-501）

　　b. （其它→※原書無，金所代擬）（502-504）

　　　【※金：野人和精怪的幫忙502-504】

　　c. 感恩的亡靈（505-508）

　　d. （各種神奇的幫助者→※原書無，金所代擬）（509-529）

　　　【※金：其他各種神奇的幫助者509-529】

　　e. 動物的幫忙（530-559）

　(5)神奇的寶物（560-649）

　　a. 寶物失而復得（560-568）

　　b. （各種寶物→※原書無，金所代擬）（569-609）

　　c. 神奇的療傷（610-619）

　　　【※金：神奇的藥方610-619】

　　d. （其他奇物→※原書無，金所代擬）（620-649）

　　　（※丁書中並無上述各a、b、c等子類的條目。）

　(6)超自然的能力或知識（650-699）

【※丁：神奇的法術650-699】

【※金：神奇的能力或知識650-699】

(7)其他神奇故事（700-749）

【※丁：無此條目】

2. 宗教故事（750-849）

(1)神的賞罰（750-779）

(2)真相大白（780-799）

(3)天堂之人（800-809）

【※丁：人進天堂800-849】

(4)和魔鬼打交道的人（810-814）

(5)（其他宗教故事）（815-849）

【※金：其他宗教神仙故事815-849】

3. 傳奇故事（生活故事）（850-999）

【※丁：傳奇故事（愛情故事）850-999】

(1)公主出嫁（850-869）

【※金：選女婿和嫁女兒的故事850-869】

(2)王子娶親（870-879）

【※金：娶親和巧媳婦的故事870-879】

(3)忠貞與清白（880-899）

【※金：戀人之忠貞或友人之忠誠880-899】

(4)改造潑婦（900-909）

(5)好的箴言（910-919）

【※丁：好的格言910-919】

【※金：有用的話910-919】

(6)聰明的言行（920-929）

(7)命運的故事（930-949）

(8)強盜和兇手（950-969）

【※金：盜賊和謀殺的故事950-969】

(9)其他傳奇故事（970-999）

　　【※丁：其它愛情故事970-999】

4. 笨魔的故事（1000-1199）

　　【※丁：愚蠢妖魔的故事1000-1199】

　　【※金：惡地主與笨魔的故事1000-1199】

(1)勞動契約（1000-1029）

　　【※丁：與雇工的故事1000-1029】

(2)與人合夥的故事（1030-1059）

(3)與人比賽的故事（1060-1114）

(4)企圖謀殺的故事（1115-1129）

(5)（讓笨魔上當的故事→※原書無，金所代擬）（1130-1144）

　　【※金：讓惡霸蠢魔上當的故事1130-1144】

(6)笨魔受驚（1145-1154）

　　【※金：讓惡霸蠢魔害怕或受傷的故事1145-1154】

(7)（笨魔被騙被嚇→※原書無，金所代擬）（1155-1169）

(8)把靈魂賣給惡魔的故事（1170-1199）

　　【※丁：無（1）-（8）的條目】

三、笑話（1200-1999）

　　【※胡：無以下1-5次類型及其所屬項下之子類的條目，直接列
屬於1200-1999之最小細目的各條類目】

1. 傻瓜的故事（1200-1349）

2. 夫妻間的故事（1350-1439）

(1)（夫妻間的趣事→※原書無，金所代擬）（1350-1379）

(2)笨妻子和她的丈夫（1380-1404）

(3)笨丈夫和他的妻子（1405-1429）

(4)笨丈夫和笨妻子（1430-1439）

3. 女人的故事（1440-1524）

　　【※丁：女人（姑娘）的故事1440-1524】

(1)女人的趣事（1440-1449）

(2)男人求妻的故事（1450-1474）

　【※金：男人求妻的笑話1450-1474】

(3)老小姐的笑話（1475-1499）

　【※金：未婚婦女的趣事1475-1499】

(4)其他的婦女趣事（1500-1524）

4. 男人的故事（1525-1874）

　【※丁：男人（少年）的故事1525-1874】

(1)聰明人（1525-1639）

(2)幸運的意外（1640-1674）

　【※金：幸運的意外事件1640-1674】

(3)笨人（1675-1724）

(4)僧侶的故事（1725-1799）

　【※金：僧侶的笑話和趣事1725-1799】

(5)其他教士或宗教團體的笑話（1800-1849）

(6)各行各業的趣事（1850-1874）

5. 說大話的故事（1875-1999）

其中1890-1909號劃屬關於打獵的吹牛故事。

四、程式故事（2000-2399）

　【※胡：其書中並無程式故事的內容】

1. 連環故事（2000-2199）

　【※金：（1）基於數字或一連串物件的故事（2000-2013）】

　【※金：（2）一般連環故事（2014-2018）】

　【※金：（3）關於婚禮的故事（2019-2020）】

　【※金：（4）以動物為角色的死亡故事（2021-2024）】

　【※金：（5）關於吃一樣東西的故事（2025-2028）】

　【※金：（6）其他（2029-2199）】

2. 圈套故事（2200-2299）

【※金：（1）一般圈套故事（2200-2249）】

【※金：（2）說不完的故事（2250-2299）】

　3.其他程式故事（2300-2399）

五、難以分類的故事（2400-2499）

由上述的分類架構中可以看出：AT的故事分類，是由最基本的五大類組合而成，然後這五大類之下再設次類、次類下再設子類，子類之下才是各單一故事類型的最細小類目。丁、金這兩部索引，對AT分類架構之條目的修正與調整，大部分表現在子類及最細小的類目中。而胡的索引則只留用最大的類別，便將每一編碼的最細小類目置於這個大架構中。

　　AT分類這種由五大類故事為綱，再層層而下的組織，金榮華教授認為，其實它包含了三種分類法則：

（一）依故事的敘述方式區分，把帶有程式框架的故事和一般敘述的故事分隔。這類帶有程式框架的故事，依湯普遜自己的解釋，是一種敘事方式重於所述內容的故事，其趣味也是來自敘事之方式而非故事之內容。……

（二）依故事內容的性質分，如笑話和非笑話；幻想故事和生活故事等。

（三）依故事主角的屬性，如神仙故事、動物故事、男人的笑話、女人的笑話等。

　　在這三個法則中，依據第一個法則（依敘事方式分），在阿爾奈和湯普遜所分的大類中，以程式框架為敘事方式的故事被區分為一大類，名之為「程式故事」。

　　在區分出「程式故事」後的故事群中，再以故事內容的性質分，把笑話和非笑話劃開。「笑話」成為另一個大類。

　　在「非笑話」的故事群中，再以故事主角的屬性分：以動物為角色，或動物為主要角色之一的故事，總稱為「動物故事」，成為一大

類；以人為角色的，或人為主要角色之一的故事，總稱為「一般民間
故事」，是為另一大類。

　　這四類故事，再加上一個「難以分類的故事」，便是AT分類中
基本的五個故事大類[7]。

上述依故事敘述方式、故事內容性質、故事主角屬性等三大分類法則及次
序，是組織AT分類架構的法則，同時也可以是使用者使用AT索引系統的法
則。使用者可以用上述的方式，在AT索引系統裡，依上述的方式由大類至
小類，進而縮小至適當的編碼範圍，尋找到想研究的標的；同時，也可以依
上述的方式，將所得到的故事文本，置入適切的類別，並且得以快速而正確
的編入AT索引的編碼。

三、三部索引使用AT編碼的原則與特點

　　丁乃通《中國民間故事類型索引》之中譯本的序言當中，丁乃通曾論
及自己寫作此書的動機：「對於中國那樣豐富偉大的民間傳統，尤其特別愛
好，對於美國民俗學家們曲解並蔑視中國民間故事，更感到痛心。因此決
心要寫一本像樣的類型索引以正視聽[8]。」而他在書的導言中也說到：「要
使中國故事與國際傳統一致，當然需要使用AT數碼編號[9]。」由於他的寫
作動機是出於要將中國民間故事推向西洋，並開風氣之先──要透過AT分
類，將中國民間故事與國際接軌。這樣的動機，連帶也影響了他使用AT類
型的原則，那就是「總是試圖使中國類型適應AT類型，而不是反其道而行
之[10]。」而他將中國民間故事編入AT類型的方式及原則，則如他在中譯本的

---

[7]　金榮華：《中國民間故事與故事分類》（台北，中國口傳文學會，2007），頁71-72。

[8]　丁乃通著、鄭建成等譯：《中國民間故事類型索引》（北京，中國民間文藝出版社，
　　1986），序言頁2-3。

[9]　丁乃通著、鄭建成等譯：《中國民間故事類型索引》，導言頁13。

[10]　丁乃通著、鄭建成等譯：《中國民間故事類型索引》，導言頁17。

導言中所言：

> 一個類型在故事名稱後未加任何解釋，那就表示中國故事的變體和
> 《民間故事類型》第二版上所描述的差不多完全一樣，因此不再重
> 複。名稱後有情節、介紹，那就表示是中國特有的區域性類型，或
> 中國文化區里特別的發展及其與已定的類型間的變異。如果那種變異
> 較大，我便冒昧在那類型號碼之後加上《民間故事類型》第二版上沒
> 有使用過的字母，表示這個是個新的次類型，如果中國的類型是和印
> 度、猶太和日本的類型一致或相類似，我就用了湯普遜和羅伯斯、海
> 達・杰遜和池田弘子（Ikeda）使用的數字。就我所知，我僅使用了一
> 個阿爾尼及湯普遜（AT）或上述權威們沒用過的新數字（1703）。當
> 然這就是說許多中國故事特有的類型，列為次類型了，許多這種次類
> 型號碼後還加了星標*。我認為在廣義的題材和情調上，大多數這種中
> 國特有的次類型是和阿爾尼及湯普遜所承認的類型及次類型相似[11]。

由上所述，首先，我們可以瞭解的是：書裡對於類型名稱的解釋與否所賦予
的意義。其次，則是類型的編碼，是由數字、英文字母及星標所組成，而實
際在書中的呈現有下列六種方式：

200

200A/200B /……

200*/200**/……

200A*/200A**/……

$200A_1/200A_2/……$

$200A_1*/200A_2*/……$

---

[11] 丁乃通著、鄭建成等譯：《中國民間故事類型索引》，導言頁13-14。

這六種方式，相對照於他在導言中所說的原則，我們可以知道：丁乃通對AT編碼的使用，大體是完全依照原AT分類的編碼，然而對於新產生的中國特有的類型，當丁乃通將其編入AT索引系統的次類型時，他有用英文字母，也有用星標*。但何時使用英文字母？何時使用星標*？卻並沒有一定的原則及標準，這對使用丁乃通《中國民間故事類型索引》這部工具書的使用者而言，上述六種方式中的後面五種方式，他們之間的統攝關係是模糊的，對於一個想在這些編號之間，要依據這樣的方式，給予一個新類型適切的編碼，其實很多時候，是不容易拿捏的。

至於對類型名稱的解釋與否，以及類型編碼的問題，金榮華在其《民間故事類型索引》一書，說明了自己因其編著的動機及目的明顯與丁乃通不同，所以我們也可以看到他不同於丁乃通的處理原則與調整：

> 《民間故事類型索引》收錄的故事文獻，以中國為主，也兼及世界各國，但外國的資料，都取已經譯成漢文出版的，因此也可以說，就AT分類而言，這是繼丁乃通先生的《索引》之後，第二部以AT分類法分類中國民間故事的工具書；就使用者而言，則是第一部為中國民間文學工作者所編以AT分類法分類中國民間故事的書籍，為了使用者的方便，每個類型都撰寫了概要[12]。

> 對AT分類的修訂，可分三方面來說：一是編號方式的修改，二是某些類型和類目名稱的重擬，三是若干故事型號的調整[13]。

> 在筆者的《索引》裡，AT原書和丁書裡已使用的上列各式編號基本上不作改動，新增加的號碼則儘量不用「*」號；另外把英文字母後面小寫的阿拉伯數字改為小數點號碼，如將300A$_1$改為300A.1，以便新類型在適當處插入補位，如在300A.1各300A.2之間可以增入300A.1.1，擴大對新類型的容量[14]。

---

[12] 金榮華：《中國民間故事與故事分類》，頁90。
[13] 金榮華：《中國民間故事與故事分類》，頁91。
[14] 金榮華：《中國民間故事與故事分類》，頁92。

由上所述，第一個可以知到的是：為了不需倚靠AT原書，為了使用者的方便，金的《索引》對於每一個類型都撰寫了概要。至於AT編碼，則致力於簡化的目標，原來編碼中的數字號是留用的主幹，而在丁書中因次類型所衍生的星碼「＊」或數字下標碼，則會在原數碼的適當位置換成英文字母，或是小數點號。所以，只要原數碼的主類型找到，次類型便可在這個數碼下有加英文字母的編碼，或同時加上英文字母與小數點號的編碼中找到，這樣的方式較易於相類似之故事類型間的統攝與辨識。實際呈現在其索引中的編碼，簡化到剩下列三種：

200

200A/200B/……

200A.1/200A.2

金榮華所把握的原則是：如果他認為原來的類型歸納是合宜的，那麼他就進行AT分類的之修訂原則的第一項，也就是編號方式的修改。修改的原則，以留存最原始的數號及去除星號為主要原則：例如：丁的《索引》中的555＊→555D、560C＊→560C。有小數點號的編碼，除了如其所述的，是將有下標數號的編碼改為小數點的，如875D$_1$→875D.1、也有將「＊」號改為小數點的，例如：111c＊→111c.1。

　　如果金榮華認為原來的類型歸納是不合宜的，那麼他就會採取第三項原則：調整故事類型的編號。調整之後的呈現，是留下原編碼及類型名稱，以箭號顯示調整後的編碼。例如：503E（狗耕田）→542、503M（賣香屁）→715B。而在新編碼的類型概要說明之後，也會附記它原來是那一個編號。例如：542（狗耕田）的概要說明之後，附記：「＊丁氏此碼作503E（野人和精怪的幫助類）」。這樣的作法，利於調整前後的對照。而屬於這種差距較大的類型調整，有37個編碼，會做這種調整的原因為何，在金的《索引》中並沒有說明，倒是在其另一著作《中國民間故事與故事分

類[15]》的第六章，說明的非常詳細。

　　胡萬川《台灣民間故事類型》一書，也是屬於AT分類系統，在其序文中提到，這一部類型索引工具書，共參考故事類書籍146冊、刊物37期，實際引證873篇故事，編製162類型，其中1新類型，107新子類型。這162類型中，新類型加上新子類型有108個，佔了絕大多數。那麼如何為這些新類型建立AT編碼，凡例中這樣說到：

> 原A.T.並未清楚說明編輯規則，但根據AT分類之編列方式，約可歸納出以下特點：故事情節類似而角色不同者，類型編號後加A等英文字母，故事情節如差異較大則於編號後加星（*）號，亞型則在英文字或*號後後加「下標」小寫數字。本索引即按此原則，予以分類。另外，內容相反者在A.T.原分類之編列方式為編號、英文字母或*號後加「上標」小寫數字，由於因為易與亞型標誌的方法混淆，故本索引改為編號、英文字母後加上標小寫圓圈數字，如：745B^{②}。[16]

如上所述，我們可以發現到：除了原AT並未清楚說明編輯規則外，就連丁乃通的索引書中，對於可時要加英文字母？何時要加星標？其索引中也沒有清楚的界線與說明。但胡萬川為台灣民間故事編AT類型索引時，卻有自己的歸納，而且走的是精細路線，類型編碼的意涵，不僅考慮到情節的差異，甚至還包括內容是否相反、角色是否相同，並用各種不同的標誌，極盡努力地要做各種不同區別。而實際呈現在其索引中的編碼，便有以下九種：

200

200A/200B/……

200$_1$/200$_1$/……

---

[15] 金榮華：《中國民間故事與故事分類》，頁109-141。

[16] 胡萬川：《台灣民間故事類型》，頁1-2。

$200A^{①}/200B^{①}/\cdots\cdots$

$200^*/200^{**}/\cdots\cdots$

$200^*_1/200^{**}_1/\cdots\cdots$

$200A^*/200A^{**}/\cdots\cdots$

$200A^*_1/200A^{**}_1/\cdots\cdots$

$200A^{*①}/200A^{**①}/\cdots\cdots$

就上述說明，以及實際編碼的呈現，我們可以得知：就編著的角度而言，此索引希望每一新的細目編碼，對於不同的內容、在不同的面向都能有清晰的區別。但就使用者的角度而言，則似乎較為吃力，因為那些英文字母、星標、數字的上下標，其間的組合多樣，較難熟悉其不同組合間的意義。

如上述三書的說明，編碼中的整數部分是比較沒有爭議的，至於星標、英文字母、小數點、數字的上下標，則這三書都各有不同，甚至同一個編碼，類目名稱也不一定完全相同。所以，雖然這三書都屬於AT分類系統，但使用者在使用時，最好是可以聯合查詢，三者互見，以求得到最清晰的脈絡及最適切的分類。

中華文化區的這三部類型索引，雖然作者們當初編纂索引時的動機不盡相同，但他們企圖將中華文化區的民間故事與世界接軌的用心則是一致的。前輩學者們在AT分類索引系統上盡了很大的心力，不僅使後輩在民間故事的類型研究上有了可靠的指引依據，同時也為民間文學的研究者，提供了不同的視窗與視野——既能看見所探討區域的特色，又能與其它區域相較；能在區域獨立之中又能與世界有所聯繫。這是本書為何要用AT分類系統的原因，同時也是本書從事類型研究所要達成的目標。

四、本研究的論述依據及結構

本研究為區域性的民間故事類型研究，探索範疇以中彰民間故事為範

圍，而探討的文本依據，則以《台中縣民間文學集[17]》、《台中市民間文學採錄集[18]》及《彰化縣民間文學集[19]》等三套政府出版品為主要基礎，合起來簡稱為「中彰民間文學集」。

我將這三套民間文學集中，屬於民間故事（有些篇章，在某些民間文學集中雖被歸為傳說，但實際仍屬於民間故事）及笑話的篇章，逐一檢閱。依其內容所述，把成故事類型的篇章，再逐一依AT分類系統給予適當的編碼。

本研究的類型編碼，採用聯合編碼的方式，並依前述三部類型索引之編述，所檢閱之故事只要符合前述任三者之一的類目說明，便會給予故事類型編碼。編碼之編設來自何部索引，在論述中會加以說明。另外，類型名稱相同，編碼卻不相同；或編碼相同，類型名稱卻有差異。也會以三者互見為原則，並盡可能說明其造成差異的原因。而每一章的最後，都會有一個附表，附表會詳細紀載：每一則故事的篇名、出處、及所屬的「故事類型」編碼及類目，編碼前為三位索引作者的姓氏，姓氏後的編號及類目名稱，則是這一故事類型在其索引中所呈現的樣貌。

AT的故事分類，是由動植物及物品故事、一般民間故事、笑話、程式故事、難以分類的故事等最基本的五大類組合而成，因此，本研究在進行文本分析論述時，亦依此為主要架構。但在為「中彰民間文學集」的內容作檢閱時發現，「中彰民間文學集」的文本，只有在動物故事、一般民間故事及笑話這三大類，且「一般民間故事」的這一區塊，其文本數量又特別多，因此，在論述架構的安排上便有所調整，全書主要論述共分六章：第一章為動植物及物品故事；一般民間故事因內容量多，便採用AT分類在「一般民間故事」項下所設的中類名稱，再將一般民間故事又分為幻想故事

---

[17] 《台中縣民間文學集》以胡萬川為主編，其所帶領的團隊，歷時十餘年，共編纂了39冊，其中屬於「民間故事」的部分有22冊。

[18] 《台中市民間文學採錄集》主編為陳延輝、曾敦香、楊照陽、賴妙華等人，共編有4冊，包括《台中市民間文學採錄集》、《台中市大墩民間文學採錄集》、《台中市民間文學採錄集3》及《台中市民間文學採錄集4》。

[19] 《彰化縣民間文學集》其主編為胡萬川、林松源、施福珍、陳益源、康原等人，共編有22冊，含有民間故事的部分有11冊。

（一、二）、宗教神仙故事、生活故事，分別置於第二至第五章；第六章則為笑話。

章之下並無節的安排，而是一個個獨立故事類型的詮釋（有少數是幾個同一或相關系列的類型一起論述），為了顯現每一故事類型在「中彰民間文學集」裡所呈現的特色，及其在AT系統裡的名目，章之下每一條目的安排，我以「——」破折號作連結，破折號之前的【】裡的名稱，便是這一故事類型在AT系統裡的類型名稱，破折號之後則是「中彰民間文學集」之故事類型的特色或重點。

這樣的架構安排，其主要考量是：除了利於相近之類型的比較分析外，亦利於中彰民間故事類型之區域性特質的展現。

第一章　動植物及物品故事

引言

　　有關動物的故事，就其故事內容、情節特點、內涵意義，可分為下列幾種：第一，是關於動物特徵、生活習性的解釋性故事。此類故事往往是由某一種動物的行為特點或特殊生活習性所生發創作出來的。第二，是神似世態人情的動物故事。此類故事往往通過動物與動物之間、動物與人之間的互動與糾葛，以表現動物間對抗或依存的關係，或是影射人類複雜的對應關係與價值觀念。第三，是動物助人或對人報恩的故事。此類故事中的動物，在故事內容中常佔有重要的關鍵性地位，且大都具有超越常人的才能或神奇的力量，人做不到的事，它們往往能輕而易舉地做到，在危難時刻，幫助人化險為夷或戰勝邪惡。第四，是動物變形為人的故事。此類故事中的動物，常與人類有很深的糾葛，其變形的原由或動機亦很極端：一是對人的圖謀，另一則是對人的圖報。

　　上述第三、第四類的故事，於AT分類系統裡並不被歸在「動物故事」類，而是被歸於「一般民間故事」的「幻想故事」，「幻想故事」項下的次子類──神奇的對手、神奇的妻子、神奇的丈夫、神奇的幫助者等，便常有與此相關內容的動物故事，如：【虎姑婆】、【蛇郎君】、【豹丈夫】、【田螺姑娘】、【青蛙王子】……或是【狗耕田】、【貓唱歌】、【會說話的馬頭】、【動物感恩來幫忙】……等。因為這些故事類型中的動物們，不是具有神奇幻化的魔法力量，便是有高於一般動物的靈性，與真實世界中的動物們有著極大的差距，富含濃厚的幻想色彩。而且，這些故事的意涵

重點，通常不是在表現動物的本身，而是在強調人與人之間的糾葛，只是憑藉這些神奇的動物們，來強調人們之間糾葛的強度與深度。所以，上述那些【虎姑婆】、【狗耕田】……等故事類型，是一種具有強烈「幻想」色彩的故事，在AT分類系統裡，他們被歸類在「一般民間故事」的「幻想故事」，而不被歸納於「動物故事」，因此，也就不在這個章次中被論述。

就表現的手法而言，動物故事以擬人化手法表現。「這種擬人化的結果，就使這些故事中的動物形象呈現出複雜的狀態。那就是它既是動物，又不是動物；既不是人，又是人[1]。」故事中許多動物形象的塑造，雖然以它們的自然形態為基礎，但這個動物世界並非動物自然生態的再現。「它是以動物或主要以動物為故事的主人公的。但它又不是在於原原本本地講述動物本來的生活，而是賦予動物以人的特點（社會意識，思想和語言），並通過動物之間的關係（現實的或幻想的關係），把動物人格化，擬人化，曲折地反映出人與人的社會關係和思想感情[2]。」這使得動物故事呈現出：在現實與想像交織中既概括了動物的習性，又注入了人的思想的一種藝術創造。

AT分類系統裡的「動物故事」，所呈現的故事類型內容，大致為前述四類動物故事的第一類全部、第二類的大部分及第三類的少部分。丁乃通依AT分類法，是按故事中的動物角色來歸類，將動物故事分為「野獸」、「野獸和家畜」、「人和野獸」、「家畜」、「禽鳥類」、「魚類」、「其他動物與物體」共七個系列，在AT編碼中為1-299號。後來金榮華編《民間故事類型索引》時，認為丁乃通《中國民間故事類型索引》的類目中並沒有充分顯示類別的內容：「第一大類名為『動物故事』，其下分七個中類，第七個中類名為『其他動物和物品』，但在這一類中，除了動物和一般的物品外，還登錄了植物和自然天體的故事[3]。」因此，金榮華除了將第一類的類目「動物故事」改為「動植物及物品故事」外，亦將上述七個次類目中的

---

[1]　張紫晨：《張紫晨民間文藝學民俗學論文集》（北京，北京師範大學出版社，1993.12），頁36。

[2]　張紫晨：《張紫晨民間文藝學民俗學論文集》，頁33。

[3]　金榮華：《中國民間故事與故事分類》（台北，中國口傳文學會，2007），頁94。

「其他動物與物體」改為「其他（包括昆蟲、人與獸之器官、植物及各種物品）」以使此範圍之類目名稱，對故事內容的顯現能更確切與完整。

　　AT分類系統裡的「動物故事」，其AT編碼雖然為1-299號，一來是：因為不是每一編號都有故事類型；二來是：因為AT原有的類型名稱，有時並無法表達上述三部索引所蒐集的故事資料，因此索引便會各自增加新的類目；三來是：AT原有的類型，在上述三部索引所蒐集的故事資料中，有的並沒有呈現，因此，不是原來所有的AT類型名稱都會被這三部索引所用到。所以，上述三部類型索引，在「動物故事」類中所呈現的類型量則頗有差距——丁乃通《中國民間故事類型索引》裡列出了151個動物故事類型，金榮華《民間故事類型索引》則歸納出160個動物故事類型，胡萬川《台灣民間故事類型（含母題索引）》則只有15個。

　　中彰民間文學集的故事群裡，「動物故事」（篇目及類型名稱見附表1）這一大類的故事數量，與中彰民間故事的其它類故事，如與一般民間故事及笑話等相比，動物故事的比例就顯得相對的少。並且，中彰民間文學集中的「動物故事」，其所呈現的故事類型，為數只有8個，數量較近於胡的《索引》裡的動物故事類型，然而與丁、金之《索引》裡的數量相比，則比例偏低。由此可以看出：不只是中彰民間故事，甚至於整個台灣的民間故事，動物故事並不熱門。除此之外，還要特別提到的是：中彰民間故事的這幾個類型，還傾向集中於貓科動物上，這也是一個很特別的現象。以下就類型內容論述於後：

一、【貓、鼠與別的動物的恩怨】
——生肖排列與動物習性之連結

　　在中彰民間故事裡，貓、鼠與別的動物的恩怨，主要呈現在三個部分：一是貓鼠結仇；二是鼠牛競先；三是貓虎結怨。前兩項與十二生肖的故事緊密結合，後者則是藉著貓虎結怨來說明貓的一些行為特徵。

　　十二生肖中，鼠居首位。然而，鼠是十二生肖中身形最小的，何以能居

首位？又捕鼠好手的貓，為何未能排入十二生肖？這些著實令人感到迷惑，人們不得不為自己的迷惑找答案，尤其一般的庶民百姓，他們樂於有一個「平易近人」的答案，因此有關貓、鼠與生肖排行之間的故事便應運而生。

　　十二生肖是以十二種動物配十二地支，以人之生年定所屬動物，中華民族的群眾，便依此規則隸屬於這十二種不同的動物，是一種頗具內涵的文化現象。因此，歷來「十二生肖」的議題，常被熱衷的討論。探討的面向，主要有下列幾個：十二生肖的現象形成於何時？十二生肖的文化意涵是什麼？為什麼是這十二種動物——有沒有變化過？這十二種動物為什麼是這樣的排行——尤其是：鼠為什麼可以排在第一？

　　有關十二生肖形成於何時？比較普遍的說法是說成形於西周，並自漢以後廣泛流行於朝野間，且十二生肖的形成與圖騰崇拜有著密切的關係。劉青〈從甲骨卜辭看十二生肖之衍生——兼論十二生肖衍化的思維模式〉一文有這樣的論述：

> 從文獻來看，《詩經・小雅・吉日》和《禮記・月令・季冬》裡，最早記載了與十二生肖有關的內容，而對十二生肖較為明確系統的記載則見於東漢王充的《論衡》。縱觀甲骨卜辭，我們却不難發現一些與十二生肖有關的蛛絲馬迹：十二生肖是伴隨著「干支紀年法」出現的，十二種動物與十二地支一一對應，而眾所周知，甲骨卜辭中已有了干支的詳細記載，因此我們的探討不妨就從天干、地支和動物崇拜著手[4]。

文中並依據甲骨卜辭中有關動物、天干及地支的記載，而推論出：

> 我們雖然不能說殷商時代人們已用十二生肖紀年或紀日，但從甲骨卜辭來看，十二生肖產生的條件已臻成熟。……。這就是說，十二生肖

---

[4]　劉青：〈從甲骨卜辭看十二生肖之衍生——兼論十二生肖衍化的思維模式〉，《思想戰線》（第34卷，2008年第5期），頁81。

蒙芽與形成時期大致就是《易經》（商末周初）到《易傳》（春秋戰國）的形成階段[5]。

另外，張錫科〈我國十二生肖文化探源〉一文亦這樣論述：

> 干支的創制（主要是十二地支）和各古族的聯合，是十二生肖形成的基礎。這一歷史時期應該是西周初期，即十二生肖的正式形成應該在這一歷史時期[6]。

關於十二生肖的產生與成熟期，大體如上所述。至於十二生肖的生肖內容為何？張錫科〈我國十二生肖文化探源〉一文指出：

> 　　據王充《論衡・物勢》中記，當時十二生肖已經與今天的完全相同。……上個世紀後期在湖北雲夢睡虎地十一號秦墓出土的秦簡《日書・盜者》中　所載的十二生肖中有：「子，鼠也。丑，牛也。寅，虎也。卯，兔也。辰（原簡中無相配的生肖）。巳，蟲也。午，鹿也。未，馬也。申，環也。酉，水。戌，老羊也。亥，豕也。」于豪亮在《秦簡〈日書〉記時記月諸問題》中考證：……因此，巳，蟲也。實際上是巳為蛇。申，環也。環讀為猨。……猨即猿字，於現在申屬猴之說相近。酉，水也。水讀為雉。……雉是野雞，現在說酉屬雞，當是從酉屬雉發展而來。……至於《日書》午為鹿，未為馬，戌為老羊，則與現在完全不同……
> 　　《日書》中的十二生肖與傳統的十二生肖不同，大約是當時楚地民間流行的生肖排列法[7]。

---

[5]　劉青：〈從甲骨卜辭看十二生肖之衍生──兼論十二生肖衍化的思維模式〉，頁84。

[6]　張錫科：〈我國十二生肖文化探源〉，《東方論壇》（2008年第3期），頁38。

[7]　張錫科：〈我國十二生肖文化探源〉，頁37。

由上所述，十二生肖的內容，在往昔的楚地曾經與現在的十二生肖內容有所不同。不過，文獻的記載，在東漢時則已經和現在的十二生肖內容相同了。因此，在中國十二生肖的流傳與使用，已有其久遠的歷史與傳統。對庶民百姓而言，十二生肖的流傳與使用歷史久遠，並且習以為常。所以，十二生肖的形成於何時，並不那麼引起他們的關心，倒是十二生肖為何這樣排列，較引起他們的注意，並試圖要為此尋求合理的答案──尤其，鼠為何居首位？在生肖排列的議題上拔得頭籌。

鼠，在十二生肖中何以居首位？歷來的探討文獻亦不少，各類文章較為一致的解釋是：「時辰對應」說。因為十二生肖中的「鼠」，是配屬十二地支的「子」。而一天十二時辰中的子時──晚上11點至凌晨1點，正是老鼠活動最頻繁的時刻（雖然此時活動的動物很多，但老鼠是最容易被人發現與觀察的），因此「子時」也被稱為「鼠時」，而老鼠也成為子鼠神。

另一種說法：則是「生殖崇拜」。在〈十二生肖造型藝術與民俗觀念〉一文中說到：

> 繁衍生殖是人類的本能。原始時代，生產力水平低下，人們將生殖繁衍視為神秘現象，而希望能夠人丁興旺，於是對與其有關的現象頂禮膜拜，這就是生殖崇拜。……
>
> 在哺乳類動物中，鼠的孕期最短，只有15天。一隻雌鼠每年至少產12隻幼鼠，最多64隻。鼠的這種強大生殖力、使懷有生殖崇拜的先民無比震驚，認為鼠具有某種超自然的神力[8]。

因為鼠強大的生殖能力，不僅讓其排入生肖之列，甚而位居十二生肖之首。

還有一種說法是：十二生肖的十二種動物，其分類若有「陰陽平衡」的考慮，老鼠本身便是一種陰陽平衡的動物，所以它坐上十二生肖之首的寶座，當之無愧。〈也談鼠為十二生肖之首的文化內涵〉一文，如此寫到：

---

[8]　陸理原、李建：〈十二生肖造型藝術與民俗觀念〉，《重慶科技學院學報（社會科學版）》（2007年第3期），頁92。

　　將老鼠之外的各生肖，按它們腳上有爪子和無爪子進行分類：
蛇無足，撇開。其他十種動物中，虎、龍、雞、猴、狗五種有爪子，
牛、兔、馬、羊、豬五種無爪子，五對五，剛好平衡。除了沒有腳的
蛇之外，第十二種動物如果有爪子，則十二生肖陽盛陰衰；如果沒有
爪子，卻又陰盛陽衰了。老鼠解決了這個難題。老鼠也是四足動物，
但它與眾不同且令人叫絕的是：它的兩隻前足上有爪子而後足上無爪
子！讓它加入十二生肖的隊伍，陰陽平衡的問題就得到了妥善解決。
　　老鼠生理特徵上的奇特，加上子時老鼠活動最頻繁，能與時辰對
應，它坐上十二生肖之首的寶座也就當之無愧了[9]。

上述這些說法，都有其依據或原由，但都不如與鼠相關的民間故事來得生動
有趣。在AT分類系統的故事類型中，既與十二生肖又與鼠相關的類型，主
要有下列幾個，先以金榮華《民間故事類型索引》所條列的AT編碼及類型
名稱說明如下：

　　110A【老鼠讓貓睡過頭】：天帝要排十二生肖，飛禽走獸都去
應選。老鼠讓貓睡過頭而失去機會，從此貓恨透老鼠。（＊丁氏此碼
作200＊【貓的權利】[10]）

　　111C【牛和老鼠比誰大】：牛和老鼠約定，誰被人稱作「大」
的，誰就在十二生肖中占第一位。結果牛走在街上沒人說牠大，老鼠
一上街，人們就大叫「一隻大老鼠」，於是老鼠就做了頭肖。（＊丁
氏此碼作111C＊【狡猾的老鼠】[11]）

　　111C.1【牛和老鼠比誰快】：上天排十二生肖次序，取最前面的
十二位。牛跑在第一，但老鼠跳上牛背，在快到終點時從牛角尖上向

9　　王建華：〈也談鼠為十二生肖之首的文化內涵〉，《中醫藥文化》（第3卷6期，2008.12，
　　上海中醫雜誌社），頁27。
10　金榮華：《民間故事類型索引（上冊）》，頁36。
11　金榮華：《民間故事類型索引（上冊）》，頁38-39。

前一跳，做了頭肖[12]。

上述這些故事類型，相對於前述的那些解釋，對大群廣眾而言，這些故事便顯得更「平易近人」，不僅易於被大群廣眾所接受，也易於被大群廣眾所散播。

上述三個類型，111C.1【牛和老鼠比誰快】是金榮華所新增添的類型名稱，在丁乃通的索引裡並無此類型，而丁之索引裡的200*【貓的權利】，金榮華則將其調整為110A【老鼠讓貓睡過頭】；胡萬川的索引則仍為200*【貓的權利】。

金之110A【老鼠讓貓睡過頭】的概說中，老鼠讓貓喪失機會的手段，是讓貓睡過頭。胡之200*【貓的權利】則還包括騙貓過河後要曬乾身體、騙貓要先洗臉、騙貓錯的日期，或過河時把貓推落河等都包含在內，有較多元的「情節單元」。

如附表1所錄，中彰民間故事裡與此相關的篇章有四，就篇目名稱而言——〈貓向老鼠報仇〉、〈貓為什麼要捉老鼠〉、〈看誰跑最快可以來排生肖〉、〈十二生肖的故事〉，前兩者重在貓鼠結仇，後兩者則重在生肖排列。然而就這四則故事通盤來看，卻可以發現：貓鼠結仇與生肖排列是緊密不可分的。我們就來看其中一則，〈看誰跑最快可以來排生肖〉故事這麼說到：

> 天上有排名八仙，地面上也要排十二生肖。眾神仙就宣佈：「看那一種動物跑最快，又游過河溝，來到眾神仙的面前，就可以排順序。」
>
> 貓看到老鼠，就笑老鼠說：「老鼠你的腳短，我如果跑一步，你就要跑好幾步，才追得上我。」老鼠很氣貓損他，就想要陷害貓。
>
> 就回答貓說：「你先跑到終點的位置，如果游泳過河溝，<u>身上還濕濕地，要曬乾；否則，身上的毛潮濕，就不可以排入生肖。</u>」
>
> 貓就動身衝到前面去，也游過河溝，才依照老鼠的建議，自己在

---

[12] 金榮華：《民間故事類型索引（上冊）》，頁39。

太陽底下，曬身上的毛要曬到乾燥，才可以去排生肖。

　　老鼠看到牛毛的間隔大又短，如果游過河溝身上不會潮濕，就跳去躲在牛角上方，等那隻笨牛拼命衝，快要到終點的時候，那隻老鼠才跳到地上，最後是讓很奸詐的老鼠得到第一名。

　　貓可以很容易就排進十二生肖：鼠牛虎兔貓（猴熊），羊蛇馬雞鴨（狗豬）。但是，貓被老鼠騙去曬太陽，而排不進生肖之內，貓就這樣和老鼠結下了大仇恨，一輩子如果看到老鼠，就一定要咬死他，以及吃他的肉和骨。

　　跑最後的鴨，本來是排在第十二名。因為鴨子的嘴巴，從大清早就「哈、哈、哈」，叫到半夜都沒休息，沒有一個神仙被他的叫聲吵了之後還支撐得住，就決議用其他的動物頂替鴨子。

在上述這個故事內容裡，呈現了金榮華111C.1【牛和老鼠比誰快】的類型內容，以及丁、胡200*【貓的權利】的類型內容。並歸結出鼠能在生肖中居首位，則是因為牠的「奸詐」，貓鼠結怨，則是因為貓為鼠所騙而喪失了排入十二生肖的權利，最後的結局，便是貓一輩子看到老鼠，都要咬死它，並吃它的肉、啃它的骨。

　　在現實生活中，貓捉老鼠，為人們解除災禍，是人們所常見的；而老鼠的敏捷及對人類所造成的傷害，也是人們所能深刻體會的。因而，若依人類的情感，在現實世界中看似比貓弱勢的老鼠，牠被貓追、被貓咬，在人們看來是罪有應得的。依著這樣的觀察與感受，加上對十二生肖竟以身形最小的鼠居首位的迷惑，應是生發創作200*【貓的權利】這類故事的主要原因。因此，在200*【貓的權利】（或110A【老鼠讓貓睡過頭】）之故事類型中，讓老鼠呈現出「奸巧」形象的同時，也表現了貓「記恨」的陰森。然而，111C【牛和老鼠比誰大】（狡猾的老鼠）裡，雖然老鼠還是狡猾奸巧，但相對於貓，牛就顯得較憨直與豁達，故事裡牛雖輸給了貓，但幾乎所有的故事，都不曾論述牛因此對貓有任何的報復或記仇的行為，這樣的形象，與人們日常對牛的觀察也是一致的。

　　除了上述的那一則文本，還有三則與此相關的故事，這三則與前一則故事一樣，都沒呈現111C【牛和老鼠比誰大】（狡猾的老鼠）的類型內容，但111C.1【牛和老鼠比誰快】則多次出現，而頻率最多的，則屬200*【貓的權利】這一類型，且類型內容中，老鼠所耍的手段呈現多元的現象，除了「老鼠讓貓睡過頭」之外，還包括了老鼠騙貓要洗臉、要曬乾身體等。

　　動物故事裡的動物形象，常常呈現出一種相對關係而不是絕對關係。「同一動物在不同故事中所處的地位變了，關係變了，行為變了，因而人們對它們的態度也就不同[13]。」在上述貓鼠結仇中，老鼠是奸詐的；但貓虎結怨中，奸詐的則是貓。「一個動物，它的習性特點，往往是多方面的。這就為這種變化提供了可能。⋯⋯在不同的故事中，根據主題的需要是可以突出其不同的方面[14]。」

　　200**【老虎與貓的恩怨】，這個故事類型是胡萬川《台灣民間故事類型（含母題索引）》所新增添的類型名稱，在丁、金的索引中都沒有這個故事類型，類型名稱下的解說，如此敘述：

　　Ⅰ 貓和老虎是好朋友。
　　Ⅱ 貓請老虎教牠吼叫（發威），老虎說要以貓教老虎吸血做交換，<u>貓學完吼叫後卻不願意教老虎吸血。</u>
　　Ⅲ 老虎很生氣，發誓以後看到貓要把牠吃掉，連糞便都不浪費，所以<u>從此貓都會把排泄物蓋起來。</u>
　　Ⅳ 貓為了躲避老虎，避到山下去請人收養牠，為了報答人類，便以向老虎學的吼叫方式捕捉對人類有害的老鼠[15]。

「貓捉老鼠」是貓的重要特性之一，人們觀察到這個特點，將其與鼠何以在生肖排列居首，做了巧妙的結合，創作了活潑的貓鼠故事，為貓的這一重要

[13]　張紫晨：《張紫晨民間文藝學民俗學論文集》，頁37。
[14]　張紫晨：《張紫晨民間文藝學民俗學論文集》，頁37。
[15]　胡萬川：《台灣民間故事類型（含母題索引）》（台北，里仁書局，2008.11），頁28。

習性——捉老鼠，給予生動而合理的解釋。「貓兒埋糞」，是貓的另一個習性，上述200**【老虎與貓的恩怨】，則是人們又再度發揮想像，給「貓兒埋糞」一個實際的理由——埋了才不會讓老虎吃了。在AT故事類型系統裡，有關貓與老虎之間的故事類型，還有金榮華之索引裡的105A【貓的看家本領沒有教】，這個類型在丁、胡的索引中並沒有，其故事概說如下：

　　　老虎向貓學本領，貓留了一手爬樹的功夫沒有教。後來老虎要殺貓，貓急忙爬上樹去才保住了性命[16]。

中彰民間故事裡，與此兩者有關的篇章有三（見附表1），其中〈貓仔藏屎的由來〉與《彰化縣民間文學集7》的〈貓仔展威〉，都屬於200**【老虎與貓的恩怨】的故事類型。比較不一樣的是《中縣㉔新社鄉閩南語故事二》的〈貓仔展威〉，其故事內容的發展，與200**【老虎與貓的恩怨】相似，只是老虎要向貓學的本領並不是「吸血」，而是105A【貓的看家本領沒有教】中的「爬樹」——因為貓騙老虎，貓並沒有好好教老虎如何爬樹，害老虎爬樹時抓得指甲流血，爬得精疲力盡，並因體力耗損，還被山豬的牙戳到肚子，所以老虎對貓也懷恨在心。這樣的改變，正顯現了民間故事，在流傳過程中的「變異性」——故事類型相近的故事群，在流傳的過程中時有被融合或混用的情形，這是故事產生變異的重要原因之一。

　　貓、鼠的活動範圍，與人類的生活圈是非常密切的，人們有著頻繁的機會可與這兩種動物接觸，並對這兩種動物有深入的觀察，如上述所呈現的，中彰民間故事與貓、鼠有關的這些故事類型，便是屬於引言中所述的第一類故事——「是關於動物特徵、生活習性的解釋性故事。」然而，這種解釋並不流於教條、也不一定與自然生態裡的事實相符。故事裡的解釋，實際上常充滿著「人文氣息」，甚而帶有「區域性色彩」。就比如貓、鼠是遍佈世界各地的常見動物，而「貓捉老鼠」也是全世界的貓都有的特性，世界各地的

---

[16]　金榮華：《民間故事類型索引（上冊）》，頁35。

人們也都能輕而易舉地觀察到這個特性，然而上述有關貓鼠的幾個故事類型，卻是中國地區所有特有的。也就是說，並不是世界各地的人們都對「貓捉老鼠」有感，都會為這個現象創發故事加以解說，中國「十二生肖」的特有文化，則可說是創發上述幾個有關貓鼠之故事類型的幕後推手。

　　中彰地區同屬於中國十二生肖的文化圈，對屬於上述貓鼠之故事類型的故事傳述，似乎也充滿著熱情，因此留有不少文本。它生動、有趣，能賦予動物的某種行為特點深刻的意涵，或為其特殊生活習性自圓其說，並與人們自身的文化因子相結合。這才是這一類動物故事的魅力所在，也是為人們所樂於接受與傳播的重要原由。

二、【人多要了牲畜的壽命】──來自牛、馬的辛苦

　　【人多要了牲畜的壽命】這一故事類型出現在金榮華《民間故事類型索引》的173號，其故事大要則如此說明：「老天爺當初給人和其他動物都是二十年的壽命，但是動物嫌太多，人則嫌不夠，於是老天爺就把牛馬等動物的壽命分給了人，所以人的生命中有一段時期過的是牛馬般辛苦的生活。」在異文的列舉，則列出三則中國的異文，以及兩則外國的異文。比起前述有關貓鼠的故事類型，顯然此一故事類型並不是那麼普遍或是受歡迎，而中彰民間故事裡，屬於此一類型的故事，如附表1所見，總共也只有一則而已，其內容如下：

　　　　我說咱們人來世間，人的壽命原本只有二十年而已。當初閻羅王對人說，給你二十年壽命，人就說：「哦～二十年啊！那麼短，我不要。」閻王說：「你別說二十年你不要，人的壽命本來就是二十年。」
　　　　後來啊，第三十年那十年，馬就說：「不然這樣啦，我的壽命討十年給你。」於是人的壽命就變成三十歲。牛說：「我的壽命討十年給你。」四十歲那十年就牛給的。後來，狗說：「我再討十年給你。」這就是五十歲那十年。這個猴子說：「不然我再討十年壽命給

你。」所以啦，就六十年的甲子滿。

　　這就是說，人一生的前二十年跟著父母吃的時候都不愁吃穿、無憂無慮，那二十年就是人該享的壽命，當然很快活。再來三十歲那十年是馬給咱們的，當然就像馬一樣慢慢的走啊走啊，就有得吃。因為三十歲時，小孩都還小，都還沒讀書，花錢花的少。到了四十歲那十年，那是向牛討來的，你沒聽過：「做到頭低低。」牛很辛苦的工作不是嗎？小孩都要唸書，像現在得繳學費，兩個小孩就得拼到頭低低的，何況從前的人都生很多。所以說，牛給咱們那十年就牛那麼辛苦。接下來五十歲那十年就是狗給咱們的。那時候，有的小孩都長大了，有些娶媳婦、有的去田裡工作、去山裡工作、去上班，老頭子就得看家，狗都在看家，那十年就待在家裡看家。到了六十歲那十年，是猴子給咱們的，現在的人吃好穿好比較看不出來，從前的人像非洲難民一樣，沒啥好穿又瘦巴巴的，駝著背，兩隻腳撐著，你說像不像猴子？像我們現在那些老夫老妻，人家如果問：「你老公去那裡？」「我那老猴兒不知道跑那去了。」這句話就出來了，那就是猴子給咱們的那十年。

從上述內容看來，這是個典型的「解釋性動物故事」，目的是藉由某些動物的某些特點，來解釋人們在各個不同年齡層的生活情況。不管用來解釋的動物特點，是否與人完全符合，但其內容所述，總是能自圓其說。

　　如前所述，解釋性的動物故事，故事裡的解釋實際上常充滿著人文氣息，【人多要了牲畜的壽命】也有著這樣的特質。中國人一句「做牛做馬」，便是形容人們生活的勞苦不已，但勞苦不已，為什麼一定是「牛馬」？別的動物就不勞苦嗎？或是說牛馬也自認為勞苦嗎？其實這所反映的便是中國人對牛馬的觀察與感受，而不是牛馬自身的感受。所以，這個故事類型值得再深入關注的是：中國人這樣認為，那麼別處的人們也這樣認為嗎？

　　依據金榮華在此故事類型下所列的異文裡，顯示了希臘的《伊索寓言》、德國的《格林童話》也都有這樣的故事，而其中象徵人們辛苦的階段也用了牛馬。所以，「牛馬是勞苦」的，大致便是東西方人們對牛馬之觀

察與感受的共識，就好比東西方的人們也都認為：「鳥飛魚游」是「自由自在」一樣。不過在上述的這一文本裡，說到六十幾歲的那十年是猴子給的，所用的解釋是老夫妻對「老公」的稱呼，這就顯現了故事「在地性的特質」，而不是「普遍性的共識」，因為在那些不稱「老公」為「老猴兒」的地方，也就不會有這樣的表述。

AT173【人多要了牲畜的壽命】的這一故事類型，「中彰民間文學集」裡的這唯一文本，顯示了人們對人似動物之生命特質的聯想，而這個聯想所顯示的，則有著東西人們的普遍共識，也有著在地色彩的呈現。

三、【老虎怕漏】──語言創造了蓑衣怪獸

有關「老虎怕漏」的故事，在中國民間故事裡普遍流行。屬於AT分類系統的索引書籍裡，都有與此相關的篇目。此類故事，丁乃通《中國民間故事類型索引》一書，將其置於177【賊和老虎】的類目之下，類型名稱下注明：「常常是『屋漏』，而不是掉下來的雨滴。有時在78B（【猴子把自己用繩子捆在老虎身上】）型前」。並在類型名稱之下，列舉了18種異文的出處。金榮華《民間故事類型索引》177號的類型名稱則調整為【不怕老虎只怕漏】，故事類型的內容概要，則如此寫到：

> 一隻老虎在雨夜裡去農舍偷牛或羊，聽見農人夫婦說：不怕老虎只怕漏。虎以為「漏」是比牠更屬害的東西。這時有一偷牛賊來偷牛，誤以虎為牛，騎在牠背上，驅之使去。老虎以為騎在牠身上的即是漏，慌忙奔逃。偷牛賊發覺自己騎的竟是一隻老虎，也嚇得趕緊躲上一株大樹躲避。

並在此條目的項下，亦列舉了為數多達35則的異文出處，在這35則文本當中，標示與78B【猴子把自己用繩子捆在老虎身上】這一故事類型相結合的文本有22則，比率高達六成二以上，不與78B型結合的文本，大多不是出自

於漢族，而多是出自於德昂族、苗族、藏族、蒙古族等少數民族的文本。胡萬川《台灣民間故事類型》177號的類型名稱為【老虎怕漏】，條目下則列舉6個不同異文的來源，故事類型的內容大要，則如此寫到：

> Ⅰ老虎聽到人類的對話。
>
> Ⅱa聽見媽媽對小孩說「再哭老虎來囉！」小孩仍沒有停止哭泣，媽媽
> 　又說：「給你牛奶糖。」小孩就不哭了，老虎以為小孩居然比怕牠還
> 　怕牛奶糖。b聽到老公問老婆最怕什麼東西，老婆說她不怕老虎「怕
> 　漏」。c一個老人說比起老虎他更怕「老」，因為人老了之後會全身
> 　長毛，還會到處亂翹刺人。老虎覺得奇怪，竟有比牠可怕的東西。
>
> Ⅲa這時下起雨來了，b老公忙穿著蓑衣到外頭補屋頂，老虎以為蓑衣
> 　就是「漏」，以為「漏」比牠兇猛，於是就跑走了。C田裡的人開
> 　始穿起蓑衣，老虎以為那就是「老」，便嚇得跑走了。

林繼富〈一句話引出的喜劇〉一文，曾對「老虎怕漏」型故事，在中國境內的傳承，做了分析探索：

> 「老虎怕漏」型故事在中國境內至少有三個相對穩定的傳承系統：
> 　一是以漢族為主體的傳承系統，該類型故事結構基本遵循「聽到
> 漏──害怕漏──摔掉漏──證實漏──逃避漏」；故事角色變化不
> 大，基本的角色為老倆口、老虎、小偷和猴子，並且它常與AT78型
> 故事相連；故事的敘事輕鬆，趣味性強。
> 　二是以傣族、德昂族為中心的西南山地民族傳承系統，該系統的
> 「老虎怕漏」故事大量出現蓑衣、斗笠等雨具以及大象、老虎、兔子
> 等西南山區遍地都是的動物。……
> 　三是以青藏高原為核心的傳承系統，該系統內的「老虎怕漏」故
> 事，常常與王位繼承有關。出現這種文化現象與我國青藏高原諸民族
> 長期以來過著游牧流動的生活、封閉落後的思想觀念有關。在自然環

境險惡，生產力落後的時代，部落的生存，人們生活的改善，往往依
賴於某一位力量巨大，智慧聰明的能人。……[17]。

在這三個系統裡，以漢族為主的第一個系統，除了「語言」為故事的重要元
素之外，故事內容裡偷盜情節的設置，為故事的整個發展奠定基礎，為故事
的傳承者創造了典型的環境，並以一連串巧合的誤會，再加上與AT78型的
結合，強化了此一類型故事的藝術效果。而以西南山地民族為傳承的第二個
系統，其情節單元的設置並沒有漢族的那般豐富，給聽者突出印象的，則是
由對人類語言理解的差異，在輕鬆的話語裡，讓平凡的簑衣……，與勇猛的
老虎，形成極大的反差矛盾，並進而去構造離奇曲折的情節。

　　就177號類型名稱下的故事內容大要而言，金榮華之索引類目下的說
明，較近於林繼富所提出的第一種傳承系統——是以漢族為主的傳承系統。
而胡萬川的索引類目所說明的，則是近於第二個系統——以傣族、德昂族為
中心的西南山地民族傳承系統。中彰民間故事裡，與此一類型有關的故事，
如附表1所見，有屬於客語故事的〈驚漏〉及屬於閩南語故事的〈驚老毋驚
虎〉兩則故事。值得注意的是——依上述林繼富所說的這三個傳承系統裡，
這兩則「老虎怕漏」的中彰民間故事，其內容敘述並不接近以漢族為主的系
統。反而與林繼富所提出的第二系統「以傣族、德昂族為中心的西南山地民
族傳承系統」接近——故事大量出現簑衣、斗笠等雨具。就以客語故事〈驚
漏〉這一則為例，其故事內容如下：

　　　　有一對夫妻，生了一個女兒，他們搬到山上住，因為要工作。有
一天晚上，孩子一直哭，吵個不停。她的媽媽生氣了，就嚇唬她說：
「乖乖睡了啦，老虎來囉！」她仍然還在哭，剛巧有一隻老虎躲在門
外趴著。她又說：「為什麼要哭？老虎在外面要來了！你知道嗎？」
又說：「ng^2!給你（牛奶糖）啦！」孩子就安靜下來了。

---

[17]　劉守華主編：《中國民間故事類型研究》（林繼富：〈一句話引出的喜劇〉，武漢，
華中師範大學出版社，2002.10），頁95。

　　　　老虎聽到了就想：「是什麼東西啊？一說到（牛奶糖）她的孩
子就不哭了，她竟然不怕我啊！」老虎接著聽到丈夫問妻子：「妳最
怕什麼？」她說：「沒有啊！」他說：「妳不怕老虎嗎？」「我不
怕。」「那妳怕什麼？」「我怕漏！」她一說到漏，糟了，下起大雨
了。她老公就穿著蓑衣跑出門外，要去修理屋頂。那隻老虎看到她老
公穿著蓑衣的樣子，牠從來也沒看過，不知道是什麼東西。以為那就
是「漏」來了，又以為「漏」是比牠自己還兇猛。於是拔起腿來，拼
命的跑了。她老公修好屋頂就和老婆說：「不漏了，不用怕了。」

就上述的故事內容來看，整個故事內容，並沒有漢族系統裡常出現的小偷與
猴子的角色。嚇跑老虎的，就表象而言，看似「蓑衣」這個形象，實際則是
老虎自己嚇自己——驚嚇的原由，則是因為老虎對人類語意的誤解。

　　劉守華在聽「屋漏」這一系列的故事群後，這樣說到：「它用一連串
的誤會來構成引人入勝的情節，在逗人發笑的同時，又巧妙地頌揚了人的威
力，人的語言的美妙作用，寓莊於諧[18]。」確實，「語言」是支持此類型故
事的核心。類型名稱，不管是依人的觀點稱為【不怕老虎只怕漏】，還是依
老虎的角度叫做【老虎怕漏】。總之，「漏」都是一個引起老虎驚嚇的關
鍵語詞，而審視索引書籍所列舉的故事篇章名稱，除了丁乃通所說的大都
為「屋漏」之外，還有少部分則是「鍋漏」、「傘漏」，然而，不管如何
總是與關鍵語詞「漏」有關。而「漏」之所以引起共鳴，則應來自於故事
流傳之時空的廣泛「窮苦」。但台中縣大安鄉閩南語故事的這一則〈驚老毋
驚虎〉，則離開了「漏」的這一語詞路線。或是說它是在「漏」的基礎上，
跳脫了原有的框架，在自己的語言系統上，發展出具自己地方色彩的故事文
本，讓故事呈現了另一個同中有異的語詞表達——因為，閩南語的「老」與
「漏」是同音的。就故事發展的先後順序而言，〈驚老毋驚虎〉應是比較後
來的說法，在一大群「漏」系列的故事群之後，說故事者雖仍抓住了故事裡

---

[18]　劉守華：《比較故事學》（上海，上海藝文出版社，1995.09），頁143。

「語意誤解」的核心，但卻給了一個新語詞「老」，並給「老」這個語詞編了一段詮釋———一個老人說比起老虎他更怕「老」，因為人老了之後會全身長毛，還會到處亂翹刺人。老虎覺得奇怪，竟有比牠可怕的東西。講完之後，天開始下起雨來，田裡的人開始穿起蓑衣，老虎以為那就是「老」，便嚇得跑走了。

金榮華〈【不怕老虎祇怕漏】故事試探〉一文，也從「語言」的角度來探討這一故事的原型及流傳。認為：當人們說「不怕甲，祇怕乙」時，「甲」和「乙」應當是同一範疇，或是相關聯的東西，因此「不怕老虎祇怕漏」，它的原型應該是「不怕雨，只怕漏」，而「雨」和「虎」的發音必須很相近，老虎才會把「不怕雨，祇怕漏」聽成「不怕虎，只怕漏」。按照這個語音線索推論，華南方言中，潮州話「雨」和「虎」兩字的語音和聲調完全相同；閩南語則是語音相同、聲調稍異。華南又是個產虎之地，所以【不怕老虎祇怕漏】這一型的故事，其發源地應當是在中國華南沿海的潮州或閩南[19]。

就中彰民間故事的這兩則故事文本，以及胡萬川對這一故事類型所寫的大要看來，流傳在台灣之177【老虎怕漏】型的故事文本，是與西南山地民族的傳承系統是接近的。假設177【老虎怕漏】這一類型的故事，也是從大陸流傳到台灣，那麼與台灣關係密切的福建，便是一個很重要的觀察點，福建地區所流傳之【老虎怕漏】的故事，到底是漢族系統與其接，還是接近西南山地民族的系統，便很值得觀察。

由金榮華《民間故事類型索引》所列舉的異文裡，發現《中國民間故事集成》的福建卷，有一則〈猴虎相克〉的故事文本是屬於此一故事類型。不過，這則故事是來源於福州福安縣的畬族，並非來自於漢族，故事內容如此敘述：

　　　　傳說古時候，猴哥虎弟是一對好朋友。一天晚上天下著雨，有
　　　一頭老虎去一個單座寮掏猪吃。這家單座寮在懸崖下，遇到下雨，總

---

[19]　金榮華：《禪宗公案與民間故事——民間文學論集》（〈【不怕老虎祇怕漏】故事試探〉，台北，口傳文學會，2007.09），頁77-84。

怕大山脫塌下來。老虎剛跳入豬欄，豬仔就被嚇得嗷嗷叫。在寮里睡的妻子一聽到豬仔叫，就轉身擰了一下丈夫說：「不曉得外面有老虎無？」她丈夫迷迷糊糊中把老虎聽作「漏雨」，就說：「漏雨倒不驚，就驚脫。」老虎聽了這話，心裡想：哎呀！人都講老虎最屬害，難道還有個「脫」比我更屬害？站在豬欄內沒膽動手。

　　說來也巧，正好這時有個賊仔，頭戴斗笠，身披棕衣，腳穿草鞋，臉塗烏烟，手裡拿一條麻袋，正從寮邊繞了過來，也想偷豬。老虎見這個怪樣，以為真是「脫」來了，嚇得全身縮做一團。無膽吱聲。那偷豬的賊摸黑中看不清哪是豬，把麻袋網在豬欄門口，動手打開欄門。老虎一看欄門打開，「嚕」地一下闖出來，沒想到正好鑽進賊的麻袋裡去了。那賊以為豬進了麻袋，扎緊袋口扛上肩就馱走了[20]。

接下來的故事發展，則是賊打開袋口之後，發現袋裡竟是一頭老虎，嚇得爬上樹，老虎從麻袋掙出之後與猴相見，接下來便連接著78B【猴子把自己用繩子捆在老虎身上】的故事內容。畬族的這一則故事，在自己的語言文化基礎上，以及自身特有的生活環境，把「漏雨」、「老虎」與「脫」做了巧妙的結合，故事內容，不僅有漢族系統裡偷盜與猴子的情節，同時它也出現了西南山地民族傳承中斗笠與蓑衣的元素，可以說──整個故事，呈現出漢族與西南山地民族交差融合的痕跡。這是一個有意思的文本，顯現出福建是一個多元民族交融的地方，漢族系統與西南山地民族系統，在福建都可以看見。

　　台灣早期的大陸移民，以離福州很近的泉州、漳州的漢人為最大宗，稍後則還有廣東的客家人，中彰民間故事的這兩則【老虎怕漏】故事（甚至是胡萬川在索引中所列舉的另外四則），含概閩、客兩個語系，故事內容敘述，卻共同都保留了偏向西南山地民族系統的內容發展，則是很耐人尋味的──在福建，這兩個系統都有呈現，來台之後，卻只剩下偏向西南山地的系統，這是文本蒐集的巧合？還是泉州、漳州人原本的文化關係，就與西南山

---

[20]　中國民間文學集成全國編輯委員會：《中國民間故事集成・福建卷》（北京，新華書店北京發行所，1998.12），頁530。

地民族更為接近？還是把故事流傳來台灣的，是較近西南山地的廣東人？劉守華〈略談中日民間故事的交流——《日本民間故事》〉一文，也談到與上述類似的情形：

> 日本學者經過認真比較，認為日本故事與中國西南少數民族的故事更為接近，日本人對這些少數民族的民間口傳文學更易於理解。在文本列舉與《日本民間故事》中的作品相類似的近三十篇中國故事中，出自四川、雲南、貴州、廣西地區藏族、壯族、苗族、侗族、佤族的故事就有十來篇。……因地區自然環境與民族生活的差異而演化為多種異文，這些都表明日本學者所揭示的上述特點是確實存在的。我國西南地區地勢險峻，交通阻塞，政治、經濟與文化發展都遠比中原地區更落後，顯然不可能直接以口傳和書面的方式同遠隔東洋大海的日本進行民間故事交流，這種聯繫必有更深、更複雜的淵源。……[21]

要瞭解這種聯繫更深、更複雜的淵源為何，確實不容易。就【老虎怕漏】這一個故事類型而言，在沒有更多的證據支持前，我只能指出所呈現的現象與特色，未敢妄下定論。但一個故事類型的探討，便能引起我們這些遐想，這便是區域性故事類型研究，令人著迷的地方。同時，也看出單一區域的故事類型研究，有時確會有其片面性與局限性，如果有更多的人力投入更多不同區域的研究，並且將不同區域的研究聯繫成一個整體來看，必將獲得更完整與更有價值的成果。

四、【獸借角頭不肯還】——鹿的美麗是狗的哀愁

「動植物及物品故事」其項下的分類安排，「禽鳥」之編號為220-249；275-299號則為「其它動物和物品」。丁乃通《中國民間故事類型索引》在

21　劉守華：《比較故事學》，頁150-151。

「禽鳥」的這一範圍，編了235A【動物向鳥（或別的動物）借角或別的東西】這一故事類型，概要中的說明為：動物向鳥（或別的動物）借角或別的東西而拒絕歸還，於是二者之間有了敵意。金榮華《民間故事類型索引》，編碼235A的類型名稱為【公雞失角】，類型的故事大要為：「公雞原有一對角，龍向牠借用後不還，所以公雞每天天一亮就喊『角、角、角……』，向龍追討。」金榮華另外又在284號編了一個類型，名為【獸借頭角不肯還】，類型的故事大要為：「某一獸類向其他動物借角或身體上的其他東西，借後不還，成為牠現在的特徵。」胡萬川《台灣民間故事類型》則設了235D【動物向別的動物借角或別的東西】這一故事類型，類型的故事大要則為：

> Ⅰ 鹿向狗借角戴。
> Ⅱ 請公雞當保證人。
> Ⅲ 鹿不還狗角。
> Ⅳ 公雞為鹿還狗角而啼叫[22]。

　　中彰民間故事裡，無屬於金榮華所編235A【公雞失角】的內容。如附表1所見的三則故事，故事內容裡角色的關係都是鹿向狗借角不還，雞為保證人，而不是雞的角直接被某一動物所借。現就以其中一篇〈鹿仔哥向狗仔哥借角不還〉，來看其故事鋪陳：

> 　　古時候的狗有角，鹿類沒有角。有一隻鹿哥哥，看到一隻狗哥哥的角很漂亮、很迷人，心裏很想要，就一直向他借，狗哥哥都不答應。
> 　　鹿哥哥借不到角，心裏很鬱卒，剛好遇到公雞哥哥。鹿哥哥就將向狗哥哥借角借不到的事情，向公雞哥哥說清楚，又拜託公雞哥哥出面做仲介人來保證。
> 　　公雞哥哥看到鹿哥哥，好像沒有角就活不下去，就答應要幫忙

---

[22]　胡萬川：《台灣民間故事類型（含母題索引）》，頁32。

他。兩就結伴去向狗哥哥拜託。公雞哥哥看到狗哥哥，就說：「狗哥哥稍微拜託一下，你的角先借給鹿哥哥，好嗎？」

狗哥哥回答說：「那怎麼可以？我僅有一對角而已，我如果借給他，我自己就沒有角啊！」鹿哥哥就說：「你的角從黃昏借給我，我到晚上十二點的時候，就整付角都拿來還你。」

公雞哥哥就幫鹿哥哥出聲支持說：「狗哥哥你放一百個心，我替他保證，如果到了十二點的時候，他如果沒有準時拿回來還，我就會向鹿哥哥提醒。」

狗哥哥就真的將角借給鹿哥哥。時間過地真快，翻下身子就到十二點了！狗哥哥等不到鹿哥哥拿角回來還他，就去找公雞哥哥算帳，要叫公雞哥哥負起先前保證責任。

公雞哥哥很害怕就啼叫，叫說：「鹿哥哥！角趕快拿回來還喔！如果久久沒還，我會死喔！我會死喔！」

鹿哥哥因為發覺有角之後更加美麗，就想要永遠霸佔。同時狗哥哥很生氣被鹿哥哥騙了，又追逐不到鹿哥哥，就找公雞哥哥算帳；在每一次，如遇到公雞哥哥的族親，就要追到手，來咬死他，又吃他的肉和啃他的骨頭，來報復公雞哥哥隨便保證的冤情。後來，狗變成沒有角，鹿也只有鹿茸沒殼。（中市4）

此則故事最適用的類型名稱應為金榮華的284【獸借頭角不肯還】，不過故事內容的發展則是胡萬川235D【動物向別的動物借角或別的東西】項下的故事大要說明最為貼近。中彰民間故事與此篇同類型的其它兩篇，其故事內容的鋪陳亦與此則雷同，只是繁簡有別。而故事裡的動物形象，鹿都是那個借角不還的無賴，狗是那個倒楣的受害者，雞則是那個受牽連的保證人。

透過這種擬人化的表達，故事建造了一個動物社會的互動關係，鹿的美麗是狗的哀愁，也為雞狗間帶來了永世的冤仇。這種動物世界的關係，當然不是自然生態裡真實的動物關係，而是人們對動物的看法與想像。故事有相當重要的目的是在解釋：雞為何要叫？牠叫什麼？鹿現在的長像特徵是怎麼

來的？狗遇到雞，為什麼常會去追雞、對雞吠？所以，此一故事類型也是典型的第一類動物故事——是關於動物特徵、生活習性的解釋性故事。

值得一提的是：胡萬川《台灣民間故事類型》所蒐集的18個異文裡，除了中彰民故事的這三則之外，還有三則是屬於台灣漢族的文本，而這6個文本裡的動物形象，有很高的一致性——都是鹿是那個借角不還的無賴，狗是那個倒楣的受害者，雞則是那個受牽連的保證人。但其餘12則屬於原住民的異文，其動物形象的角色顯然與此不同——無賴雖然都還是鹿，但受害者有8則是兔子，另外4則的受害者則是羌。由此可見，雖是同一類型的故事，但因族群不同，甚至不同族群的生活環境不同，日常生活中所接觸到的動物不同，對動物的觀察與感受也隨之不同，這都會導致故事裡動物形象的呈現，顯然也跟著不同。所以，雖然都生活在台灣，但原住民的生存環境，與漢民族的生存環境顯然有很大的差別，以前原住民生活環境中常可看到的兔子或羌，在漢民族的生活環境中，比起雞、狗來，相對是少的，這就展現在漢民族所建構的動物社會關係，與原住民所建構的動物社會關係是不一樣的。

檢視金榮華《民間故事類型索引》284【獸借頭角不肯還】，受害者與加害者的動物，就相對顯得的多元，加害者不再是只有前述的鹿，還有牛、羊等獸類，而受害者除了上述的狗、兔子和羌之外，還有駱駝等。而有意思的是：此一故事類型裡的動物角色和形象，屬於西南山地民族的省分的異文，如《中國民間故事集成·雲南卷》〈狗和麂子的故事〉、《中國民間故事集成·貴州卷》〈狗丟角〉、《中國民間故事大系·拉祜族》〈狗和麂子的故事〉，故事裡的動物角色與形象：麂子（鹿的一種）是那個借角不還的無賴，狗是那個倒楣的受害者——台灣漢族的文本，又再次與西南山地民族的文本相近與類似。

結語

中彰民間故事裡，成故事類型的文本，屬於「動植物及物品」這一類的故事是少的。AT分類系統其編碼1-299為動物故事，但因為不是每個編碼

都有故事類型，實際的類型數，在丁乃通《中國民間故事類型索引》裡有151個、金榮華《民間故事類型索引》裡有160個、胡萬川《台灣民間故事類型》裡有15個。如附表1所見，中彰民間故事屬於動物故事的只有7個類型、13則文本。而從上述的數據中也可以看出，不只是中彰地區，甚至於台灣的民間故事裡，動物故事也是普遍偏少的。

一般而言，動物故事以擬人手法表現，內容常有瑰麗的想像與奇特的聯想，不以現實世界為依歸，卻又常呈現出現實世界裡的美好價值或險惡衝突，因此動物故事常充滿著活潑氣息與浪漫色彩。中彰民間故事之動物故事為數不多，而其動物故事又較多偏向解釋動物特徵、生活習性的解釋性故事，較少神似世態人情的動物故事。

在前述的幾個故事類型當中，「貓、鼠與別的動物的恩怨」其相關類型與文本為數最多，佔了動物故事之文本量的一半，這顯現出「十二生肖」的文化，對整個漢民族的影響是深遠的，而中彰地區的漢民族也在這個文化圈中。除此之外，貓、鼠與中彰地區之漢民族的生活是貼近的。所以，對於貓、鼠的一些行為特徵，他們也投注了熱情與想像，產生了多樣性的情節單元，來解釋貓、鼠之間關係惡劣的原因，或其特有的行為特徵。

人比大多數的動物都來得長壽，但長壽是要付出代價的。這樣的想法，在173【人多要了牲畜的壽命】的這一個故事類型有所展現。中彰民間故事在這一故事類型的呈現上，表達出來自何者的生命，你接受了他生命的量，便得同時承受其生命的質。所以，人接受了牛、馬各十年的生命，便得同時承受牛、馬各十年的辛苦。故事的文本內容，表現了人們對動物之特質的觀察，而這唯一的文本，其觀察有著東西方人們的普遍共識，也有著在地色彩的呈現。

在177【老虎怕漏】這個故事類型的表現上，「語言的魔力」是故事進展的重要支撐。中彰民間故事的文本，仍一貫地展現了這樣特質，但有的卻跳脫了關鍵語詞「漏」而成為「老」，則顯現了文本以自己的語言系統，對故事之進展進行了在地化的改變。除此之外，整個故事的推展、情節單元之間的串接，中彰民間故事不與漢族的文本系統接近，卻與中國西南少數民族的文本較為接近，則是個特別而值得關注的特點。

284【獸借頭角不肯還】，表現了人們對動物樣貌特徵的來源，以及動物之叫聲與行為的看法。中彰民間故事在這一故事類型的表現上，與台灣其它漢民族的表現，呈現出相當的一致性，那便是——鹿的美麗是狗的哀愁、雞的活罪受。這樣的動物社會關係的表達，與台灣原住民的觀察與感受相離甚遠，但卻貼近中國西南少數民族的看法，則又是一個有趣的現象。

從中彰民間故事之動物類的文本量來看，動物故事並不是中彰地區的漢民族所熱衷的。從各類故事類型的數目看來，他們似乎願意將更多的想像投注在神仙幻想故事上、將更多的熱情置放在生活故事裡、將更多的樂趣創發在笑話中。那麼這些鳳毛麟角的動物故事，便顯得更加珍貴了。

附表1

動植物及物品故事類型（1-299）編目

中彰民間文學集之冊數及頁數號碼	篇目名稱	故事類型之名稱及編號
中縣㉔新社鄉閩南語故事二P.72-91	貓仔展威	胡200**【老虎與貓的恩怨】
中縣㉑新社鄉閩南語故事一p.150-168	貓報貓鼠仔冤（貓向老鼠報仇）	丁、胡200*【貓的權利】（金110A【老鼠讓貓睡過頭】）+金111C.1【牛和老鼠比誰快】
中縣⑫沙鹿鎮閩南語故事p.36-41	貓為啥物愛掠貓鼠（貓為什麼要捉老鼠）	丁、胡200*【貓的權利】（金110A【老鼠讓貓睡過頭】）
台中市民間文學采錄集④P.49-52	看誰走上緊通來排生肖（看誰跑最快可以來排生肖）	丁、胡200*【貓的權利】（金110A【老鼠讓貓睡過頭】）+金111C.1【牛和老鼠比誰快】
彰化縣民間文學集7 P.168-179	十二生肖的故事	丁、胡200*【貓的權利】（金110A【老鼠讓貓睡過頭】）
中縣⑫沙鹿鎮閩南語故事p.32-35	貓仔藏屎的由來	胡200**【老虎與貓的恩怨】
彰化縣民間文學集7P.182-185	貓仔展威	胡200**【老虎與貓的恩怨】
中縣㉞東勢鎮閩南語故事一p.2-7	人的壽年	金173【人多要了牲畜的壽命】。
中縣⑳東勢鎮客語故事集三p.140-144	驚漏	胡177【老虎怕漏】（丁177【賊和老虎】、金177【不怕老虎只怕漏】）
中縣㉗大安鄉閩南語故事一P.130-134	驚老毋驚虎	胡177【老虎怕漏】（丁177【賊和老虎】、金177【不怕老虎只怕漏】。）
中縣㉝大安鄉閩南語故事三P.12-16	鹿角予狗哥	胡235D【動物向別的動物借角或別的東西】（丁235A【動物向鳥（或別的動物）借角或別的東西】、金284【獸借頭角不肯還】）
台中市民間文學采錄集④P.72-77	鹿仔哥向狗仔哥借角不還	胡235D【動物向別的動物借角或別的東西】（丁235A【動物向鳥（或別的動物）借角或別的東西】、金284【獸借頭角不肯還】）
彰化縣民間文學集7 P.178-179	狗咬雞的原理（傳說）	胡235D【動物向別的動物借角或別的東西】（丁235A【動物向鳥（或別的動物）借角或別的東西】、金284【獸借頭角不肯還】）

第二章　一般民間故事──幻想故事之一

引言

　　在AT分類系統裡，一般民間故事的編號為300-1199，是AT故事類型裡最大宗的一類。不僅故事類型五花八門，且就算是同一故事類型，其文本的異文亦數量繁多。因此，這一大類下，又分為幻想故事（神奇故事）、宗教（神仙）故事、傳奇故事（生活故事）、笨魔的故事等四個中類。而其中的幻想故事編號為300-749，又佔了為數的一半，由此可見，人們對這一類故事的熱愛。

　　原AT分類索引裡，幻想故事（神奇故事）這一中類下，又分為幾個次類，依金榮華的翻譯，其名稱與編號如下[1]：

　　1.神奇的對手（300-399）

　　2.神奇的親屬（400-459）

　　　(1)神奇的妻子（400-424）

　　　(2)神奇的丈夫（425-449）

　　　(3)神奇的兄弟姊妹（450-459）

　　3.神奇的難題（460-499）

　　　(1)疑難獲解（460-462）

　　　(2)其它難題（463-499）

---

[1]　金榮華：《中國民間故事與故事分類》（台北，中國口傳文學會，2007），頁79-80。

    4. 神奇的幫助者（500-559）

      (1)織女（500-501）

      (2)（其他）[2]（502-504）

      (3)感恩的亡靈（505-508）

      (4)（各種神奇的幫助者）（509-529）

      (5)動物的幫忙（530-559）

    5. 神奇的寶物（560-649）

      (1)寶物失而復得（560-568）

      (2)（各種寶物）（569-609）

      (3)神奇的療方（610-619）

      (4)（其他奇物）（620-649）

    6. 超自然的能力或奇物（650-699）

    7. 其他神奇故事（700-749）

因故事類型之類目與異文均多，本章之論述先以前三項次類為範圍，後四項則留至下一章再敘。

    由AT分類系統的編號及類目來看，我們可以知道：在世界各地的民間故事中，幻想故事普遍受到普羅大眾的喜愛。而這種受喜愛的情形，在中國更加明顯。丁乃通《中國民間故事類型索引》的導論曾提到：「中國故事類型與國際標準有差距的，可分為三組[3]」，其第一點，丁乃通便如此論述：

> 表現出更大膽的幻想和更喜歡怪異事物的。我以為513（【超凡的好漢兄弟】）和465（【妻子慧美，丈夫遭殃】）類型是兩個例子。二者的人物和他們的本領，比國際標準中離奇得多，因此情節也更加複雜。

---

[2] 此項括弧之類目名稱，原書中並未標示，係金榮華所代擬，以下凡加括弧之類名皆同此。

[3] 丁乃通編著・鄭建成等譯：《中國民間故事類型索引》（北京，中國民間文藝出版社，1986.07），導言頁18。

由上述丁乃通的舉例與論述，我們可以知道：幻想故事不僅在中國受到廣大的喜愛，反過來說，中國民間的廣大群眾也創造了更多、更離奇、情節也更複雜的幻想故事。

　　AT分類系統裡的「幻想故事」（神奇故事），如上所述，其AT編碼為300-749號。丁乃通《中國民間故事類型索引》列出了170個幻想故事類型，金榮華《民間故事類型索引》則歸納出152個幻想故事類型，胡萬川《台灣民間故事類型（含母題索引）》則是有37個。根據這些數據，按比例而言，在台灣，幻想故事比起動物故事，其類目數量多出一倍以上，可見，在台灣也與大陸一樣，廣大的群眾對幻想故事充滿熱情與喜愛。

　　如附表2所見，中彰民間故事在幻想故事這一區塊，不僅類目豐富，且同一類目之下也常擁有許多不同異文。這顯現出：在中彰地區，幻想故事亦受到普遍的歡迎，至於故事內容的特點為何？情節是否更離奇？更複雜？則有待接下來更進一步的分析。

一、【術士和弟子】──青出於藍的魔法

　　在丁、金、胡《索引》裡的325號，其故事類型名稱為【術士和弟子】，內容結構的重點，是在述說術士與其弟子鬥法，弟子最終戰勝的過程。是一則典型的「幻想故事」，也是一個在三部索裡編號與類目名稱都一致的故事類型。

　　這一個故事類型，丁的《索引》，列舉了9則的故事異文；在金的《索引》裡，所蒐集的異文以國外的居多，屬於中國的只有2則，325【術士和弟子】的故事大要，依金榮華的敘述如下：

> 　　一個年輕人去向術士學法術，術士卻想害死他。但是年輕人不僅沒有被害死，還偷偷地學會了法術逃回家去。年輕人回家後，變成一條牛，讓他父親牽去賣，父親得錢回家時，年輕人也恢復原形回家了。第二天，年輕人變成頭羊，讓他父親牽去賣，不料遇上術士，他看出

這羊是年輕人所變，就出錢將羊買下。年輕人見勢不妙，急忙變成小鳥飛走，術士則變成老鷹去追趕。雙方相互幾經變形後，年輕人變成一堆穀粒，術士見狀，變成一隻公鷄去啄食，這時年輕人立刻變成狐狸，一口把鷄咬死。

而胡的《索引》，在325【術士和弟子】的項下，就只列了一個文本，那便是如附表2所見的──〈會曉變魔術的人〉。所以，可以說其故事大要，是專門為〈會曉變魔術的人〉所寫的，其內容如下：

Ⅰ 一個母親想幫她的孩子找一份不用做事又能吃得好的工作。

Ⅱ 一個男子願意給她兒子工作，條件是母子一年才能見一次面。

Ⅲ 一年後當母親去找兒子時，男子要她認出七隻鳥中哪一隻是她的兒子，猜錯便要隔年才能再相見。母親連續好幾年都猜錯（每次都是七樣東西）。

Ⅳ 母親無意間遇到變成馬的兒子，並得知認出兒子的方法。

Ⅴ 母親帶兒子回家，知道他能變很多東西，母子決定讓兒子變成馬出售後再逃回（母親留下馬韁，兒子依馬韁找路回家），藉以斂財。

Ⅵ 某次重施故技時遇到男子，被他識破，留下馬韁讓兒子回不了家。

Ⅶ 兒子趁男子不注意時要求女孩放了他。

Ⅷ 兒子逃跑時被男子追上，兩人以魔術鬥法，男子因為大意而輸了兒子。

從上述兩者的故事大要來看，325【術士和弟子】這個故事類型的重點，是在於術士與其弟子的鬥法（變魔術比賽）。兩人皆可將自身變成其它的動物，然後在這變幻之間爭求勝出，這應該是故事最精彩的部分，也是最令聽聞者屏息傾聽的部分。最終，看似法術較差、較處於劣勢的弟子，獲得了最後的勝利，也符合了觀眾的期望。

在此，要加以說明的是：325【術士和弟子】這一故事類型，除了弟子

與術士鬥法是故事內容的重點外，故事同時強調弟子的最後勝出。若沒有後半的強調，則是編在325A的【術士鬥法】。

325【術士和弟子】這一故事類型，是一個世界性的故事類型，在東西方各國都有這樣的故事文本。能擁有魔法力量，是人們的一種渴望，《哈利波特》會造成風潮，也就是這種想像與渴望的一種漫延，而這也是支持此故事類型所以會產生及流傳的原因。如上所述，「鬥法」的把戲是此一故事類型的重點。不過，縱使是屬於同一類型的故事，也會有其同中有異的獨特之處或差異：

例如，在金的《索引》裡，所蒐集到的其它兩篇屬於中國的異文，一篇是藏族的〈頓珠和他巫術師七兄弟〉、另一篇是羌族的〈方寶智鬥「七妖魔」〉，為弟子的頓珠或方寶，要鬥的不是單一而是為數眾多的「七」術士，但兩者皆能以寡擊眾，並取得最後的勝利，這便是他們的同，但鬥法過程中所使用的法術不同，這便是他們的異。相對而言，中彰民間故事的這一篇〈會曉變魔術的人〉，弟子要鬥的術士只有一人，與前述的「七」，便是一種差異；但與前述兩者，弟子都在鬥法的過程中取得最後的勝利，便又是一種相同。這也就是類型研究的迷人之處——能在相同的故事類型中，見到不同的故事風貌。

325【術士和弟子】，大多數的故事文本，都是術士要害死前去學法術的弟子，其弟子不僅沒有被害死，還成功地偷學了法術，這讓故事的張力顯得飽滿。因此，當最後弟子與術士在鬥法之中取得勝利，成功地捍衛了自身的安全，這個張力便得到了很好的彰顯，使整個故事呈現出一種連貫而精簡的風貌。

不過，〈會曉變魔術的人〉這一篇，故事的開始，術士並沒有要取弟子的性命，只是變成動物後的弟子，其母親三番兩次都不能正確指認，造成了母子不能相認的遺憾，這是故事前半段的重點。後半，弟子以所學的法術，將自身變成別的動物，讓親人牽去賣，以此獲取錢財，被術士發現，展開一場鬥法大戰時，因為先前的佈局，弟子並沒有會失去生命的危機，後來的陳述，又有弟子斂財之嫌，所以，當最終弟子戰勝術士，並取其性命時，故事

那種讓人驚心動魄的刺激、或理該得勝的正義，便少了幾分。

但民間故事和書面小說的要求畢竟不同，講述者喜歡講這一故事，聽眾喜歡聽這一故事，魔法的使用與較勁的過程，應該還是這一故事類型的重頭戲，至於整個故事的組織與風貌，這似乎不是聽眾所最關心的事了。

325【術士和弟子】這一故事類型，在中彰民間故事中並不熱門，在這唯一僅有的文本裡，雖然故事情節或有瑕疵，但弟子青出於藍的魔法力在最終時刻勝出，則仍是整個故事進展的重點。

二、【虎姑婆】──孩子力退妖怪的機智與勇氣

在「中彰民間文學集」中，由文後之附表2所見，【虎姑婆】故事類型的異文，比起其它幻想故事，相較之下，其異文數量確實多很多。【虎姑婆】實際上是一個具世界性的故事類型，只是在不同的地區，因其文化傳統相異，它各自以其地區性所熟悉的故事名稱存在著。在台灣它只有一個名號叫「虎姑婆」；在大陸則稱為「狼外婆」、「老虎外婆」、「熊家婆」等；在西方最著名的，便是鼎鼎大名的「小紅帽」；在日本則有「老天爺的金鎖繩」及「姐弟和女妖」[4]的故事；在朝鮮這個故事叫做「變成日月的兄妹（日月的由來）」[5]。……還有其它在世界各地，不同名稱的故事，實際上都屬於這一故事類型，它是一個廣泛流傳的世界性故事類型，但因各地不同的文化傳統，也各自展現出不同的風貌與特質。

阿爾奈與湯普遜在其AT分類法中，【小紅帽（剖開狼肚救女孩）[6]】之

---

[4] 劉守華主編：《中國民間故事類型研究》（江帆〈藏不住的尾巴〉，武漢，華中師範大學出版社，2006.12），頁107。

[5] 同上註，頁108。

[6] 阿爾奈與湯普遜之AT333【小紅帽】，其故事大要如下：
  I、狼的美食（a）狼裝成母親或祖母的樣子，偵探並吞吃了（b）它在路上遇到的一個去看望祖母的小姑娘（紅頭巾）。
  II、營救，（a）狼被剖開，其吞吃者被活著救出（b）它肚子裏縫滿石頭並被淹死。（c）它一直跳到死去。

編號為333，類目下收錄了世界各地共178篇的故事異文；之後丁乃通編《中國民間故事類型索引》時，在333型項下的子類──編號333C下設了一個具中國文化傳統的類目，名為【老虎外婆】，收錄了111篇的故事異文，其故事內容結構與【小紅帽】相近，但卻更具中個文化傳統，情節也更形複雜[7]。金榮華的《索引》編號333C其類目名稱已改為與台灣更為親近的【虎姑婆】，類目之下收有65篇的異文。胡萬川的《索引》，其編號名稱則為333**【虎姑婆】。

　　如上所述，【虎姑婆】是一個流傳非常廣泛的世界性故事類型，不管

---

[7]　丁乃通333C【老虎外婆】的故事大要如下：

　　　　這個吃人的妖怪常常是（但不全是）老虎精，它自稱是孩子們的親戚（通常是外祖母）。

　Ⅰ〔母親和孩子們〕（a）母親離家時囑咐孩子們（通常是兩個或三個孩子）看家，在她回家以前不要隨便開門。（b）母親在路上遇到妖怪，並且被它吃了。

　Ⅱ〔女妖進門〕（a）女妖通常是狼或老虎，來到這一家，自稱是他們的母親、外祖母或其他親戚，叫孩子們開門。（c）有時，孩子們問問題，女妖使用詭計騙了他們。通常都是他們並不多疑，就打開了門。或其它的發展：（b）孩子們去看他們的外婆，在路上遇見了女妖，假說是他們的外婆，他們就跟著它到它的家裡去了。（c）孩子們在家裡感到孤單，尋找或大聲叫喚外婆，女妖扮成外婆來了。

　Ⅲ〔女妖在屋裡〕一旦進到屋裡，（a）女妖奇怪的容貌、形狀等被一個或兩個大孩子注意到。（b）女妖怕亮光。（c）坐在敞口的簍子、罈子或大桶上，它的尾巴常常弄出格拉格拉的聲音。它催促著孩子們趕快上床睡覺，在床上它吃了（d）一個或更多的孩子。（d¹）或是他上了孩子的當吃了自己的小仔兒（或是一條狗）或是（e）她沒有吃小孩。

　Ⅳ〔幸存者懼極而逃〕沒有死的孩子（a）在黑暗中聽到格吱格吱咬嚼的聲音。（b）向假外婆要一點她吃的，却得到自己同胞的被吃剩下的身體的一部分，通常是手指。（c）發現了一些可怕的事。（d）她得到許可離了屋子，但是（e）往往是用繩子一類東西綁著她的身體，後來她又解開繩子繞在另外的東西上。（f）然後逃到一個高的地方去，例如一棵大樹或院子裡，或鄰居家裡。

　Ⅴ〔懲罰女妖〕當女妖發現受了騙，就去尋找，找到了逃跑的孩子。但是這些孩子（a）說得她用繩子綁著自己的身體，然後讓孩子往樹上拉，孩子拉到一半的時候，把它一再地摔到地上，（b）扔尖利的或很重的東西打她。（c）澆石灰水、鹽水或滾熱的油在身上或嘴裡。（d）告訴妖怪說要打雷，說服它藏到櫃子或箱子裡去。然後鑽了洞往裡澆開水（e）用別的方法傷害它，或殺死它。其他結尾：（f）孩子呼喚別人幫忙，他們救了她。（g）妖怪找不到或抓不著孩子就算了，或者自己死了。

是丁乃通、金榮華或是胡萬川的索引書籍中，都蒐集了非常多的故事異本。除了異本數量多之外，與此議題相關之各種不同面向的研究成果亦頗豐碩：早期鍾敬文的〈老虎外婆故事專輯[8]〉，不僅收錄了多個「老虎外婆」的民間故事異文，更指出了「採集」的路線；段寶林的〈「狼外婆」故事的比較研究初探[9]〉，則以比較分析的視角，為中西「狼外婆」的相關問題進行詮釋；林真美的〈虎姑婆考[10]〉，則運用普羅普（Propp）的構造分析為「虎姑婆」故事，進行故事構造分析；江帆的〈藏不住的尾巴——「狼外婆」故事解析[11]〉，則重在對故事之教育意涵與啟示做詮釋；陳妙如的〈「虎姑婆故事」研究[12]〉，則對故事內容的各種說法及情節變化進行對比分析；而台灣的吳青安[13]以「虎姑婆故事研究」為題、大陸的張曉舒[14]以「中西狼外婆（小紅帽）童話的比較」為題，分別寫就了他們的學位論文。……所以，【虎姑婆】的相關研究，真可謂是民間故事研究中的顯學之一。

中國的「狼外婆」故事的流傳，有其非常長遠的歷史，最早的文本記載為清代黃之雋的〈虎媼傳[15]〉，劉守華稱此篇：「文體屬文言，卻完全是按

---

8 鍾敬文：〈老虎外婆故事專輯〉，《民間月刊》（第2卷第2號，1933）。

9 段寶林：〈「狼外婆」故事的比較研究初探〉，《民間文學論壇》（創刊號，1982）。

10 林真美：〈虎姑婆考〉，《首屆台灣民間文學學術研討會論文集》（彰化，臺灣省磺溪文化學會，1997），頁124-147。

11 劉守華主編：《中國民間故事類型研究》（江帆：〈藏不住的尾巴——「狼外婆」故事解析〉，武漢，華中師範大學出版社，2002.10），頁105-113。

12 陳妙如：〈「虎姑婆故事」研究〉，《2009海峽兩岸民俗暨民間文學學術研討會論文選》（台北，中國口傳文學學會，2010.07），頁109-130。

13 吳青安：〈虎姑婆故事研究〉（東吳大學，中國文學系碩士論文，2003）。

14 張曉舒：〈中西狼外婆（小紅帽）童話的比較〉（華中師範大學，民俗學碩士論文，2003）

15 黃之雋〈虎媼傳〉，（清·黃承增輯《廣虞初新志》卷十九）。〈虎媼傳〉內容如下：
有為予談虎者云：

歙居萬山中，多虎，其老而牝者，或為人以害人。有山氓，使其女攜一筐棗，問遺其外母。外母家去六里所，其稚弟從，年皆十餘，雙雙而往。日暮迷道，遇一媼問曰：「若安往？」曰：「交謁外祖母家也。」媼曰：「吾是矣。」二孺子曰：「兒憶母言，母面有黑子七，婆不類也。」曰：「然。適篋糠蒙於塵，我將沐之。」遂往澗邊拾螺的者七，傅於面。走謂二孺子曰：「見黑子乎？」信之，從媼行。自黑林穿窆

照口述文本記錄寫定，未作任何加工修飾。」「是一篇地道的民間文學。」並贊美黃之雋「是一個出色的口頭文學家[16]。」而此篇故事內容，可說呈現了清代時期「狼外婆」故事的基本風貌。

而就「狼外婆」、「虎姑婆」現代所採集的民間故事文本而言，因同屬於AT333項下之子類333C的故事類型，所以在故事大要之內容敘述發展結構上，當然須有相同的聯結與發展，否則便不會在同一個故事類型裡。然而，也因為文化傳統與環境變異等原由，他們也發展出「同中之異」的獨特風貌——台灣的「虎姑婆」故事之於大陸的「狼外婆」故事，便顯著而清晰地展現出這種獨特的風貌。

如上所言，【虎姑婆】的相關研究，豐富而多樣，於此便不再繁贅地一加以論述，在此只聚焦於類型研究視野下的一些重要環節：

（一）AT333、AT333C型的基本核心

AT333【小紅帽】與其項下的子類AT333C【虎姑婆】，因同屬於AT333的故事類型群，所以其故事的主要基本核心模式，當然有許多相同的部分，才會屬於同一個故事群，但也有一些情節的改變，引起故事基本核心模式之某一特點上的變異，才須再設一個子類。

徑入，至一室如穴。媼曰：「而公方鳩工擇木，別構為堂，今暫棲於此，不期兩兒來，老人多慢也，草具夕餐。」餐已，命之寢，媼曰：「兩兒誰肥，肥者枕我而撫於懷。」弟曰：「余肥。」遂枕媼而寢，女寢於足。既寢，女覺其體有毛，曰：「何也？」媼曰：「而公敝羊裘也，天寒衣以寢耳。」夜半聞食聲，女曰：「何也？」媼曰：「食汝棗脯也，夜寒且永，吾年老不忍饑。」女曰：「兒亦饑。」與一棗，則冷然人指也。女大駭，起曰：「兒如廁。」媼曰：「山深多虎，恐遭虎口，慎勿起。」女曰：「婆以大繩系兒足，有急則曳以歸。」媼諾，遂繩其足，而操其末，女遂起曳繩走月下，視之，則腸也。急解去，緣樹上避之。媼俟久，呼女不應，又呼曰：「兒來聽老人言，毋使寒風中膚，明日以病歸，而母謂我不善顧爾也。」遂曳其腸，腸至而女不至，媼哭而起，走且呼，仿佛見女樹上，呼之下，不應。媼恐之曰：「樹上有虎。」女曰：「樹上勝席也，爾真虎也，忍啖吾弟乎！」媼大怒曰。無何，曙，有荷擔過者，女號曰：「救我，有虎！」擔者乃蒙其衣於樹，而載之疾走去。俄而媼率二虎來，指樹上曰：「人也。」二虎折樹，則衣也。以媼為欺己，共咋殺媼而去。

16　劉守華：《中國民間故事史》（武漢，湖北教育出版社，1999），頁543。

AT333【小紅帽】的故事大要，依金榮華的敘述如下：

> 有個小女孩，喜歡戴一頂紅色的小帽子，大家叫她小紅帽。有一天，她去探望臥病在床的祖母，讓狼知道了。狼便先去吞吃了祖母，然後假裝祖母，等小紅帽去後又吞吃了小紅帽。狼吃飽後躺下睡覺，被一個路過的獵人發現。他剖開狼肚，救出小紅帽和祖母，又把一些大石塊塞進去。狼醒來後想逃走，但肚裡的石塊太重，結果倒在地上死了。

333C【虎姑婆】的故事大要，依金榮華的敘述如下：

> 母親出門時，囑咐孩子們小心看家，不要隨便開門讓陌生人進來。後來一隻老虎或狼，冒充是他們的外婆，騙孩子開門進了屋。晚上，假外婆吃掉一個孩子，另一個孩子聽到她咬嚼的聲音，向她要一點吃，結果拿到的是她吃剩的手指，因此察覺到這個外婆是冒充的，便假裝要上廁所走出屋外。假外婆防他逃走，在他身上繫了一根繩子。他到屋外，把繩子繫在別的東西上，然後逃走。當假外婆發現受騙，急忙去追，孩子使用種種方法躲避，最後用開水或其他方法把假外婆殺死。有時也出現上天幫助孩子的情節。

從上述之故事大要說明，我們可以知道，這兩個故事類型，故事基本核心的相同部分是：孩子都被虎狼所蒙騙並吃食，而吃了人的虎狼，最後也都得到了懲罰。而相異的部分則是：

1、AT333型中，孩子之所以遇害，是因為外出探視祖母，被狼所發現而遇害。AT333C型中，孩子則是因為沒有謹記大人的叮嚀，開門讓虎狼進入家門而遇害。

2、AT333型中，被吞食的孩子，最後獲救並且復活了。然而，在AT333C被吃的孩子便喪失了寶貴的性命，而被他吃剩的骸骨（手指），則讓其它倖存的孩子有了警覺。

3、AT333型中，孩子能復活，是來自獵人的相救。AT333C型中，倖存
　的孩子得以逃亡存活，靠得是自己的機智應變。

4、AT333型中，狼被懲罰，是在沒有警覺的睡夢中，被獵人剖開肚子，
　放進石塊。AT333C型中，虎狼則是在與孩子的正面交鋒中，被孩子
　所騙，而被用開水或其他方法所殺。也有少數是來自上天的幫忙。

（二）〈虎媼傳〉與AT333、AT333C型

〈虎媼傳〉的故事內容，其故事主要基本核心模式為：1、孩子們出門
去探望外婆，為虎媼所騙，誤入虎穴。2、夜裡與虎媼同睡的弟弟為虎媼所
吃，被其姐發現。3、姐姐謊稱上廁所，藉機爬到外面的樹上。4、姐姐為路
人所救，虎媼則被二虎殺死。

〈虎媼傳〉之故事基本核心模式，可說是介於AT333【小紅帽】型與
AT333C【狼外婆（虎姑婆）】型之間。首先，〈虎媼傳〉中孩子是離家在
外遇害的，這與AT333型同。再則，〈虎媼傳〉裡遇害的孩子（弟弟）便死
了，其被虎媼吃剩的手指，則讓倖存的孩子有所警覺，這則與AT333C型同。
而倖存的孩子，謊稱上廁所，藉機爬到外面的樹上，也是與AT333C型同，但
他最後是為人所救，卻又與AT333型同。最後，虎媼受到了懲罰，這個懲罰
並不是來自倖存之孩子的對抗，也不是來自解救者的設計，而是被虎媼找來
原本要一起殺害孩子的兩隻老虎所殺。這點，則是〈虎媼傳〉所獨有的。

〈虎媼傳〉是清代時期「狼外婆」故事的基本風貌，這是一個非常珍貴
的記錄。不僅讓我們看到流傳於當時的故事內容，同時也讓我們知道此一故
事的主要基本核心模式。為我們瞭解中國「狼外婆」以及西方「小紅帽」故
事的特點，兩者之間的差異關鍵為何，提供了可貴的憑藉。

（三）AT333、AT333C型的角色與場域

AT333【小紅帽】型與AT333C【狼外婆（虎姑婆）】型，除了在故事的
基本核心模式有些差異之外，另外兩個主要的不同之處，則是故事的角色與
及故事發生的場域。

　　所謂故事裡的角色，依互動關係，包含了謀害與被謀害者。被謀害者，不管是東西方，這兩個類型裡的角色都是小孩。稍微不同的是：西方是單一個小孩被謀害，而且西方故事裡，給了這個小孩很明顯的外在形象特色——喜歡戴著紅色小帽子（或綁著紅色頭巾）的小女孩，因這樣的特徵，人們叫她「小紅帽」，而她是一個容易相信他人（他物）、不具戒心的天真小孩。東方的故事裡，被謀害者，大都是二至三個小孩，他們常是姐妹之類的手足關係，年齡不同，警戒心也有所差異。因此，最後的下場也有所不同——不具戒心的小孩，最後被吃；較有警覺的小孩，則僥倖存活。至於謀害者，在西方的故事裡，並沒有特別去解釋其特殊性——狼就是狼，基本上還是一般的動物，只是在表現手法上，故事讓狼與人站在相同的地位，人可以與其對話，這樣的方式，基本上與前一章的動物故事一樣，是一種擬人化的表現手法。而在東方的故事裡，狼不是狼、虎不是虎——它們是一種精靈或妖怪，所謂的「狼外婆」、「虎姑婆」便是狼精、虎精之類的妖怪，它們能憑藉外在的喬裝，或是身形的變化，把自己的外表，變得像人一樣，而讓孩子們誤以為是他們的外婆或姑婆。因此，警覺性較低的小孩，便因這外表的蒙騙，而成了受害者。而故事也以謀害者的特徵為名，叫它「狼外婆」或「虎姑婆」。

　　至於場域，是小孩遭遇災難的地方，則有「離家型」與「在家型」的不同；或是說小孩遭遇災難的情況，也有「誤入虎（狼）穴型」與「縱狼（虎）入室型」的不同。小孩遇害的地點在何處，就這點而言，東西方故事，並沒有像前述的角色問題那樣，呈現出東西方涇渭分明的態式，在東西方故事裡，前述的場域都是存在的。而遭遇災難的情況，也有同樣的情形。不過就比例而言，西方仍以「離家型」、「誤入虎穴型」居多，而東方則是以「在家型」、「縱狼入室型」居多。

　　就遭遇災難場域與情況而言，中彰間故事裡的「虎姑婆」，則呈現出一種非常固定的模式——一定是在家遇難，而且一定在是縱狼（虎）入室。

（四）中彰【虎姑婆】類型的故事特點

1.就故事情節而言

　　如附表2所見，「中彰民間文學集」中，屬於【虎姑婆】類型之故事有9則之多。這其中，彰化縣的有3則，其篇幅都很精簡，字數都在五百字上下。曹榮科在其學位論文「民間故事采錄研究——以彰化縣為探討中心」，曾論述到彰化縣民間文學集所採集到的「虎姑婆」故事，其情節都有「簡化」的情形。並為此簡化情形說明了原由：乃是述說者在述說時，「因為距離該故事的時空場景已過度遙遠所致[17]。」

　　彰化縣所採集的這三則，內容簡化的最多的地方，若依丁乃通的故事大要說明，從〔母親和孩子們〕、〔女妖（虎姑婆）進門〕到〔女妖在屋裡〕，在故事的描述中，是極其簡化的。例如，《彰化縣民間文學集5》的〈虎姑婆〉這樣敘述：

> 有兩個姊妹，一個叫金枝，一個叫玉葉。一天，他們的媽媽去拜拜，留下他們兩個在家。附近有一隻老虎，看見他們兩在家，就假扮成他們的姑婆，進到他們的屋子，和他們睡在一起。

又《彰化縣民間文學集7》的〈虎姑婆〉這樣述說：

> 從前有個地方住了一個虎姑婆，她來到一對姐妹的家，剛好她們的父母不在家，於是虎姑婆對她們說：「你們的媽媽叫我來陪你們。」到了晚上睡覺的時候，小妹睡在裡床，大姐睡在外床，到了半夜，虎姑婆便把小妹吃掉了。

---

[17] 曹榮科：〈民間故事采錄研究——以彰化縣為探討中心〉（中興大學，中國文學系碩士論文，2006），頁63。

不過這種簡化的情況，在台中縣市的民間文學集中並不明顯，尤其是台中市的那兩則，花了相當多的唇舌，去描述虎姑婆是如何處心積慮、想方設法，以博取孩子們的信任，進而可以進到屋子裡與他們同睡，以獲取吃食他們的機會。

　　不管是台中或彰化的故事，倖存的孩子與虎姑婆之間的對抗，都是故事裡最主要的情節。內容大都強調，孩子在發現虎姑婆吃了自己的手足之後，接下來的應變策略。如何以自己的機智和勇氣，終於戰勝吃人的虎姑婆，是中彰民間故事裡的【虎姑婆】故事都會講述的情節。

　　至於故事的結局，中彰民間故事裡的「虎姑婆」，則呈現出一種非常穩定的講述模式，那就是虎姑婆被孩子以熱油燙死。大部分的故事述說，都講到這裡便結束。只有《彰化縣民間文學集5》，在燙死虎姑婆之後，又說孩子被仙人救走；而《台中縣民間文學集㉗》，則是在燙死虎姑婆之後，又說天庭召孩子到天上當月亮。

2.就人物角色而言

　　就人物角色而言，「中彰民間文學集」的【虎姑婆】，也呈現出一種非常固定的模式，謀害者與被害者，一定是虎姑婆與兩至三個孩子的相對關係。

　　在AT333C型裡，用來表示謀害者這個角色的名稱有好幾種，包括：熊家婆、人熊家婆、狼家婆、野人婆、吃人婆、狼外婆、老狼婆、老虎外婆、老虎媽子、長尾娘、羆狐精、野狐精兒、虎姑婆……等，從這些名稱看來，以「婆」拔得頭籌，所以謀害者的外貌是個老婦人，在丁乃通的故事大要裡稱之為「女妖」。

　　AT333C型的故事，在台灣各地的漢族民間故事裡，謀害者呈現出別無分號的唯一名稱——「虎姑婆」。對於這個故事類型的來源，很多學者都認為，台灣並不產虎，所以這個故事應來自臨近台灣的大陸地區。離台灣最近、關係的最為密切的省分為福建，檢視金榮華《民間故事類型索引》，在AT333C型項下，《中國民間故事集成》的福建卷，確實有以〈虎外婆〉為名的故事。

　　在民間故事的變異性中，故事從甲地流傳到乙地，會因為地方的風俗民情或人文地理環境有所改變，而產生變異。就這一點而言，這個故事類型名稱中的「虎」字，在台灣並沒有因為這種變化而產生改變，它仍舊保存了它最初來源時的樣貌。因為眾所周知，台灣產熊不產虎，但是故事裡這個會吃小孩的妖怪，他卻仍是「虎」變的，而不是「熊」變的。這是第一點讓我感覺到有趣的。

　　對於名稱，我覺得第二點有趣的，則是「姑婆」是台灣所特有的。不管是中彰民間故事，或是台灣其它各地的漢民族民間故事，它都叫「虎姑婆」，不會是「人婆」、「外婆」或「家婆」……，它一定就是「姑婆」，這顯示出台灣特有的「姑婆」文化。在台灣，「姑婆」有其較多的負面意思。例如：嫁不出去的老處女就叫「老姑婆」；常干涉家庭事務的大姑、小姑也是「姑婆」。他們都是讓人討厭的，而將其冠在會吃小孩的妖怪名目上，便可知其令人討厭的指數有多高。

　　至於受害者，在中彰民間故事中，都是姐妹，而且大都是兩姐妹，只有一則講的是三姐妹。但倖存者，則不一定是姐姐，而是警覺性較高的人。

3.就傳播目的而言

　　江帆〈藏不住的尾巴——「狼外婆」故事解析〉論述到：「『狼外婆』故事在我國廣布流傳，有著深廣的社會背景性原因。其中，我國傳統的家居習俗是這類故事得以傳承與演化的豐厚土壤。我國家居的結構型式主要體現為封閉式的的居住特點，從鄉村寨堡到市鎮城池，從普通民居到官府宅邸、皇家宮院，我們都可以從居所的結構型式中找出與故事相關的民俗依據。[18]」這使得「狼外婆」故事在民間育兒習俗中有其功能與作用。「這種功用主要是灌輸『看家護宅』的安居觀念[19]。」就這點而言，若以丁乃通的故事大要為講述依據，〔女妖進門〕的那個部分，會是主要的重點——如何不受欺

---

[18]　劉守華主編：《中國民間故事類型研究》（江帆：〈藏不住的尾巴——「狼外婆」故事解析〉，武漢，華中師範大學出版社，2002.10），頁110。
[19]　劉守華主編：《中國民間故事類型研究》，頁110。

騙、將妖怪擋在門外，才能維護居住在內者的人身安全。當然，接下來的部分：〔倖存者懼極而逃〕、〔懲罰女妖〕的部分，對前述「看家護宅」之觀念的強調，也有其加強的作用——讓孩子知道，如果受騙，生命安全便會受到威脅與傷害。如果錯誤已發生，便要想方設法去彌補，才能解除危機。

由此看來，這一個故事類型的傳播，確實有其濃厚的兒童教育目的。故事大部分應該都是說給小孩聽的。台灣的【虎姑婆】故事，當然也存在著對兒童的教育目的。不過，以中彰民間故事的【虎姑婆】而言，故事內容的重心，都偏重在後者，也就是〔倖存者懼極而逃〕、〔懲罰女妖〕的部分。教育的目標，似乎更強調孩子們在遇難時，所應有的機智與勇氣。要臨危不亂，急中生智，才能在險惡的環境中，自我解救。這應是中彰民間故事的【虎姑婆】，所更加看重的。

總體而言，天真的小孩因誤信虎狼而遭遇不測，是個世界性的故事類型。在西方世界以AT333【小紅帽（剖開狼肚救女孩）】這一故事類型，為故事流傳的主軸，故事重心偏向警告輕信他人（他物）所可能遭致的危險後果，但遇害的小孩，在獵人的營救之下，卻很幸運地離開狼肚再度復活，而故事裡的虎狼，其樣子是原始模樣的虎狼。在中國則是以AT333C【老虎外婆（虎姑婆）】這一亞型，為故事流傳的主軸，故事裡的虎狼，已成為具中國傳統色彩有幻化能力之老虎精、狼精等精怪，誤信虎狼而遭遇不測的孩子，便真的死亡沒有復活的機會，取而代之的，是倖存的孩子與虎狼間的對抗，最後孩子以自己的機智與勇敢力退妖怪而獲取自身的存活。有關AT333C【老虎外婆（虎姑婆）】這一故事類型，中彰民間故事的文本（甚而是整個台灣漢族的文本），除了呈現其所保有的中國傳統外，同時也創造了其在地色彩濃厚並且別無分號的「虎『姑婆』」名號。

三、【好心女郎　神賜美貌】──惡婦變成猴

在AT分類系統中，如前述引言中所列，編號400-424是幻想故事項下之「神奇的妻子」的編號。丁乃通所編400C【田螺姑娘】、金榮華所編411

【蛇女（白蛇傳）】，便都是典型的「神奇的妻子」，前者由田螺所變身，後者由蛇所幻化，其神奇性都來自為妻者本身。丁乃通在這一範圍內，設有403**【受苦女郎，神賜美貌】這一故事類型，金榮華則將這一故事類型調整為750C.1【受苦善心女神仙賜美貌】。而胡萬川則設有403***【好心女郎，神賜美貌】這一故事類型。　故事大要，依金榮華750C.1【受苦善心女神仙賜美貌】之敘述如下：

> 女孩貌醜，又因貧為婢，被主人虐待。一日，有老病乞丐來求乞，主人家不肯捨施，女孩則把自己的吃食讓給他，還替他擠瘡膿。於是老乞丐叫女孩去一條溪邊洗手洗臉，不料女孩用溪水洗手洗臉後，變得十分美麗，女主人及其女兒知道後，立刻去找到老乞丐，故意對他很好，後也去用溪水洗臉，但結果變成猴子，逃進山裡。

而胡萬川403***【好心女郎，神賜美貌】，其故事大要內容如下：

> Ⅰa一對姑嫂，嫂子（小姑）壞心眼，小姑（嫂子）是好人。b主僕二人，主人壞心，女僕善心但貌醜。
> Ⅱa小姑至井邊，遇到一個仙人b一乞丐上門乞討，被老闆娘趕出；女僕給乞丐食物且幫他療瘡，a仙人把小姑變漂亮。b乞丐把女僕變美貌。
> Ⅲa嫂子b老闆娘也如法炮製，結果變成猴子（或醜八怪）。a變成猴子的嫂子偷回家吃飯，不小心坐到燒紅的磚，b乞丐騙老闆娘坐燒紅的瓦，從此屁股變成紅的。

由上述的故事大要看來，金榮華的750C.1型與胡萬川的403***型，實際上可以說是同一個故事類型。在AT分類系統中，如前述引言中所列，編號400-424是幻想故事項下之「神奇的妻子」的編號。從上述金榮華與胡萬川的故事大要看來，不管是胡萬川的【好心女郎，神賜美貌】、或是金榮華的【受苦善心女　神仙賜美貌】。故事裡的主角人物，為女主僕之間，或姑嫂

之間，他們本身都不具神奇幻化的特質，與前述的【田螺姑娘】或【蛇女】有明顯的不同，雖然故事裡的女子後來都有了改變——受苦的善心者變漂亮了，而施虐者或壞心眼的則變成了猴子（或醜八怪）。然而，改變的神奇力量，卻是來自神仙所為。

原AT分類系統裡，編號750-849為「宗教故事」，而「宗教故事」項下的750-779號為「神的賞罰」。丁乃通將【好施者有福】編為750*、將【好施者得到報答】編為750B，編號751為【出米洞】、編號751A為【農婦變成啄木鳥】。而看其故事內容大要，不管是好施者或為惡者的主角人物，其所得到的福報或惡報，都來自於神意或是「上天」的意旨，所以有濃厚的神的賞罰的意味。回過頭來看【受苦善心女 神仙賜美貌】，也同樣有著濃厚的神的賞罰意味，故事中女主角的變化，與750、751的情況是接近的，但與田螺女或蛇女的變化則是遙遠的。因此，金榮華將丁乃通403A**【受苦女郎，神賜美貌】，改為750C.1【受苦善心女 神仙賜美貌】，應該就是基於這些考量。

物我混同、人獸間可相互變化的思維，在中國古代的典籍中便多所記載。《莊子・應帝王》：「泰氏，其臥徐徐，其覺于于，一以己為馬，一以己為牛[20]。」又《莊子・齊物論》：「昔者莊周夢為胡蝶，栩栩然胡蝶也。不知周也。俄然覺，則蘧蘧然周也。不知周之夢為胡蝶與？胡蝶之夢為周與？此之謂物化[21]。」另外，上古神話亦多有人獸相互蛻變的情節，《山海經・海內經》：「鯀死，三歲不腐，剖之以吳刀，化為黃龍。」《漢書・武帝紀》應劭注引《淮南子》：「禹治鴻水，通轘轅山，化為熊。謂塗山氏曰：『欲餉，聞鼓聲乃來。』禹跳石，誤中鼓，塗山氏往，見禹方作熊，慚而去。」

物我混同之原始初民觀念，人獸間的相互變化，其關係是平等的；若是具圖騰象徵意義之動物，則這種動物是被崇拜的，人變成這種具圖騰意義的動物，通常也帶有崇敬之意；後來，佛教傳入，六道輪迴及人身可貴的觀念深植民心，人與動物的關係是不平等的，人變動物通常都具有懲罰的意義。

「中彰民間文學集」裡，屬於胡萬川403***【好心女郎，神賜美貌】、

---

[20]　阮毓崧輯：《莊子集註》〈內篇應帝王第七〉（台北，廣文書局，1972.07），頁141。
[21]　阮毓崧輯：《莊子集註》〈內篇齊物論第二〉（台北，廣文書局，1972.07），頁72。

或金榮華750C.1【受苦善心女 神仙賜美貌】之故事類型的篇章共有3則。如附表2所見,其故事篇名兩則為〈猴个祖公(猴的祖先)〉、另一為〈猴山仔紅尻川(猴子紅屁股)〉,與故事類型之類目相對應比較,便可發現:類目是以好心女為主角,而篇名則以受到惡報、最後變成猴子的壞心女為主角。胡萬川在此類目項下的說明欄中提到:「這一類型故事的結尾大都會解釋,猴子為何會紅屁股,或是這就是猴子祖先的由來。由此可以看出這一類故事由民間故事轉趨傳說化的傾向。」《彰化民間文學7》的那一篇〈猴山仔紅尻川(猴子紅屁股)〉,甚至就放在文集中之「傳說」的項下。

范姜灴欽〈台灣客家與原住民「人變動物」故事比較研究〉,曾對台灣「人變動物」的民間故事,對故事裡產生變形的主角做了統計,發現不管是客家或原住民的民間故事裡,女人變動物的數量都超過男人,而且客家故事比原住民的故事更是如此[22]。此篇文章中,並沒有討論到閩南語民間故事,但從「中彰民間文學集」的這三篇來看,其中有兩則是東勢客家的民間故事,發生變形的主角正是女人,而另一則是來自彰化的閩南語故事,其變形的主角仍舊是女人。

至於為什麼人會變動物,原住民受佛教觀念的影響淺,保有較濃厚之物我混同的原始初民思想,在人變動物的原因中,同時存在著正負兩面的思維,例如:有孩子受不了母親的虐待,變成鳥飛走了,以獲得自由;也有父母因受不了懷中孩子的哭鬧,便賭氣地說:「我真希望他變成烏鴉飛離我的胸懷。」,結果孩子真的變成烏鴉飛走了,而父母也就失去了他的小孩;也有孩子因懶惰、不聽話或在外遊盪,結果變成了山羊、魚或猴子等。在原住民有關人變動物的故事中,變成動物的人,不一定是被懲罰者,如前述的這些故事,雖然變成動物的都是小孩,但遭受懲罰的,有的是小孩本身,有的則是父母。但無論如何,他們都深藏著教育意涵——教育小孩也教育父母。

在漢族的故事中,因深受佛教觀念的影響,「人身可貴」的觀念還是較為深厚的。所以,通常人會變成動物,都有其較為負面的意思存在,換句

---

[22] 范姜灴欽:〈台灣客家與原住民「人變動物」故事比較研究〉,《東華中國文學研究》(第9期,2011.06),頁203-204。

話說，那個變成動物的人，通常就是被懲罰的人。例如，在這個故事類型當中，是那壞心眼的主人或嫂嫂變成了猴子。漢族故事中，變成動物的人，大都因為有較為負面的內在性格才會變成動物。例如，這個故事類型當中主角的壞心眼不具同情心，其它如懶惰、自私、貪婪、吝嗇、欺騙等，因這些不好的內在性格，當它形諸於外時，便會引起許多人類社會的是非與紛亂、製造更多的不義之事。因此，讓具有這種性格的人變成動物，讓他不再擁有可貴的人身，就會成為一種很符合人們信念的懲罰了。

有關「人變動物」的相關故事類型，在漢族的故事中，一般而言，都有其教化目的，尤其不是自願變成動物的故事，這種教化的目的就更為明顯，故事中的主角會變成動物，大都是因為神的懲罰，懲罰的目的，便是警惕人們要去除其不好的品性或特質。屬於【受苦善心女 神仙賜美貌】此一故事類型的故事，對「人變動物」的想法也是負面的——「惡婦變成猴」，便有著鮮明的懲罰教化目的。並且，值得一提的是，在這一故事類型當中，不管是何處的文本，「惡婦變成猴」有著相當的穩定性，換言之，惡婦與猴幾乎畫上等號，變成別的動物的文本幾乎沒有出現。中彰民間故事的這幾個文本，也顯現這樣的特色。

至於惡婦為什麼與猴畫上等號，則是很耐人尋味的？是猴子與人太相，人們幾乎把猴子當成是人的贋品，所以討厭猴子，就像討厭人模人樣、卻不具人該有的修為的惡婦一樣，所以就把猴子與惡婦畫上了等號？或是壞心腸的惡婦著實令人討厭作嘔，就像是猴子的紅屁股一樣不堪，所以就把惡婦與猴子畫上等號？從心理學或民俗學的角度，再進一步地深入探討，也許，又會有另一層的發現。

四、【靈犬醫病娶嬌妻】——人為犬（猴）族之後

在AT分類系統中，編號425-449是幻想故事項下之「神奇的丈夫」的編號。金榮華的《民間故事類型索引》在430F這一編碼下，設有【靈犬醫病娶嬌妻】這一故事類型，其故事大要如下：

皇帝或富家女兒身上長了膿瘡，群醫束手。她的父親宣稱，誰能治好他女兒的病，就可娶她為妻。後來，有一條狗天天來舔少女的傷口而把病治好了，於是要求娶少女為妻。女孩的父親雖然答應了婚事，但把他們送去了人跡罕至的遠地。

胡萬川在其《索引》的430*設有一故事類型，稱為【少女嫁給動物】，而其故事大要則如此敘述：

> Ⅰ一個a富人的女兒b公主很美麗，但生了怪病，a身上長滿膿瘡。
> Ⅱa富人b國王宣布：若能治好怪病者，就把女兒嫁給他。
> Ⅲ某天，a一隻狗跑來舔女孩身上的膿瘡，舔過後這些瘡就逐漸痊癒了。b一隻猴子攜來藥方治癒公主。
> Ⅳ父親發現治好女兒的竟是一隻a狗b猴子，只好遵守承諾把女兒嫁給a狗b猴子。
> Ⅴ父親覺得很丟臉，怕別人知道自己的女婿是a狗b猴子，於是準備了船隻、食物和用品，要他們到別處居住。
> Ⅵ女兒和a狗b猴子到了某地定居下來。

由兩者的故事大要可以得知：胡萬川的430*【少女嫁給動物】除了主角多了猴之外，與金榮華的430F【靈犬醫病娶嬌妻】，可說是同一故事類型。另外，金榮華還設了430F.1【靈犬殺敵娶嬌妻】、430F.2【犬取穀種得嬌妻】，可見430F在金的分類歸納中，是一系列「犬發揮聰明才智娶少女為妻」的故事。

犬娶人妻之敘述，在中國典籍中已多所記載，其相關資料大抵皆與盤瓠傳說說有關。東晉郭璞《玄中記》寫道：

> 昔高辛氏犬戎為亂，帝言曰：「有討之者妻以美女，封三百戶。」帝之狗名槃瓠，亡三月而殺犬戎，以其首來。帝以女妻之，於會稽東南得海中土三百里而封，生男為狗，生女為美人，為狗民國。

另外，郭璞在《山海經・海內北經》之注中，亦有類似的簡要記載。而差不多時期的干寶，在《搜神記・盤瓠子孫》中的記載則情節更為豐富：

> 高辛氏，有老婦人居於王宮，得耳疾歷時。醫為挑治，出頂蟲，大如繭。婦人去後，置以瓠蘺，覆之以盤，俄爾頂蟲乃化為犬，其文五色，因名「盤瓠」，遂畜之。時戎吳強盛，數侵邊境。遣將征討，不能擒勝。乃募天下有能得戎吳將軍首者，購金千斤，封邑萬戶，又賜以少女。後盤瓠銜得一頭，將造王闕。王診視之，即是戎吳。為之奈何？群臣皆曰：「盤瓠是畜，不可官秩，又不可妻。雖有功，無施也。」少女聞之，啟王曰：「大王既以我許天下矣。盤瓠銜首而來，為國除害，此天命使然，豈狗之智力哉。王者重言，伯者重信，不可以女子微軀，而負明約於天下，國之禍也。」王懼而從之。令少女從盤瓠。盤瓠將女上南山，草木茂盛。無人行跡。於是女解去衣裳，為僕豎之結，著獨力之衣，隨盤瓠升山入谷，止於石室之中。王悲思之，遣往視覓，天輒風雨，嶺震雲晦，往者莫至。蓋經三年，產六男六女。盤瓠死後，自相配偶，因為夫婦，織績木皮，染以草實，好五色衣服，裁制皆有尾形。
>
> 後，母歸，以語王，王遣使迎諸男女，天不復雨。衣服褊褌，言語侏俏，飲食蹲踞，好山惡都。賜以名山廣澤，號曰：「蠻夷」。蠻夷者，外痴內黠，安土重歸，以其受異氣於天命，故待以不常之律。田作賈販，無關編符傳租稅之賦；有邑君長，皆賜印綬；冠用獺皮，取其游食於水。今即梁、漢、巴、蜀、武陵、長沙、廬江郡夷是也。用糝雜魚肉，叩槽而號，以祭盤瓠。其俗至今。故世稱「赤髀橫裙，盤瓠子孫[23]」。

南朝宋・范曄《後漢書・南蠻列傳》所記盤瓠傳說，其內容除了刪去盤瓠之得名一段外，基本上是因襲《搜神記》而成。有關盤瓠的傳說，從看似荒誕

23　晉・干寶原著，黃滌明譯注：《搜神記全譯》〈卷十四盤瓠子孫〉（貴州市，貴州人民出版社），頁382。

不經的古老神話、神怪傳說乃至於正史，從此，其相關的記載不僅充溢在我國史籍中，其在民間的生命力就更為旺盛，尤其在上述所謂的蠻夷之地。盤瓠以其圖騰形象的力量，不僅讓相關的傳說與故事活躍於民間，甚而還深深留存在他們的生活之中。例如，邱國珍〈畬族「盤瓠」形象的民俗學解讀[24]〉一文，便敘說盤瓠的傳說深深影響畬族人生活的各個層面：像是在禁忌上，他們禁吃狗肉；在飲食文化上，他們在重要的節日時進餐，所有菜肴、飯食都需擺在地上而不能上桌；在信仰上，有石狗崇拜等。又，明躍玲〈盤瓠神話與瓦鄉人的族群認同[25]〉一文，亦寫到盤瓠崇拜，在瓦鄉人的生活中隨處可得：像是喜歡以「狗」命名、服飾圍繞著狗神靈而展開等。另外，〈盤瓠形象對瑤族文化的影響〉一文，亦寫到：「瑤族的婚俗，正如干寶在《盤瓠》神話中反映的：『生六男六女，盤瓠死後，自相配偶，因為夫婦，』所以，『瑤人婚姻不辨同姓』。[26]」而在金榮華430F之一系列「犬發揮聰明才智娶少女為妻」的故事中，以430F.1【靈犬殺敵娶嬌妻】最接近盤瓠殺敵娶妻的傳說。

　　中彰民間故事屬於430F【靈犬醫病娶嬌妻】這一故事類型的，如附表2所見有兩則，集中在《台中縣民間文學集》，這兩則也剛好都是閩南語故事。就故事內容而言，動物角色則是犬、猴各一。

　　與上個故事類型【好心女郎神賜美貌】剛好相反，【好心女郎神賜美貌】這一故事類型，在故事的結尾處常會說：「這就是猴子祖先的由來」（由壞心眼的女人所變來的）。而這個故事類型，在故事的結尾處，則常說：「這就是美國人的由來」、或是「這就是某某族的祖先」（犬或猴與少女所生的孩子，便是某一族或某一國人的由來）。因此，前者的重點人是某一種動物之祖先的故事類型，而後者則是人是某一種動物之後代的故事類型。

---

[24]　邱國珍：〈畬族「盤瓠」形象的民俗學解讀〉，《廣西民族學院學報（哲學社會科學版）》（第25卷第6期，2003年11月），頁63-70。

[25]　明躍玲：〈盤瓠神話與瓦鄉人的族群認同〉、《黑龍江民族叢刊（雙月刊）》（2006年第5期，總第94期），頁114-119。

[26]　劉守華、黃永林主編：《民間敘事文學研究》（周生來：〈盤瓠形象對瑤族文化的影響〉，武漢，華中師範大學出版社，2005.08），頁181。

　　在人與異類的婚配中，異類通常會在某一種時機變成人形出現。例如：【田螺姑娘】，或是接下來要論述的【蛇郎君】、【青蛙娶妻】等。但是，這個故事類型比較特別的地方是：這個異類，從頭至尾一直以動物的原形呈現——不管是犬或猴。牠以動物的原形，展現出「過人」的才華與聰明——將「人們」所沒有辦法醫治的病醫好，這是牠得以娶得少女為妻的重要契機。這是很明顯的圖騰文化意識，故事中對被視為圖騰象徵的動物，有著崇敬之意。

　　但時代演進，原始初民的圖騰文化意識，在現今人們的腦海中留存著何種思維？人們看待這異類時，又有什麼樣的想法與態度呢？也是一個值得觀察的議題。觀察原住民與台灣漢民族在講說這類型的故事時，其指述的對象與講述的態度是有所差異的。台灣漢族在講述此一故事類型時，有較統一的模式，那便是動物角色是猴子時，故事結尾處其所指述的對象，便會是「這就是美國人的由來」。其所以這樣講，應該是以洋人的「多毛」特徵，與「猴子」相類，所幻想出來的故事。但洋人很多，為何結果都是「美國人」而不是其它的人？比如更早與台灣有接觸的「荷蘭人」或「西班牙人」。因此，這樣的講述模式，應該是台灣人民對「美國人」有概念之後才產生的，所以，這樣的講述模式，應是較為晚近的事。而且，猴子醫好少女的病雖然有功，同時也展現了猴子的聰明，但故事卻顯示：少女嫁給猴子，仍是一件不光彩的事。所以，故事裡父親把女兒嫁給猴子後，便把這對人、猴夫妻置於船上，讓他們隨波逐流，到遙遠他方去討生活。而講述者在講述這則故事時，也有與故事裡的父親相同的心態。例如《台中縣文民間文學集13》的那一篇，整理者在文末做了這樣的說明：「講述者對這個傳說非常敏感，深怕說美國人是猴子的後代會觸犯政治禁忌，因此一直不願讓這個故事發表出來，後經采錄者三番兩次的勸說，終於才讓蔣先生釋懷，這個傳說才得以發表。」圖騰文化意識，對具象徵意義的動物，會有某種程度的崇敬之意，但此講述者在講述這個故事時，顯然對猴子有輕視之意，所以，故事裡的內容，對少女嫁給猴子這一件事是覺得不光彩的。而講述者甚且深怕說美國人是猴子的後代會觸犯政治禁忌，這也是漢人認為人比動物高等，說某一族是

某種動物之後，似乎是對此一族類的一種侮辱，這種想法也與原始初民的圖騰文化意識相去甚遠。

　　原住民在講述這個故事類型時，比起漢族來顯得相對開放，而且他們也不會管「美國人」的祖先是什麼，他們較關心的是自己的族類、或是與自己同是原住民的其它鄰族。所以故事裡的動物角色，不管是犬或猴，其故事結尾的最後指述對象，通常是說：「那便是『我們』某某族的祖先」、或是說：「那便是某某族的祖先」。而原住民在講述這個故事時，他們表現出的是一種動物與人平等的觀點，與漢族人比動物尊貴的想法有所不同。所以，當故事說的是自己族群的祖先時，你感覺到的是：講述者一點都不認為他的祖先是「犬」或「猴」有什麼不光彩的，他們顯得坦蕩而自然。只是，如果講的是它族的祖先，有時就會有一點揶揄的意思，例如，以「犬」為角色的，會揶揄一下說：「所以，這一族的小孩，講話時會像狗一樣發出『呃！呃』的叫聲。」基本上，原住民在講述此一類型的故事時，是以一種解釋族群由來、圖騰之類的故事來面對的。

　　在「中彰民間文學集」裡的這兩則故事，一則角色為「猴」、一則角色為「犬」，而他們能娶少女為妻，都是因為他們有將病治癒的功績。為「猴」的那一則，與其它台灣各地的漢族故事一樣，都是指述「這就是美國人的由來」。而以「犬」為主角的那一篇，在最後並沒有說這是「那一族」、或「那一國」祖先的由來，而是說「如今的狗才會非常地有靈性、有人性在。」這應是在圖騰文化意識薄弱、人優於動物之意識強烈後所產生的轉變，所以這種講述是較為後起的，故事內容有著「重人輕犬」的色彩——狗身上就是因為流有人類的血液，所以才會「有靈性、有人性」。這是漢族式的說法，與前述原住民的講述，確實存在著相當大的不同。

　　檢視金榮華及胡萬川的《索引》，講述此一故事類型的文本，分布在大陸西南少數民族（海南之黎族、貴州之仡佬族）及台灣原住民的文本為多，而這些原住民在講述這類故事時，皆以「犬」為主角，最後結局大都會坦然地說「這就是我們的祖先」。台灣漢族的文本，除了〈狗合靈性〉那一篇以犬為主角外，其餘則以「猴」為主角，而最後結局則說「他們就是美國人的

由來」。由此便顯現出,漢族與少數民族,在看待及講述這一類型的故事時,其態度與思維是迥然不同的。

五、【蛇郎君】──女兒的孝心與通往幸福之路

在AT分類系統裡,編號425-449是「神奇的丈夫」這一系列的故事類型。【蛇郎君】與前面論述過的【靈犬醫病娶嬌妻】、還有下面即將論述的【青蛙娶妻】,都是屬於這一系列的故事類型。若依「中彰民間文學集」裡所採集的故事樣本數為依據的話,比起編號為400-424「神奇的妻子」,「神奇的丈夫」在中彰民間故事中的普遍性或受歡迎程度是勝過「神奇的妻子」的。例如【田螺姑娘】,是在大陸相當普遍的「神奇的妻子」的一個故事類型,但這個故事類型,在「中彰民間文學」裡並沒有發現。至於,為什麼會有這樣的現象,則還有待進一步的探索。

原AT分類系統裡,編碼433型【蛇王子】之後還有433A-433C三個亞型,都是流行在歐洲各地的蛇王子故事類型,而這幾個亞型裡的「蛇王子」,其之所以為「蛇」,都是因為類似【美女與野獸】中的「野獸」一樣,是因為受到詛咒,才會使故事裡的主角由人變成「野獸」或變成「蛇」。因此,在中國境內所流傳的:本來就是蛇變成的「蛇郎君」,便與西方的「蛇王子」相當的不同。丁乃通編《中國民間故事類型索引》時,特別將流行在中國的蛇郎故事編為433D,其故事類型名稱則稱為【蛇郎】。之後,金榮華與胡萬川則都命名為【蛇郎君】。

433D【蛇郎君】的故事大要,依金的《索引》其敘述如下:

> 一個老人誤採蛇的花朵,或蛇幫他拾回失落的斧頭。老人有三個女兒,蛇要老人把其中一個嫁給牠。三個女兒中只有小女兒為解老父之憂而嫁蛇,嫁後蛇恢復了人形,夫妻生活美滿。但這引起大姐的嫉妒,把妹妹引到井邊照影而把她推落井中淹死,並冒充她到蛇郎家中。妹妹的亡魂則變形為一隻鳥,譏諷她的姐姐。鳥被姐姐殺死後,

從鳥屍長出一棵竹子，姐姐用來製成床或椅，但一坐上去就跌。姐姐把床或椅燒掉，結果火星蹦瞎了她的眼；或亡魂又變成一條蛇咬死了姐姐。在諸如此類的連續變形以後，女主角變回人形，設法讓丈夫認出，夫妻團圓。

由故事內容大要看來，這是一個因孝心嫁與蛇郎而獲得美好姻婚的女子，在得到美好婚姻之後，卻被狠毒的姐姐害死，被害死之後的妹妹，以「連續變形」的方式，與姐姐纏鬥，最後終於成功地捍衛了她原本該擁有的幸福的故事。

　　這個故事類型的名稱雖然叫做【蛇郎君】，但從整個故事大要看來，蛇郎的形象是前後不一的，尤其是後半段「連續變形」的部分，蛇郎幾乎成為一個傀儡，而其妻才是主角。所以，這是一個主角人物前後不協調的故事類型。

　　就這個問題，金榮華在〈「蛇郎」故事探源[27]〉一文曾以故事來源的角度，來探討這一個故事類型的流傳，並且認為這個故事類型，是在歐洲流傳甚廣的兩個故事類型——425C【美女與野獸】及408【三個橘仙】的結合。而425C【美女與野獸】之故事大要，依金榮華之說明如下：

　　一個商人行經一座荒廢的城堡時誤採了野獸的花朵，野獸便要求商人將其三個女兒中的一個嫁給牠。商人回去徵詢三個女兒的意願，結果祇有小女兒願意為父親解憂而去野獸處生活，但拒絕和野獸結婚。雖然如此，野獸對小女兒非常友善。有一天，小女兒要回去探視父親，野獸要求她必須在一定的時日內回來。小女兒的兩個姐姐知道野獸的要求後，就惡意留住小妹，不讓她依時回來。小女兒回到城堡後，發現野獸因她未回而奄奄一息。他十分傷心，情不自禁地蹲下去吻她，還流下淚來。一瞬間，垂死的野獸變成了一個健康英俊的青年。原來

27　金榮華：〈「蛇郎」探源〉，《2009海峽兩岸民俗暨民間文學學術研討會論文選》（台北，中國口傳文學會，2010.07），頁19-24。

他就是這座城堡的王子，因為受到魔咒而變成了野獸，唯有女子對他的真愛才能解除魔咒而恢復一切。於是他們快樂地結婚[28]。

由故事內容大要看來，433D【蛇郎君】的前半段與425C【美女與野獸】，都是少女之父親誤摘了花朵，以致少女不得不嫁給一條蛇或野獸。在這個部分，這兩個故事類型，則可說是完全相同的。而408【三個橘仙】之故事大要，依金榮華之說明如下：

一個年輕的王子打破了一個老婦的油罐，老婦便咒他會去和某三顆橘子戀愛。王子應咒出發，歷盡艱辛，克服種種困難，終於找到了那三顆橘子。但他忽視了必須在水邊剝開橘子的警告，剝開第一顆橘子時，裡面出來了一位漂亮少女向他要水喝，卻因無水而死去。剝開第二顆橘子時發生了同樣的情形。因此他就到湖邊去剝開第三顆橘子，橘中美少女因有水而活了下來。王子對橘女一見鍾情，然而因她全裸無衣，所以囑咐橘女藏身在湖邊的大樹上，待他回去取衣來迎娶。王子走後，有一個貌寢的女奴來湖邊汲水，看見樹上橘女在湖裡的美麗倒影，以為是自己的影像，興奮得摔破水罐，不願再工作。可是後來她弄清楚那是樹上少女的倒影，就既生氣，又嫉妒，向橘女問知情形後，便把橘女推落湖中淹死，自己裸身躲上大樹。王子取衣回來時，發現在樹上的竟是一名醜女，十分吃驚。醜女則謊稱，皮膚和容貌的改變皆因日曬風吹所致。橘女被害後變為一隻鴿子，飛去城堡探詢王子的狀況，被醜女捉住殺死。但在鳥屍棄置處長出了一棵樹，王子很喜歡，醜女便將樹砍倒。有一老婦經過，取了一塊被砍裂了的木片回家，不料橘女就從這木片中出來暗中為老婦做家事。老婦發現後收養她為女兒。一切經過終於為王子所知，於是他處罰了醜女，也娶回了橘女[29]。

---

[28] 金榮華：〈「蛇郎」探源〉，頁19-20。

[29] 金榮華：〈「蛇郎」探源〉，頁20-21。

此類型故事的後半段，是橘女的亡魂連續變形和冒充者鬥爭的經過，【蛇郎君】故事類型的後半段，其情節顯然又與此一樣。

金榮華〈「蛇郎」故事探源〉一文認為，「蛇郎」的故事以【美女與野獸】的開頭為開端，後半又接上【三個橘仙】的後半段，這應不是一種巧合，而是兩者之間是有關聯性的。文中以「文化因素」來解釋這種關聯性：

> 〈美女和野獸〉顯示的是愛情的力量，它使陷於困境中的人（因魔咒變成野獸的王子）因它而能夠新生（破除魔咒，恢復人身）。但是在中國的敘事傳統裡，尤其是在這種對孩童講的故事裡，男女之間的愛情是不多著墨的。這型故事如果進入中國，可取的是小女兒的孝心，她為了替父親解憂而答應嫁給野獸。
>
> 〈三個橘仙〉的上半部是王子經歷種種困難尋找橘仙結婚，與往昔中國社會裡兒女婚事全憑父母之命的習俗不合，應該也不是適宜的兒童故事材料，而連續的變形鬥爭則是能夠引起孩童趣味的情節。也許這些就是中國故事講述人各取兩者之半合成〈蛇郎〉故事的文化因素[30]。

由此看來，是「孝心」和「趣味」，讓以男主角（野獸）為故事發展主軸的【美女與野獸】，及以女主角（橘仙）為故事發展主軸的【三個橘仙】得到了聯結，而這個聯結卻與原來的故事精神及重心有了偏離，因而產生了主角形象前後不協調的【蛇郎君】故事類型。但因為文化因素，卻為中國人所接納並廣為流傳。

類近的故事類型，其故事內容常有某一部分或某一段會被移用或借用。這在民間故事裡，是一種常發生的情況。例如：【灰姑娘】與【蛇郎君】，女主角的幸福，都源自於他們的婚姻，因這一點的相似，在中國及東南亞的許多【灰姑娘】型故事，其故事的後半段，竟也接上了【蛇郎君】後半段之「連續變形」的內容，呈現出與西方之【灰姑娘】不甚相同的韻味[31]。

---

[30] 金榮華：〈「蛇郎」探源〉，頁23。

[31] 劉淑爾：〈灰姑娘型故事的共同性與差異性析論〉，《中國文化大學中文學報》（第

　　【蛇郎君】的故事，最主要分為嫁蛇、遇害、變形、團圓等四個段落。在探討有關【蛇郎君】的研究篇章中，「變形」這個部分常是被探討的重心。例如前述金榮華〈「蛇郎」故事探源〉一文，是以故事內容結構的角度來看這一部分，認為「變形」這一部分能引發聽者的「趣味」，有助於故事發展的張力，所以它被從【三個橘仙】的故事類型中截取，與【美女與獸】的前半段相接，轉而呈現出了一種中國特有韻味的新類型「蛇郎」的故事。

　　除了內容結構的視角外，有更多的探討，將關注力集中在內蘊的文化思想意涵上。例如前輩劉守華對「變形」這個部分，曾做了如下的分析：

> 以蛇之變形來象徵人的境遇變幻，將蛇郎塑造成一個由貧賤走向富貴的男子，在他命運急劇轉變的過程中，將兩姐妹——實際上是兩種女性的思想性格進行鮮明對比。心地善良淳樸的妹妹不嫌蛇郎貧賤，終獲幸福。開始嫌棄蛇郎的大姐後來又以卑劣手段害死妹妹，企圖攫取富貴，落得可恥下場。中國蛇郎故事大都具備三妹靈魂不滅，連續變形抗爭的情節。妹妹不僅有著善良的品格，還有不屈不撓的鬥爭意志，從而成為一大特點[32]。

上述的析論，便是將「變形」的部分，做為「善惡」兩種內在性格之對抗的外顯表徵，而這個表徵便是為了顯現善良終將戰勝惡毒的信念。劉魁立〈中國蛇郎故事類型研究[33]〉，對蛇郎故事類型的情節進行了詳盡的介紹，也得出了醜惡終將得到懲罰的結論。黃聖琪在其學位論文「民間故事連續變形母題研究——以台灣漢語故事為例」的第二章[34]，談到〈「連續變形」在蛇郎君故事架構裡的位置〉，其第一個部分便也是認為這是一種「善惡鬥爭的表

十八期，2009.04），頁113-132。

32　劉守華主編：《中國民間故事類型研究》（劉守華：〈兩姐妹與蛇丈夫〉，武漢，華中師範大學出版社，2002.10），頁411-412。

33　劉魁立：〈中國蛇郎故事類型研究〉，《民間文學論壇》（1998）。

34　黃聖琪：〈民間故事連續變形母題研究——以台灣漢語故事為例〉（清華大學，中國文學系碩士論文，2005），頁16-44。

現」。而此論文的另一個論述，則是談到「生死循環」的這一思維問題，對於這一點，其論述如下：

> 在「連續變形」生死循環的過程中，「變回原形」是故事主角死而復生的最終表現，它也是變形相群裡唯一變化作人形的項目，這個變形項目歷經死生過渡的準備作業方才完成，它刻意強調「人」死而復生、還原的困難度，其實反映了其它變形項目存在的特殊意義。倘使原始思維裡的生死觀念屬縱向關係的結構概念，「連續變形」的變形相群便是橫向關係的結構群；而原始思維裡的生死觀念包含生死循環、生死互滲等概念，「連續變形」的變形相群則從「人」本思維出發，以人類本身與自然世界的相對應作為變形轉換的基礎，於是人與非人之間同樣產生循環、互滲的關係。……「連續變形」的變形相群作為人與非人橫向循環、互滲的場域，它以「人」為基點聯結縱向循環、互滲的生死觀，如此「連續變形」死生循環的現象便得以作為較完整的詮釋。

上述的論述，則是將「連續變形」及「人與自然界」、「生與死之間」，做了一個頗具文化思維的詮釋。另外，簡齊儒〈從「成妻」的過渡性儀式解讀中國蛇郎君故事——以粵台異文比較為主線〉一文，則談到故事中的「連續變形」，其實隱含了舊社會當中對「為人妻」角色的社會家庭認可過程，認為這種一再變形、一再反抗、一再調和的過程，便是對少女成為人妻的「考驗」過程，正是「渡過性儀式」映現在民間故事當中，最常表露的題材，一連串「連續變形」的過程，便是復沓驗煉女主角的考驗經過，也是「加入儀式」的直接反映[35]。簡言之，「連續變形」的過程中，女主角所遭受到的折磨，是其「成為妻子」以前，理當接受的苦難。比起前述的「善惡說」或是「趣味說」，這個說法顯得相對「沈重」。民間故事在述說的當下，是否具備這種「沈重」的使命，實頗耐人思量。

---

[35] 簡齊儒：〈從「成妻」的過渡性儀式解讀中國蛇郎君故事——以粵台異文比較為主線〉，《湖北民族學院學報（哲學社會科學版）》（2003年2期），頁17。

「中彰民間文學集」裡如附表2所見，屬於433D【蛇郎君】的故事類型共有8則，台中縣市共7則，彰化縣則只見到1則。而這幾則故事，在共通的【蛇郎君】的故事架構下，卻也展現出特有的區域特色。

首先，是去蛇郎君處摘花的父親，都說他是個以撿豬糞為生的人。在從前以務農為主的中彰地區（或台灣其它以務農為主的區域），農家亦家家戶戶養豬，所以以撿豬糞為生確實是平常的事。就好比大陸的貴州地區，平原極少，多為山區樹林，故事裡的父親，就常常是上山砍柴，不小心將斧頭掉至蛇郎君的洞穴處，蛇郎君為他將斧頭拾起，而以要一個女兒與他結婚為報酬，這也就顯現貴州地區的區域特色。而在中彰地區，在這部分所顯現的區域特色，便是這個父親是一個撿拾豬糞的人。

其次，在嫁蛇、遇害、變形、團圓等四個段落的故事進程中，中彰地區的【蛇郎君】故事，比較強調與重視的，是前半段嫁蛇的這個部分。通常是父親先詢問女兒，結果經過三次的各別詢問，只有三女兒願意嫁給蛇郎。接著則是蛇郎派媒人（通常是蚊子，少數是蜂）帶著聘禮——檳榔與大餅前去詢問，又再經過三次的各別詢問，又只有三女兒願意答意。企圖在多次的往返詢問之間，以凸顯三女兒答應願嫁蛇郎的可貴。參閱金榮華之《索引》所收錄的異文，答應嫁蛇的女兒，以排行「最小的三女兒」為數最多；再其次則是排行「最小的七妹」，如在中彰民間故事的文本中，答應嫁蛇的女兒，其排行都是清一色為「最小的三女兒」。

另外，還有超過一半的文本，內容還會特別述說：蛇郎前來迎娶的一干人，於迎娶前是住在女方家，然後這些人在休息睡覺的時候，都變成了蛇掛在竿子上。讓沒答應的大姐、二姐覺得自己不答應嫁是對的，甚至還要去撼動三妹答應的信心，但結果並沒有成功。

故事進程後半段的「變形」部分，在這個區域的【蛇郎君】故事，反而是缺漏比較多的地方。所謂缺漏，是說女主角在故事裡並沒有「連續（三次）」變形，有的在被推落井後便被蛇郎救起、有的在變成小鳥後便飛到蛇郎的扁擔上告訴蛇郎實情甚或被趕走。比較完整而典型的情況是：從被推落井死後變成鳥，鳥又被殺，在埋屍處長出竹子，竹子被砍下來燒，灶裡被

燒的竹子變成紅龜粿，紅龜粿被老婦人帶回蓋在棉被裡保溫（或者沒有蓋被），最後粿變回了人形。這樣的變形模式是中彰區最完整而典型的模式。反而在大陸較為流行，從竹子被做成椅子，讓他的姐姐坐得不舒服，再被拿去燒的，則只有1則。所以，完整的連續變形，在中彰地區不僅是從人變成動物、變成植物，甚至還變成食物，則是非常有意思的區域特色，而所變成的食物，則是在中彰地區，於各種年節時便會看見的紅龜粿。

　　每一個故事類型，能一再地被傳播，其隱含在故事裡的價值觀，常是支撐流傳的重要力量之一，而同一個故事類型，在不同的地區，常會有其同中有異的部分產生，而這「異」的部分，也常與一個地區的價值觀有所牽連。韋惠玲〈中緬蛇郎故事之比較[36]〉，述說了中緬蛇郎故事的不同之處，但也從中得到「不同文化的共同普世價值」，而她認為：「盡孝道」、「知恩圖報」和「善有善報、惡有惡報」便是蛇郎故事類型在這兩個區域的共同普世價值。在【蛇郎君】這一故事類型裡，中彰民間故事裡的文本，也和其它地區的【蛇郎君】故事一樣：強調「盡孝道」、「善惡有報」等的普世價值觀。但就故事文本的講述重點——父親三問女兒誰願意嫁、媒人（蚊子或蜂）又三問女兒誰願意嫁來看，在講述這個類型的故事時，「盡孝道」應是首要傳述的價值觀。

　　整體而言，在【蛇郎君】這一故事類型裡，中彰民間故事裡的文本，就故事的內容與推展，他們保持了小女兒願盡孝道、為惡之姐終有惡報的道德倫理觀念，並發揮了對不同物體間之「變形」的想像，維持了這個故事類型的「大同」之處。但文本裡的若干情節單元素，則展現出中彰地區「小異」的在地色彩。例如，父親的身分是「撿豬糞」的、聘禮是「檳榔和大餅」、女主角最後是由「紅龜粿」變回而復活的。文本裡這些「小異」的在地色彩，間接地讓我們瞭解到這個區域裡謀生、婚嫁或飲食的文化。

---

[36]　韋惠玲：〈中緬蛇郎故事之比較〉，《南寧職業技術學院》（2011年16卷第1期），頁89。

六、【青蛙娶妻】──縱使娃是個蛙還是有傳承

　　AT分類系統裡425-449為「神奇的丈夫」，丁乃通《中國民間故事類型索引》裡，設有440A【神蛙丈夫】這一故事類型，故事內容的進展分為〔生子〕、〔許婚條件和婚約〕、〔其他功績〕、〔解脫魔咒〕、〔登位〕等5個段落來敘述[37]。金榮華《民間故事類型索引》，則將440A的類目改為【青蛙娶妻】，故事概要之內容，基本上與丁乃通的五個段落相符。胡萬川則新設了440*【蛻皮丈夫[38]】這一個故事類型，按其故事大要之內容所述，基本

---

[37] 丁乃通440A【神蛙丈夫】，其故事大要如下：

　I〔生子〕往往是求子心切的母親，生下一個青蛙、癩蛤蟆或其它奇怪的小圓動物。

　II〔許婚條件和婚姻〕（a）青蛙要求和公主或美女結婚，她的雙親故意作難，要求下列物品，青蛙都成功地獲得了：（b）一個金獅子（c）一條金磚鋪成的路（d）珍珠做成的轎子（d¹）其它珍寶。或（e）女孩的雙親率直地拒絕。所以這青蛙（e¹）哭泣（e²）大笑（e³）跳躍（e⁴）吹氣（e⁵）吐唾液。每次使他們的宮殿和財產，受到更多的損害，直等到（f）他最後跟這女孩結婚為止。在有的說法中，這女孩試圖殺他未遂。或，（g）他被征去服兵役，但突然拿出財富來買得自由。

　III〔其他功績〕（a）他變成人形，和妻子參加宴會，驚耀四座。（b）成為一個英武少年，在賽馬會上大勝。（c）他仍是動物形狀，却用魔術擊退敵軍。（c¹）他恢復人形或和公主結婚。（d）他在井裡找到國王失去的玉璽。

　IV〔解脫魔咒〕（a）他的妻子（母親）把他的動物皮（殼）燒去或隱藏起來，或把他摔在地上。結果（b¹）他永遠變成人，或（b²）不久死亡或不見了。或（c）許多年後她把他的蛙皮還他，他又再變成一隻青蛙。

　V〔登位〕（a）他岳父死後他變成國王。（b）他誘使國王披上蛙皮，自己登上王位，而國王永遠成了一隻青蛙。

[38] 胡萬川440*【蛻皮丈夫】：

　I a二兄弟，哥哥是地理師，設法讓弟媳生小孩，結果生了隻蛤蟆。b一對老夫婦年紀很大沒有子女，一隻蟾蜍來家撿飯粒吃。cd一對（老）夫婦年紀很大沒有子女，求神生了隻蟾蜍。

　II a蛤蟆只吃紅火炭。bc老夫婦養牠，給牠娶媳婦。

　III ad皇帝出告示，打敗番人者可以娶公主，蛤蟆吐炭火（引起火災）打敗番人，皇帝將公主嫁給蛤蟆。b新婚之夜，蟾蜍脫外皮變成英俊男子。

　IV ad蛤蟆脫掉蛤蟆皮變英俊男子。b妻子把蟾蜍皮藏起來，並且生下一個兒子。c妻子取走蟾蜍衣，牠長大變成英俊男子。

上亦可包含在丁乃通440A【神蛙丈夫】這一項下。而440A【青蛙娶妻】這一故事類型，其故事大要依金榮華之敘述如下：

> 求子心切的母親生下一隻青蛙或奇怪的圓形小動物，青蛙要求和公主或富家女結婚，女方父母拒絕，或故意要求大量珍寶。青蛙以大哭、大笑、跳躍、吐氣等行為使女方的房屋或財寶受到損害；或得到大量珍寶，符合女方條件，終於得到妻子。婚後他變成英武青年，在賽馬會上獲勝，或是用法術擊退敵軍。最後他的妻子把蛙皮燒掉，他便不再變回蛙形，或是他因失去蛙皮而不久死去。

依上述之故事大要看來，「青蛙娶『人』妻」本身便是充滿著幻想色彩的內容，類型名稱冠上「娶妻」或「丈夫」的名目，顯現出故事的重心：乃是青蛙要達成娶妻的目的，或是成為人夫之際，牠所使用的方法或是所展現的狀態，是充滿幻想性的，而這個部分，也是此故事類型展現其同中有異的最主要地方。

　　林繼富〈蛤蟆兒討親的風波——「青蛙丈夫」故事解析[39]〉一文，便對青蛙與人聯姻的這個部分，又分主動型、威脅型與考驗型這三個亞型[40]進行討論。

　　依其論述，其所謂「主動型」是「該亞型講述姑娘或家人窺探到青蛙的秘密後，主動提出與青蛙聯姻。」並且認為「主動亞型集中分布在我國北方地區，其情節的共同點為：妻子生下蛙兒，丈夫覺得難堪，獨自外出做生意，母子二人相依為命，生活也越來越好。蛙兒長大，獨自去尋找十幾年前拋棄他的父親。蛙兒不僅以自己的智慧找到了父親，而且還娶到美麗善良的

Ｖad皇帝好奇穿上蛤蟆皮，卻再也脫不下來，變成蛤蟆跳到河裏。bc妻子拿出蟾蜍皮來，男子穿上蟾蜍皮變成蟾蜍離開了。

[39] 劉守華主編：《中國民間故事類型研究》（林繼富：〈蛤蟆兒討親的風波——「青蛙丈夫」故事解析〉，武漢，華中師範大學出版社，2006.12），頁418-433。

[40] 林繼富：〈蛤蟆兒討親的風波——「青蛙丈夫」故事解析〉，頁419-422。

媳婦。」

　　「威脅型」則是「青蛙顯現神力威脅女方父母，達到求娶的目的。」「威脅型「青蛙丈夫」故事集中在我國西部少數民族，它一般有媒人形象、賽馬情節以及對青蛙皮作用的張揚。」

　　「考驗型」則是「青蛙兒子想要娶到富貴人家的女兒，必須完成其父親索要的聘禮，以期達到拒絕的目的。然而小小的青蛙卻輕而舉地辦到了。」「青蛙丈夫」考驗亞型故事主要分布在我國南方，尤其是西南少數民族地區。」

　　陳麗娜〈「青蛙娶親」故事試探〉一文提到：「『青蛙娶親』是個情節有趣又具幻想空間的神奇故事。民間故事的形成及傳布，常與百姓的生活習性、地理環境、社會制度及文化心態等有很密切的關係[41]。」應照林繼富上述三種不同聯姻方式的故事內容，及其在大陸所分布的區域有所不同，確實展現出不同區域的人們，他們可能因為生活習性、文化心態等不同因素的原因，可使同一類型的故事，發展出不同的在地特色。

　　「中彰民間文學集」裡如附表2所見，屬於440 A【青蛙娶妻】（【神蛙丈夫】或是說400*【蛻皮丈夫】）的故事類型有三則。其中，如果依丁乃通所區分的五個部分來檢驗，應以《台中縣民間文學集⑮》〈蛤蟆王子〉那一篇的情節最為完整，而其敘述青蛙與人聯姻的內容如下：

　　　　又一年後，生下一隻蝦蟆，那蝦蟆也不吃奶，就跑去灶下，每天都吃那紅紅的火炭，就這樣吃了許多年。

　　　　剛好有一年皇帝同番人戰爭輸了，就出告示，說誰能把番人打敗就把女兒許配給他。這隻蝦蟆就去啦，他吃了這麼多年的炭，到了番國，看到一只大鼓，就跑上去跳，跳一下就什麼兵過來，跳兩下就什麼兵過來，跳三下又是什麼兵過來，跳四下又來了什麼兵。這些兵都圍在大鼓邊，於是牠就把吃了這麼多年的炭火都吐了出來，燒死那些

---

[41] 陳麗娜：〈「青蛙娶親」故事試探〉，《美和學報》（第29卷第2期，2000），頁1。

番兵番將，他就得勝回來了。

　　一些官僚將領向皇帝說：「你女兒怎能嫁給一隻蝦蟆呢！」皇帝說：「話已經說出口了，不能反悔。」當天晚上就讓他們成婚。

　　那隻蝦蟆將蝦蟆皮一脫，變成一位很英俊的男子與皇帝的女兒結婚。

　　皇帝看到這種情形說：「哇，這蝦蟆皮這麼好用，穿上去像隻蝦蟆，脫下來竟是一位英俊男子。我偷偷拿來試穿看看。」穿了上去卻脫不下來，也不會講話，這皇帝就一直跳，跳到大河旁，隨著河水漂流下去，不再回來了。

蛤蟆因吞炭火長大，所以用吐火的方式燒死敵軍，通過了皇帝「能打敗番人可娶公主」的考驗，而娶得了公主，並在成婚當晚，脫去蛤蟆皮變成英俊的男子，而皇帝因偷偷試穿了蛤蟆皮卻脫不下來，便跳到大河隨波而流，不再回來了。若與林繼富上述所說的三個亞型而言，這個文本與流傳在西南少數民族之「考驗型」的聯姻方式較為接近的，只是考驗的內容有所不同。

　　然而，其它兩篇〈蟾蜍薀〉與〈蟾蜍子〉卻不屬於上面三型的任何一型，因為這兩個文本中，對於青蛙娶親的敘述，並沒有經過任何的主動探視、威脅或是考驗，只是很簡單地說，青蛙兒子長大了，他的父母便為他娶了個媳婦。重點都是在說：成親之後青蛙脫去蛙皮成了英俊的男子，他的老婆便藏起了他的蛙皮，後來他們生下了小孩，多年後，他的老婆拿出了蛙皮來曬，他卻穿起了蛙皮，變回青蛙走了，留下了青蛙與其妻所生的孩子，給那兩位養他的老人家傳後代。重點似乎都是在青蛙對於生命傳承的重要性，他的神奇，似乎只展現在成婚之後，他從青蛙變成了英俊的男子。後來他又回歸成了青蛙，離開了人的家庭。

　　陳麗娜〈「青蛙娶親」故事試探〉一文，談到了【青蛙娶親】故事表達了人們心中對生命延續的企盼，也呈現出各地稻作文化及民俗風情的生活樣貌，而這一點也是【青蛙娶親】之中彰民間故事所最重視的地方。

　　依丁乃通之故事進展所分的〔生子〕、〔許婚條件和婚約〕、〔其他功

績〕、〔解脫魔咒〕、〔登位〕等5個段落，在最能展現幻想性的〔許婚條件和婚約〕及〔其他功績〕的這兩個段落上，中彰民間故事的敘述反而較為單薄、甚或沒有，故事內容最重視的部分是在〔生子〕這個段落。人們祈求上天能給他們子嗣（或依靠風水地理的方式），縱使是生個青蛙的娃兒也還是能有個傳承，有的甚至是直接把青蛙當自己的孩子養。這顯示出中彰民間故事，在這一故事類型當中，它所展現的是一種較趨近於現實，以傳宗接代為重的文化心態，這樣的心態，反而使得在可以充分展現幻想情節的〔許婚條件和婚約〕及〔其他功績〕的這兩個段落，在中彰民間故事中並沒有太多的陳述。

　　中彰地區是個稻作地區，與中國其它稻作地區一樣都強調了子嗣的重要，故事也隱含了對青蛙的看重之意，但在求子的方式上，除了與其它地區一樣：向天祈求能生個孩子、有個娃兒，縱使是生出個青蛙也無妨外，有的文本則是透過「做一門較好的風水」，來使他們能有後代，這樣的方式則是在別的地方極為少見的，這也就流露出中彰地區對地理風水特別重視的風俗民情。

七、【西天問佛：問三不問四】——但行好事　好運自來

　　如引言所述，在AT分類系統裡，460-499為「神奇的難題」，而其項下的460-462為「疑難獲解」，丁乃通於編碼461A設有【西天問佛：問三不問四】這一故事類型。此類型的故事重心，便是透過疑難的求問、獲解及獲解之後的酬報或結果為故事的進程。故事的樂趣，則是在求問過程的跌宕或求問結果的出人意表。當然，故事也會藉著詢問與解答的獲得，灌輸某種的教育或文化意涵，這也是值得探討的另一層面。

　　461A【西天問佛：問三不問四】，在類型分類與編碼上，是一個較沒有爭議性的故事類型，從丁乃通、金榮華到胡萬川，其編碼都是461A；類目名稱，丁、胡都稱為【西天問佛：問三不問四】，而金則稱為【西天問活佛：問三不問四】。其故事大要，依金榮華的敘述如下：

少年找神詢問，為什麼自己總是貧窮和不幸，或是如何尋得稀罕的珍寶，好向富家女求婚。在尋訪神明途中，他接受委託代向神明詢問三個問題。找到神明後，神明告訴他只能問三個問題，或是問了別人的就不能問自己的，問了自己的就不能問別人的。少年覺得既已接受別人的委託，就不問自己的問題。不料別人問題的解決辦法，都使他成了實際的受益人，最後他還獲得了財富和妻子。常見的問題和答案如下：

①果樹問，為什麼它只開花而不結果，或是為什麼結的果子總是苦澀的？答案是樹下埋了一罈金子，如果要結果，或要果實甜美，必須移走金子。

②河裏的龜鱉蛇問，為什麼已經修煉了三、四年還不能成龍升天？答案是他們必須放棄嘴裡所含的明珠。

③老夫婦問，為什麼他們的女兒十八歲了還不會說話？答案是見了自己的丈夫就會說話。

這個故事類型，從丁乃通及金榮華的索引書目裡，都蒐集了非常多的異文，而其流傳的區域，也幾乎遍佈中國，又故事的說法，具有相對的穩定性，其故事內容的進程，大致也如丁乃通的索引裡所敘述的，包含了〔探索〕、〔問題〕、〔條件〕、〔探問成功〕及〔報酬〕等五個階段[42]。這顯現出這個故事類型，應很早便在中國流傳了。

從故事的類目看來，這應是一個與佛經故事有密切關係的故事類型。而事實上，它確實也是一個與佛經有非常密切關係的故事類型。《賢愚經》是唐朝佛僧曇學等八人在新疆于闐佛寺中聽西域僧人說經的一部筆記，經裡

---

[42] 這五個階段如下：Ⅰ〔探索〕窮漢尋神找答案，如想得知自己為何如此不幸。→Ⅱ〔問題〕在前往的過程，他接受動植物或他人的委託，詢問神明問題。→Ⅲ〔條件〕他到達神境，得知神肯回答的問題有限（通常是三個），他捨棄了自己的問題，問了受委託的問題。→Ⅳ〔探問成功〕他成功地將問題的答案帶回給委託者。→Ⅴ〔報酬〕因為幫他們解答，窮漢在解答中卻成了實際的受益人。

記錄了許多古印度的傳說和故事,其中第五十三節〈檀膩䩭品〉,講述某國王處理窮婆羅門檀膩䩭所遭遇的一些訟案,以及回答檀膩䩭在來見國王時沿途受託代問的一些問題[43]。」【西天問佛:問三不問四】的故事來源,便是《賢愚經‧檀膩䩭品》裡,沿途受託代問一些問題的那個段落。

　　金榮華〈從印度佛經到中國民間──《賢愚經‧檀膩䩭品》故事試探〉一文,論述到有許多個中國民間故事類型,都是源自於《賢愚經‧檀膩䩭品》,而【西天問佛:問三不問四】便是其中之一。不過,故事的源頭,雖然起源於佛經,但佛經故事裡的說法,有時並不那麼符合大眾的認知,因此,它在從佛經故事漸漸轉成為道地的中國民間故事時,仍起了一些的變化:

> 關於「西天問活佛」故事,在《賢愚經》中,國王對毒蛇和婦女所提問題的回答,都具有正面意義,也符合教義的宗旨,但是雉鳥的問題和國王的回答卻和它們不同。毒蛇和婦女的問題都是問為什麼他們會有那樣的苦惱,目的在求解除苦惱的方法。雉鳥問的則是為什麼在那一株樹上鳴叫會好聽,目的在求知所以好聽的原因。國王的回答是因為樹下埋有黃金,這是在宣揚黃金的效用。而國王又說,那是他的黃金,那麼他為什麼要埋在那株樹下呢?又為什麼要掘起來送給檀膩䩭呢?這些都沒有說明。在現在流傳的故事裡,是果樹問為什麼結的果實苦澀,回答是因為樹下埋有黃金;土地爺問為什麼修煉千年不能上天,回答是因為貪戀黃金。這樣的問題和回答是說貪戀財富對完成生命中的某些目標是有妨礙的,就比較符合大眾的認知。所以,《賢愚經》中雉鳥的問題,若是改成問為什麼在那株樹上的鳴叫特別難聽,而回答是因為那株樹下埋了黃金,便與另外兩個問題的「模式」和意旨都一致了。至於在窮青年見到活佛時添入「問三不問四」或「問別人的就不能問自己的」波折,則不僅增加了故事的跌宕之趣,也提升

---

[43]　金榮華:〈從印度佛經到中國民間──《賢愚經‧檀膩䩭品》故事試探〉,《民間故事論集》(台北,三民書局,1997.06),頁115。

　　了故事的教育意義；在技巧上，也就是所謂「點鐵成金」吧[44]。

由上所述可知：【西天問佛：問三不問四】的講述模式，在《賢愚經‧檀膩𩖝品》中便已形成，只是問題的內容，在流傳的過程中，因不同的時間、地點或風俗民情已有所改變，改得更易為民間大眾所喜聞樂見。「世界廣濶地區不同的風土人情、習俗信仰，在這個故事框架中都有豐富生動的表現，使接受者倍覺親切。可是故事的主題和基本構思在世界範圍內卻又驚人地相一致，顯出它的普遍性[45]。」因此，中國民間故事裡的【西天問佛：問三不問四】的故事風貌，已與《賢愚經‧檀膩𩖝品》的「西天問活佛」有所不同，但故事的主題與基本構思，却還仍相當一致。

　　「中彰民間文學集」裡如附表2所見，屬於461A【西天問佛：問三不問四】的有兩則。而這兩則剛好都是東勢客家民間故事，一則名為「問觀音」、另一則為「問佛祖」。從這兩則的篇名，也可窺知此區信仰情形之一二，因為篇名中的神名，常是此區人民較為熟悉或親近的神明。這在中國其它地區的故事文本中也有如此的情況，通常這個部分在第一段〔探索〕裡會呈現：窮漢想得知自己為何如此不幸，便要去尋神找答案，於出發時便會說：「我要找『某某』問為什麼？……」這個『某某』有稱「佛爺」、「老神仙」、「給福的」，或如上的「佛祖」、「觀音」等，在這些名稱的述說中，便時會流露出一個區域的人民，其所熟悉的神明為何？或是對神明的感想為何？這就提供了區性之民俗信仰的線索。

　　「中彰民間文學集」裡的這兩篇，在第二段〔問題〕的敘述中，相對比較而言，「問觀音」的故事內容顯得較仔細而完整，「問佛祖」則較為簡陋。「問觀音」裡，主角接受了三個委託：一是幫給與借宿的老伯問，為什麼他的女兒不會講話？二是幫第二個給與借宿的人家問，為什他家的竹圍不生筍、果樹不結果？三是幫載他過海的海龜問，為什麼祂修鍊那麼久卻沒半

44　金榮華：〈從印度佛經到中國民間──《賢愚經‧檀膩𩖝品》故事試探〉，頁135。

45　劉守華主編：《中國民間故事類型研究》（劉守華：〈但行好事，莫問前程「求好運」故事解析〉，武漢，華中師範大學出版社，2006.12），頁224。

點功德？主角謹記在心，一一幫他們問了觀音，卻忘了問自己的事。但結果也就如上述的故事大要那樣，他在轉告答案的同時，他成了實際的受益人——他得了海龜喉嚨裡的三顆寶珠、得了竹園人家樹下及竹園下的黃金，並娶了原本不會說話，見了他便開口講話的女孩。

「問佛祖」的那一篇，實際上他只被委託了兩個問題，一個是幫積善的老伯問，為什麼他是積善人家而女兒卻不會說話？二是幫青龍問，為什麼牠幫人擺渡二十餘年至今還不能上天庭？加上他自己的問題——歷代積善，卻得不到善果，共湊成了三個。他來到佛祖面前，是從自己的問題開始問，當然也記得幫委託者詢問，而佛祖也都給予了答案。

〔問題〕的這一段落，在此類型的所有的文本中，幾乎都是故事結構中最重要的部分，於此，除了展現問題內容外，有時也會同時顯現：主角在見到神明之前，所經歷的千辛萬苦。例如〈白老鼠偷米[46]〉一則這樣說到：

……范丹起身要走，土地爺說：「你已經翻了九九八十一架山，過了六八四十八道河，只剩一道通天河沒過啦。過去通天河就到了西天。但這通天河可不是好過的，就看你最後的決心啦！」
范丹謝過土地，又往西走。……

《西遊記》中，往西天取經過通天河的這個橋段，也應吸取了此一類型之民間故事的相關述說，為故事的進展，更增添有趣的情節。

至於〔條件〕與〔探問成功〕這兩個段落，有許多文本的敘述則是較為簡略、甚或是省略而無任何鋪陳的。其情況大致如下：在〔條件〕這個段落，有的並沒有「問三不問四」或是「問己便不能問人；問人便不能問己」的限制，因此這一段落便省略。而〔探問成功〕這一段落，有的文本便把答案放在〔酬謝〕這一段一起說明，因此這一段便被省略。台中的這兩則文本，其共同特點則是都省略了〔條件〕這個段落。也就是：故事內容都只重

46 陳慶浩、王秋桂主編：《中國民間故事全集‧河南卷》（台北，遠流出版社，1989.06），頁426。

在「西天問佛」，並沒有「問三不問四」的心裡掙扎。

　　〔酬謝〕這一段落的內容，與〔問題〕這一段是相對應的內容。所以，此部分也是所有的故事文本都會陳述的。這一部分最主要是在傳達：無私助人的結果，自己卻成了實際受益的人。

　　中彰民間故事，此一類型的故事文本，其所強調的精神價值，都重在：對別人的承諾要謹記在心，並且要熱心助人。故事內容中，雖然沒有「問三不問四」的心裡掙扎，較難以顯現「捨己」的可貴。然而，他們都把別人委託的事謹記在心，並積極完成，在「為人」達成目的之後，自己卻成了實際的受益人。所以「但行好事，好運自來」的價值觀，是被這個區域的大眾所更喜聞樂見的。

八、【善心人和感恩鳥】——不同的心田結不同的果

　　如引言所述，在AT分類系統裡，460-499為「神奇的難題」，丁乃通於編號480F設有【善與惡的弟兄（婦女）和感恩的鳥】這一故事類型，胡萬川對這一故事類型作了一點小改變，成為480F*【善惡的人和感恩的鳥[47]】。金榮華則作了較大的改變，除了將故事類目改為【善心人和感恩鳥】之外，並且將這一故事類型的編碼改放在747。

　　金榮華《中國民間故事與故事分類》的第六章，曾為480F這一故事類型，他何以要更動編號，做了如下的說明：「原編號480F之『善與惡的弟兄（婦女）和感恩的鳥』，故事大意是：好心的弟弟治癒了一隻受傷的鳥，鳥給他

---

[47] 胡萬川480F*【善惡的人和感恩的鳥】，其故事大要則如此述說：

　I 有一個心地很好的人，救了一隻a掉落巢b被擊落的小鳥並照顧牠，把燕子a養大b療癒後，便放走了小鳥。

　II 小鳥啣了一顆種籽回來給好心的人種，果實長大後剖開，裡面都是a金銀財寶b白米（還會不斷的生出來）。

　III 另一個貪心的人也想變富有，就強行a把在鳥巢上的燕子抓下來養b故意用石頭擊落小鳥。

　IV 小鳥a長大b傷癒後也啣了一粒種籽回來，但鋸開卻是a一個老太婆b毛毛蟲和蜈蚣，讓貪心的人a得奉養老婆婆b被蟲子咬。

一顆種子,結果長出一個大西瓜或大葫蘆,切開後,裡面都是金銀。他的哥哥知道了,便故意弄傷一隻鳥再替牠治療。鳥也給了他一顆種子,也長出一個西瓜或大葫蘆,但一剖開來裡面卻是條毒蛇或是一大群黃蜂。案,480F是『奇異的難題』類之編號,與故事情節不合。今將其移置於同屬『幻想故事』的『其他神奇故事』類,編號747,類型名稱改作『善心人和感恩鳥』[48]。」

這個故事類型,就金榮華前述的故事大要看來,這隻「感恩的鳥」,是整個故事的「神奇」來源,牠甚而比一般人還更神智清明、還更能判斷是非黑白,而它沒有採取正面拒絕的方式,牠用同樣的方式「感恩」,但卻給予不同的結果,這些情節也是故事令人感到拍案叫絕的地方。然而,故事裡確實並沒有什麼難題需要解決,因此金榮華作了如上的調整。

在AT分類系統裡,某一個故事類型,要放置在什麼編號,與原AT分類系統的編號範圍設定,先做情節的相互比對,會是一個比較妥切的做法。因為單看某一個編號,我們較難去發現不合宜的地方在哪裡,但當我們做比對時,問題便很容易顯現。金榮華依這樣的方式,對AT分類系統之故事類型,做了許多的調整[49],而被丁乃通歸類於460-499「神奇的難題」的故事類型,金榮華便依這樣的原則,調整了好幾個故事類型的編號。

這個故事類型,在「中彰民間文學」裡只有一個文本,名為〈一粒蒲仁〉,其故事內容如下:

> 從前有一個人,心地很好,屋裡有燕來築巢,為了搬家小燕子就跌下來,被雨淋得濕答答的。他把小燕子捧了起來,用針弄東西慢慢地飼養他。養到大了,就把燕子放走啦!後來燕子啣著一粒蒲仁來送他種。那粒蒲仁長大了,就只結了一個蒲。他用鋸子把這個蒲鋸開來,裡面,都是銀子。
>
> 有個貪心的人哪!啊,他就一直向別人借錢用,這個貪心的窮人就一直向人借錢,那燕子窩就用竹子捅下來養,養大了,牠也就飛走

---

[48] 金榮華:《中國民間故事與故事分類》(台北,中國口傳文學會,2007),頁112。

[49] 請參閱金榮華:《中國民間故事與故事分類》,頁109-141。

了，也唧一粒蒲仁來給他種，長大也結了一個蒲。他也一直向別人借錢，同時向別人說：「等這個蒲鋸了，有銀子了才還你。」噢～鋸開了，結果是個老太太呀，糟了，老太太說：「唉唷～可別鋸到我呀！靠過去一點，別鋸到我，把鋸子移走一點，別鋸著我唷！」「你如鋸到我，可會鋸死我呢？」那歹心人說：「哎唷！死沒命啦～鋸到了一個老太太啦！」老太太她說：「你就那麼愛養哪，我在樹上好好的，你就把我捅下來飼養。我就變一個老太太讓你養個痛快。」結果那個老太太就要讓他養就是啦！

表現「善有善報、惡有惡報」的價值觀，是許多民間故事內容的重要主題，不同的故事類型，各以不同的憑藉、不同的事件或不同的方法，但卻都表達了這一相同的價值觀。此一故事類型，也屬於闡揚這一價值觀的故事，內容以鳥為憑藉，鳥對不同心地的人給予相同的「感恩」——都給了他們同樣的種子，但卻結出不一樣的果實。於此，讓故事情節顯得特別的神奇與充滿幻想。故事內容要傳達的，則是人的「心田」才是關鍵——好心地會種出好果實，壞心地則結惡果。

　　檢閱金榮華的《民間故事型索引》，此一故事類型普遍流傳在中國各地，包含漢族與各少數民族都有。但在台灣，相較於之前的那些故事類型，它便顯得不是那麼的熱門，金的《索引》裡有一則，而胡萬川的《索引》裡也只有兩則，中彰民間故事便是這其中的一則。這則文本，仍保握住「不同的心田結不同的果」這一關鍵，在鳥施予「報恩」的情節上發揮想像，以浪漫活潑的手法，來傳達「善惡有報」這一傳統價值觀。

結語

　　本章所論述的，是屬於「幻想故事」範圍內，編號300-499之「神奇的對手」、「神奇的親屬」及「神奇的難題」之項下的故事類型。在這個範圍內的中彰民間故事，以「神奇的親屬」中的「神奇的丈夫」拔得頭籌——有

最多的故事類型，包含【靈犬醫病娶嬌妻】、【蛇郎君】、【青蛙娶妻】，而這幾個故事類型的異文也多，由此可見，這些故事在中彰地區的漢民族生活圈中，它們得到了廣大群眾的極大歡迎。再其次則是「神奇的對手」，這其中則包含了家喻戶曉的【虎姑婆】，以及【術士和弟子】這一故事類型。「神奇的難題」這一範圍，則以【西天問佛：問三不問四】一枝獨秀。另外，還有兩則在分類編碼上有歧見的【好心女郎 神賜美貌】及【善心人和感恩鳥】。

325【術士和弟子】這一故事類型，是一世界性的故事類型，在中國的文本中，弟子要鬥的術士，以眾多的「七」術士居多，而中彰民間故事的這一篇，弟子要鬥法的術士則只有一人，這是差異之處。然而所有的文本都強調：弟子在鬥法的過程中取得最後的勝利，則是所有的文本都一致的。這一故事類型，在中彰民間故事中並不熱門，在唯一僅有的的文本裡，雖然故事情節的敘述不是那麼地完美，但它仍掌握了——弟子的魔法力，在最終時刻展現其青出於藍的關鍵性勝利，並極力表現鬥法過程中的變幻與想像。

在333C【虎姑婆】這一故事類型的表現上，若就人物角色之關係而言，中彰民間故事裡的【虎姑婆】，呈現出一種非常固定的模式，謀害者與被害者，一定是虎姑婆與兩至三個孩子的相對關係；至於情節內容，如何以自己的機智和勇氣，終於戰勝吃人的虎姑婆，則是中彰民間故事裡的【虎姑婆】故事都會講述的情節；在故事名稱上，中彰民間故事與其它台灣漢族的民間故事，都叫它別無分號的名稱：【虎「姑婆」】。

「人變動物」的故事類型，在漢族的故事中，一般而言，都有其教化目的，尤其不是自願變成動物的故事，這種教化的目的就更為明顯。故事中的人會變成動物，大都是因為神的懲罰，懲罰的目的，便是警惕人們要去除其不好的品性或特質，【好心女郎，神賜美貌】便是屬於這一類的故事。中彰民間故事，屬於這一類型的文本，故事內容除了正面敘述：行善的醜女，神仙賜給他美貌之外；也同時都會敘述：壞心眼的女人最後變成了猴子，她成了猴子的祖先。是一種在民間故事的敘述之中，傳達「猴子之祖先」的傳說的一種混合敘述。

　　430F【靈犬醫病娶嬌妻】這一故事類型，與上一個故事類型【好心女郎，神賜美貌】剛好相反。上一個故事類型是說「人是某一種動物的祖先」；而這一故事類型則常說：「這就是美國人的由來」、或是「這就是某某族的祖先」。中彰民間故事的文本，在這一故事類型所表現的特點是：如果主角為「猴」，則與其它台灣各地的漢族故事一樣，常帶有一種揶揄性地指述：「這就是美國人的由來」。而以「犬」為主角的，也並沒有如原住民一樣，在故事的結尾說：這就是「我們族的祖先」、或是「哪一族」、「哪一國」的祖先的由來，而只是說「如今的狗才會非常地有靈性、有人性在。」故事內容隱含著濃厚的「人貴於動物」的思維，與原始初民的「圖騰意識」相去甚遠。

　　在433D【蛇郎君】這一故事類型的表現上，中彰民間故事裡的文本，其內容，當然也都會表現此一故事類型所強調的「盡孝道」、「善惡有報」等的普世價值觀，但內容敘述的重點，中彰民間故事的文本，更強調的是最小之三女兒的孝心。而在其它面向裡，也會展現出中彰地區「小異」的在地色彩，像是父親的身分是「撿豬糞」的、聘禮是「檳榔和大餅」、女主角最後是由「紅龜粿」變回而復活的。文本裡這些「小異」的在地色彩，不僅讓在「大同」裡的同一故事類型的文本更形多姿多彩外，也間接地讓我們瞭解到不同區域裡的謀生、婚嫁或飲食的文化。

　　中彰地區是個稻作地區，與中國其它稻作地區一樣都強調了子嗣的重要。從440A【青蛙娶親】這一故事類型的中彰民間故事的文本看來，以傳宗接代為重的文化心態，在內容中展露無遺。這個故事類型，在丁乃通所分的〔生子〕、〔許婚條件和婚約〕、〔其他功績〕、〔解脫魔咒〕、〔登位〕等5個段落裡，在最能展現幻想性鋪陳的〔許婚條件和婚約〕及〔其他功績〕這兩個段落上，中彰民間故事不是沒敘述就是少敘述，內容最重視的部分落在〔生子〕這個段落。人們祈求上天（或依靠風水地理的方式）能給他們子嗣，縱使是生個青蛙似的娃兒也還能是個傳承，有的甚至是把青蛙當成自己的孩子養，這顯現了此區強調子嗣之重要的文化心態。

　　461A【西天問佛：問三不問四】是一個有著深刻教育意涵的故事類型。中彰民間故事的文本，在這一故事類型的表現，其所強調的精神價值，重在

對別人承諾要謹記在心，並且要熱心助人。內容鋪陳上，在丁乃通所分的5個陳述段落中，此區文本最重視的是在〔問題〕與〔酬謝〕這兩個相對應的段落，〔條件〕這個段落反而是被省略的。因此，故事內容裡，「問三不問四」或「問人不問己」等表現「捨己為人」的心理掙扎，並不是中彰民間故事的文本所強調的。文本所強調的是：主角都把別人委託的事謹記在心，並積極完成，在「為人」達成目的之後，自己卻成了實際的受益人。所以，「但行好事，好運自來」的價值觀，是廣為此區域的大眾所接受的。

　　【善心人和感恩的鳥】這一故事類型，也是在表現「善有善報、惡有惡報」之價值觀的故事類型。故事內容以鳥為憑藉，對不同心地的人給予相同的「感恩」——都給了他們同樣的種子，但卻結出不一樣的果實。故事內容所要傳達的價值觀，則是人的「心田」才是關鍵。在這一故事類型中，中彰民間故事的這一唯一文本，仍保握住「好心地會種出好果實，壞心地則結惡果。」這一關鍵，在鳥施予「報恩」的情節上發揮想像，以浪漫活潑的手法，來傳達「善惡有報」這一傳統價值觀。

　　由中彰民間故事的這些文本所呈現的量及內容看來，幻想故事確實是中彰地區的漢民族所熱衷的。不僅故事類型的數目較多，每個故事類型的異文也頗為豐富。中彰地區的民眾，真的願意將更多的想像與熱情投注在幻想故事上。

附表2

一般民間故事──幻想故事之一（300-459）類型編目

中彰民間文學集之 冊數及頁數號碼	篇目名稱	故事類型之名稱及編號
中縣㉗大安鄉閩南語故事 一P.96-115	會曉變魔術的人	325【術士和弟子】
中縣㉑新社鄉閩南語故事 一p.116-136	虎姑婆	金333D【虎姑婆】（丁333D【老虎 外婆】、胡333**【虎姑婆】）
中縣㉗大安鄉閩南語故事 一P.48-53	虎姑婆（一）	金333D【虎姑婆】（丁333D【老虎 外婆】、胡333**【虎姑婆】）
中縣㉗大安鄉閩南語故事 一P.54-63	虎姑婆（二）	金333D【虎姑婆】（丁333D【老虎 外婆】、胡333**【虎姑婆】）
中縣㉝大安鄉閩南語故事 三P.102-106	虎姑婆	金333D【虎姑婆】（丁333D【老虎 外婆】、胡333**【虎姑婆】）
台中市大墩民間文學采錄 集P.100	虎姑婆	金333D【虎姑婆】（丁333D【老虎 外婆】、胡333**【虎姑婆】）
台中市民間文學采錄集④ P.13-18	虎姑婆	金333D【虎姑婆】（丁333D【老虎 外婆】、胡333**【虎姑婆】）
彰化縣民間文學集5 P.126- 131	虎姑婆（民間故事）	金333D【虎姑婆】（丁333D【老虎 外婆】、胡333**【虎姑婆】）
彰化縣民間文學集7 P.136- 139	虎姑婆（民間故事）	金333D【虎姑婆】（丁333D【老虎 外婆】、胡333**【虎姑婆】）
彰化縣民間文學集17 P.133- 140	虎姑婆（民間故事）	金333D【虎姑婆】（丁333D【老虎 外婆】、胡333**【虎姑婆】）
中縣⑮東勢鎮客語故事集 二p.44-51	猴个祖公（猴的祖先）	丁403A*【受苦女郎，神賜美貌】 （金750C.1【受苦善心女　神仙賜美 貌】、胡403***【好心女郎，神賜 美貌】）
彰化縣民間文學集7 P.126- 135	猴山仔紅尻川（猴子紅 屁股）	丁403A*【受苦女郎，神賜美貌】 （金750C.1【受苦善心女　神仙賜美 貌】、胡403***【好心女郎，神賜 美貌】）

中縣㉖東勢鎮客語故事集四p.38-44	猴个祖公（猴的祖先）	丁403A*【受苦女郎，神賜美貌】（金750C.1【受苦善心女　神仙賜美貌】、胡403***【好心女郎，神賜美貌】）
中縣⑬沙鹿鎮閩南語故事集二p.18-24	美國的由來	胡430*【少女嫁給動物】、金430F【靈犬醫病娶嬌妻】
中縣㉞東勢鎮閩南語故事一p.24-27	狗合靈性	胡430*【少女嫁給動物】、金430F【靈犬醫病娶嬌妻】
中縣⑤石岡鄉閩南語故事二p.40-85	蛇郎君	433D【蛇郎（君）】
中縣⑪東勢鎮客語故事集p.70-79	蛇郎君个故事	433D【蛇郎（君）】
中縣⑱大甲鎮閩南語故事一p.168-181	蛇郎君	433D【蛇郎（君）】
中縣㉝大安鄉閩南語故事三P.120-130	蛇郎君	433D【蛇郎（君）】
中縣㉝大安鄉閩南語故事三P.132-139	蛇郎君	433D【蛇郎（君）】
中縣㉝東勢鎮閩南語故事一p.150-162	蛇郎君的故事	433D【蛇郎（君）】
台中市民間文學采錄集3P.84-93	蛇郎君	433D【蛇郎（君）】
彰化縣民間文學集7 P.140-157	蛇郎君（民間故事）	433D【蛇郎（君）】
中縣⑮東勢鎮客語故事集二p.156-160	蝦蟆王子	丁440A【神蛙丈夫】、金440A【青蛙娶妻】、胡440*【蛻皮丈夫】
中縣⑳東勢鎮客語故事集三p.134-139	蟾蜍豅	丁440A【神蛙丈夫】、金440A【青蛙娶妻】、胡440*【蛻皮丈夫】
中縣㉗大安鄉閩南語故事一P.116-128	蟾蜍子	丁440A【神蛙丈夫】、金440A【青蛙娶妻】、胡440*【蛻皮丈夫】
中縣⑮東勢鎮客語故事集二p.134-141	問觀音	丁、金、胡461A【西天問（活）佛：問三不問四】
中縣㉖東勢鎮客語故事集四p.88-99	問佛祖	丁、金、胡461A【西天問（活）佛：問三不問四】
中縣㉜東勢鎮客語故事集五p.74-78	一粒蒲仁	丁480F【善與惡的弟兄（婦女）和感恩的鳥】、胡480F*【善惡的人和感恩的鳥】、金747【善心人和感恩鳥】

第三章　一般民間故事──幻想故事之二

引言

　　本章接續上一章的內容，探討的是幻想故事之後四項次類的故事類型。在AT分類系統裡，其編號為500-749。包含「神奇的幫助者」（500-559）、「神奇的寶物」（560-649）、「超自然的能力或奇物」（650-699）以及「其它神奇故事」（700-749）等四項次類。

　　如附表3所見，中彰民間故事在幻想故事的後四項次類裡，仍與前三類一樣──不僅類目豐富，且同一類目之下也常擁有許多不同異文。很值得更進一步的分析與探討。

一、【狗耕田】與【賣香屁】──兄弟分家所引發的驚奇

　　對於【狗耕田】這個故事類型，前人的論述頗豐[1]，而【賣香屁】則常

---

[1] 對【狗耕田】故事類型的論述，多數為單篇的期刊論文或會議論文，有：鐘文伶：〈臺灣「狗耕田」故事析論〉，《臺中教育大學學報：人文藝術類》（2009年，23卷第2期），頁43-62。余蕙靜：〈狗耕田故事初探〉，《高雄師範大學學報》（2003年14期），頁279-291。林靜慧：〈「狗耕田」故事類型探論〉，《2009海峽海峽兩岸民俗暨民間文學學術研討會論文選》（中國口傳文學學會，2010.07），頁255-276。鄭土有：〈中國兩兄弟型（AT503E）故事型態分析〉，《廣西民族學院學報》（哲學社會科學版，2003年1月，第25卷第1期），頁73-78。劉守華：〈兄弟分家與狗耕田－一個中國民間流行故事類型的文化解析〉。劉魁立：〈民間敘事的生命樹－浙江當代「狗耕田」故事情節類型的型態結構分析〉，《民族藝術》（2001年第1期），頁63-77。陳華文：〈試論兩兄弟故事產生、傳承的動因－以武義兩兄弟型故事為切入

是被包含在【狗耕田】的論述之中。將【狗耕田】與【賣香屁】這兩個故事類型一起做論述，最主要有兩個原因：一是在AT分類系統裡，丁乃通將這兩個故事類型都放置在503號的項下，【狗耕田】為503E，而【賣香屁】為503M；另一原因，則是這兩個故事類型，在許多地方的民間故事裡，常是相連一起出現的，劉守華甚而認為：這兩個故事類型應當做一個看待，而不應該分為兩個[2]。

　　【狗耕田】在AT分類系統裡的編碼，丁乃通編在503E、金榮華編在542，而胡萬川則編為540*。其故事大要，丁乃通將其分為〔遺產〕、〔狗〕、〔植物〕、〔用具〕及〔蔬菜〕等五個段落[3]來敘述。金榮華對【狗耕田】之故事大要的敘述，內容的進行模式只到丁乃通所列的第四個段落〔用具〕。內容依金榮華的敘述如下：

點〉，《浙江師範大學學報》（1995年第4期），頁93-94。

[2] 劉守華：〈兄弟分家與狗耕田—一個中國民間流行故事類型的文化解析〉，《商丘師範學院學報》（第17卷第1期，2001年2月），頁18。

[3] 丁乃通503E【狗耕田】故事大要：

Ⅰ〔遺產〕仁慈的弟弟（a）遺產被兄嫂騙去。（b）全部遺產被哥哥奪去，只剩一些不值錢的東西。他僅有的家畜只是（c）一條狗（d）一隻貓（e）一隻雞。

Ⅱ〔狗〕狗自願犁地。它幹的活和牛一樣好，有時甚至比牛更好。弟弟因此（a）種植成功（b）和不相信的人打賭贏了（c）狗還能給田地車水。弟弟因此贏得很多賭注。哥哥聽說，把狗借來替自己耕田。狗不肯耕田，哥哥生了氣，殺死狗並埋掉它。

Ⅲ〔植物〕在狗埋葬的地方長出一棵（a）樹（b）草（通常是狗尾草）（c）竹（c1）其他植物。當弟弟搖動這樹時，許多金銀等等掉下來（參看511A型）。當哥哥搖動它時，只掉下（d）糞（e）蠍子等等（f）磚（g）什麼也不掉（h）朽木頭，出於怨恨，哥哥砍倒這棵樹，或：（i）哥哥找到一隻馬蜂、一隻公雞、那狗的陰魂也出現了，哥哥嚇死。

Ⅳ〔用具〕（a）用植物的枝杈等弟弟做了一個籃子來捉蝦，每天，他從籃裡得到許多魚。哥哥借了去用，僅僅撈出蛇，把他咬傷（b）弟弟用那植物的一個枝條編成一個籃子，過往的野雁都在籃子裡生蛋，但只落下鳥糞給哥哥。哥哥有時把籃子毀壞或燒掉（c）弟弟用樹莖做成洗衣棒槌，舊衣服搗成了新衣服，哥哥拿來，新衣服搗成了破布。（d）弟弟用木頭做鐮刀鍋，銷售很好，哥哥照樣去做，但沒人買。他把它們扔進火裡，火焰升起燒掉他的房子。

Ⅴ〔蔬菜〕在籃子的灰燼中，弟弟找到（a）豆子（b）蘿蔔（有時下接503M型）。

542【狗耕田】：

　　兄弟分家，弟弟只分到一些不值錢的東西和一條狗。不料狗會耕田，有人不信，弟弟和他打賭贏了。哥哥聽說，便來借狗耕田，也去和人打賭，但狗不肯耕，被哥哥打死。弟弟把狗埋了，不久那裡長出一棵樹或竹子，弟弟搖時會掉下金銀，哥哥去搖則掉下糞或毒蟲。哥哥把樹砍掉，弟弟拿了樹枝編了一個籃筐來捉魚蝦，每天豐收，哥哥借去，只撈出毒蛇，將他咬傷。哥哥把籃筐燒掉，火燄升起來把哥哥的房子也燒了。或是弟弟用樹造一小船，魚蝦會跳進船裡；哥哥坐船，船翻人亡。此類情節尚有各種其他變化，但都依照弟弟用之有益、哥哥用之受害的原則發展進行。

在AT分類系統，編號500-559為「神奇的幫助者」，而其項下的「動物的幫忙」編號為530-559。從上述丁乃通或金榮華之故事大要的內容看來，【狗耕田】裡的狗，確實以「狗」的身分、「幫助者」的角色，為其主人效力，因此這一故事類型的編碼，最適宜將其置於530-559之「動物的幫忙」的項下。所以，金榮華與胡萬川對丁乃通將【狗耕田】編為503E，都做了變動調整。

　　對於【狗耕田】這個故事類型的編號問題，金榮華在其《中國民間故事與故事分類》一書中，做了說明：

　　原編號503E之【狗耕田】故事，大意是：兄弟分家，弟弟衹分到一條狗。不料狗會耕田，有人不信，弟弟和他打賭，贏了財物。……案，503E屬「幻想故事」中「野人和精怪的幫助」，但「動物的幫助」顯然更適合，今移置於該類，編號542[4]。

參閱原AT分類系統，AT540的類目是【狗在海裡】，故事講的是狗救了想自殺的人的故事[5]，而AT542則是一個還未用的空號。【狗耕田】與【狗在海

[4]　金榮華：《中國民間故事與故事分類》（臺北，中國口傳文學會，2007），頁112-113。
[5]　Antti Aarne, Stith Thompson, "The Types of the Folktale", 540 (formerly 540*)【The dog in the

裡】，故事內容裡的幫助者雖然都是狗，但內容情節相去甚遠，所以金榮華並沒有把【狗耕田】這一故事類型，置於AT540之項下的子類，而是給它一個鄰近的新型號。

對於這個問題，胡萬川則做了這樣的說明：

> 丁乃通將此類故事編在503類，但AT分類法中的該類講的是侏儒將駝背者身上的肉瘤裝到其他人身上的故事[6]，兩者差異相當大。……按AT分類法來看，編號530-559為「動物作為幫助者」，其中540類的幫助者也是神奇的狗，但其內容與本則故事不一。按本索引的編輯凡例，故事情節類似而角色不同於編號後加英文字母，故事情節如差異大則於編號後加星號，故本索引將此故事編列為540*。

由上述內容看來，這一故事類型的編號是AT540*或AT542，似乎都有其理由。所以，有時候一個類目要完全沒有爭議，是有困難的。【狗耕田】便是屬於這種有一點困難的類目。

至於【賣香屁】的故事大要，依丁乃通的敘述如下：

---

sea】The dog rescues a man who tries to drown himself〔B541.4〕.They come to the bottom of the sea, where the man disenchants〔D711〕the king along with his son (= the dog) and his kingdom. (Helsinki, 1973, SUOMALAINEN TIEDEAKATEMIA ACADEMIA SCIENTIARUM FENNICA, Page193.)

[6] Antti Aarne, Stith Thompson, ''The Type of the Folktale'', 503【The Gifts of Little People】Dwarfs take hump and place it on another man.

　Ⅰ.The Dwarfs` Favor.(a) A wanderer takes part in a dance of the witches or people from below the earth (elves, dwarfs) or plays for them; or (b) adds to their song by naming more days of the week; or (c) complacently lets them cut his hair and shave him.

　Ⅱ.The Reward. (a) The remove his hump; or (b) give him gold.

　Ⅲ.The Companion Punished. (a) His avaricious and bungling companion is given the hump or (b) receives coal instead of gold.—Adapted from BP. (HELSINKI 1973, SUOMALAINEN TIEDEAKATEMIA ACADEMIA SCIENTIARUM FENNICA, Page 170-171.)

　　丁乃通503M【賣香屁】：

Ⅰ〔香屁來源〕一個男人（通常為弟弟）發現無論什麼時候他放屁，
　　便可發出一種香氣，因為他吃了（a）一粒或多粒神奇的豆子（b）
　　死蛇等等（c）桂樹皮和樹葉（d）韭菜（e）雞蛋（f）水果。

Ⅱ〔賣香屁〕他到街上去賣香屁。一個富人或一個有權勢的人給了他
　　很多錢，因為他放的屁能夠（a）治病（憂鬱症），（b）使衣簾傢
　　俱有香味（d）使他的顧客們滿意。

Ⅲ〔惡人惡報〕他的缺德的夥伴（或哥哥）也如法炮製，但放出的屁
　　其臭無比。結果他受了懲罰（a）挨了一頓捧（b）別人把一個楔子
　　釘進他的肛門，（b1）把椿子釘進了他的屁股。

這一個故事類型，胡萬川在設編號時，認為503E之前的英文序號皆為缺空，
所以並沒有直接採用丁乃通503M的編碼，而是將其列為503A。金榮華則將
其編為715B號，在其《中國民間故事與故事分類》一書中，他針對【賣香
屁】這個故事類型的歸納問題，做了一些說明：

　　　原編號503M的「賣香屁」故事，大意是：善良的弟弟在吃了一粒豆
　　　子之後，發現他放的屁有一種香氣，於是上街賣香屁，替人燻衣服，
　　　得到很好的報酬。缺德的哥哥見樣學樣，但放出的屁其臭無比，還弄
　　　髒了別人的衣服，被人狠狠地捧了一頓。案，503M屬「野人和精怪
　　　的幫助類」，與故事情節不合，改移同屬「幻想故事」的「其他神奇
　　　故事」類，編號715B。

由上之論述可以看出，對於故事類型的分類，金榮華一貫保持的原則，便是
先作對照比對：先確定編號範圍內的次類目是什麼，例如，是「動物的幫
忙」還是「野人和精怪的幫忙」，然後再比對故事類型裡的情節內容與性
質，最後，確定這個故事類型的歸納是否合宜。而不是單看某一個故事類
型，原來AT是怎麼講的，或是丁乃通是怎麼講的。

　　劉守華〈兄弟分家與狗耕田——一個中國民間流行故事類型的文化解析〉，文中認為「賣香屁是從神奇的狗幫助主人這一構想生發而來的奇妙情節。」因此他認為【狗耕田】與【賣香屁】是不宜作為兩個並列類型來看待的。而他也同時指出「又AT分類法中的503「小神仙的禮物」，講的是愛捉弄人的小神仙，在給予善良貧困者以金錢的同時，也給貪得無厭者以無用的煤塊進行懲罰。它同中國的兄弟分家故事顯然有別[7]。」劉守華雖然沒明確指出【狗耕田】與【賣香屁】這兩個故事類型應放置於AT分類的哪一型號，但顯然他認為這兩個故事類型與原AT分類的503號差距甚遠。

　　在中國民間故事裡，【狗耕田】與【賣香屁】這兩個故事類型相連而同時出現的，這樣的文本非常的多，這是劉守華認為這兩個故事類型應視為一個的重要原因。但就「故事分類」而言，【狗耕田】與【賣香屁】都有不相混用而獨自流行的文本，那麼他們就應該被分為兩個獨立的故事類型還是比較妥當的。如此，所有的文本也都才能有適當的歸類，而複合型的故事類型，仍能使用單純型的故事類型做為說明的基礎，除了不影響文本與故事類型之間的對比說明，可以瞭解「故事分類」的情形外，也可以同時瞭解到「故事譜」的關係情況。

　　中國的民間故事，由「兄弟分家」這個議題，所引發的民間故事為數頗多，這明顯與中國的家產繼承制度——由兄弟均分有有關。王玉波《中國古代的家》一書中如此寫到：

　　　　家財的分割，至少從兩漢時就實行兄弟均分（或稱諸子均分）。唐代，
　　　　均分法制化，《戶令》：「應分田宅及財物者，兄弟均分。」……明清
　　　　律又明確：不同妻妾婢生，嫡庶子男，止以子數均分[8]。

雖然制度如此，但分產時的事實卻常又不是如此。因此，王玉波也敘述到：「家財如何分，在實際生活中是很複雜的。……往往爭得不可開交，到衙門

----
[7]　原AT503的內容請參閱註釋6的說明。
[8]　王玉波：《中國古代的家》（台北，臺灣商務印書館，1998），頁113。

去打官司。……爭奪財產的糾紛，在古代訴訟案件中，占的比重最大。充分表明『財產乃其（家族）交爭禍根』⁹。」所以，年幼或老實的弟弟，常被霸佔了原來該屬於他的財產，便時有所聞。相關民間故事的生發，絕大多數便是為了替受欺負的弟弟打抱不平而來。但這種打抱不平，不能是單純的道德訓斥，必須讓講述活動有其娛樂性，又能讓故事本身發揮著對青少年的道德倫理教育作用，【狗耕田】與【賣香屁】，便是個中的佼佼者。

　　【狗耕田】與【賣香屁】這兩個故事類型的內容呈現，是依循著二元對立的模式：在不公平的事件發生的當下，以更多的幻想情節，引發令人驚奇的結果，讓弱者、善良者得以受到保護及獎賞；讓欺壓者、邪惡者得以受到打擊及懲罰。內容的敘述一般都是弟弟善良而哥哥心腸狠毒；而最後的結局則是善良的弟弟得到好報，狠毒的哥哥受到懲罰。【狗耕田】這一故事類型，是以連續變形的情節單元，所引發的一連串驚奇，在連鎖反覆的敘事結構中，以誇張對比的表現手法，去凸顯獎善懲惡的精神。而【賣香屁】這個故事類型，其驚奇之處則是以帶有滑稽性質的幻想情節（香屁與臭屁），來呈現善與惡的衝突性。

　　劉守華〈分家分得一條狗──「狗耕田」故事解析¹⁰〉一文，將【狗耕田】這一故事類型，又分為單純的【狗耕田】型、【賣香屁】型及複合混雜型等三類。「中彰民間文學集」裡如附表3所見，屬於【狗耕田】或【賣香屁】的故事類型共有4則。而從附表所顯示的資料中可以看出：以「賣香（芳）屁」為名的那幾篇故事，都是複合型的故事類型。只有〈好個老阿公同歪個（好的老公公與壞的老公公）〉那一篇是單純型的【狗耕田】故事類型。

　　《彰化縣民間文學集7》的那一篇「賣芳屁」，算是最完整的複合型【狗耕田】故事類型，其故事內容如下：

⁹　　同上註，頁117-120。

¹⁰　劉守華主編：《中國民間故事類型研究》（劉守華：〈分家分得一條狗──「狗耕田」故事解析〉，武漢，華中師範大學出版社，2006.12），頁538-540。

　　從前有兩兄弟，老大比較吝嗇，小弟比較傻。有一天，兩兄弟要分一條牛，老大就拉牛頭，小弟拉牛尾，結果小弟抓到一隻牛蝨，於是他就把牛蝨抓來養。一天，他去做客，那隻牛蝨竟然被雞給啄去了，他回來一看，就大哭。雞的主人問他說：「傻子！傻子！你在哭什麼？」他說：「我的牛蝨被你的雞給啄去了。」那個人說：「不要緊，那隻雞給你吧。」

　　又有一天，人家請傻子去吃飯，他就把雞也帶去，他將雞綁在桌子底下，結果那隻雞被狗給咬走了。他又在那兒哭，狗主人：「傻子！傻子！你在哭什麼？」傻子說：「我的雞被你的狗給咬走了。」狗主人說：「沒關係，你如果要的話，那隻狗就給你吧。」。

　　於是傻子就把那隻狗捉回家養，養大後就教他犁田。他將蕃薯煮一煮。丟在狗的前頭，狗就會拖犁犁田。一個賣雜貨的看到狗身上掛著犁，就和傻子打賭說：「傻子！傻子！你那隻狗會犁田嗎？」傻子說：「會啊！」他就說：「你的狗如果會耕田，我這擔雜貨擔就送你，如果不會，你那條狗就讓我打死。」因為這時沒有蕃薯可丟，那條狗就不會犁田，結果被那個賣貨郎給打死了。狗被打死之後，傻子就把牠埋在園地前面，不久竟然冒出一叢韭菜，傻子就把韭菜割起來吃，吃完竟然會放香屁，於是他就到處去賣香屁。

　　傻子的哥哥看見弟弟在賣香屁很好賺，傻子的嫂嫂也叫他哥哥去賣香屁。於是傻子的嫂嫂就把韭菜割下來，煮一煮給他哥哥吃。剛好縣太爺要人放香屁，這個哥哥去到那裡，一放，竟然拉出一堆屎，被縣太爺打的整屁股紅通通、熱辣辣的。回到家裡，他老婆說：「賣香屁賺了多少錢回來啊？」他說：「哦！被打整個屁股都紅了啦！」

　　這就是古人常講的：「傻人有傻福，吝嗇的吃傻子，傻子吃天吃地。」

從上述的故事內容可以發現：故事在講述時，前後兩個部分反而是比較被重視的，而真正屬於【狗耕田】故事類型的部分，講述內容則置入更多的知識

性文明敘述，相關的幻想情節反而有被淡化的情形。在前面的部分，主要是用了AT1655【有利的交易（失小得大）】這一故事類型，來鋪陳善良的弟弟是如何得到那一條「狗」，這一連串帶有詼諧性質的情節單元，也是這一個故事展現其娛樂性質的地方。接下來「狗耕田」的部分，把蕃薯煮一煮，丟在狗的前頭讓狗耕田，則是知識的置入，減少了原本【狗耕田】所具有的幻想性神奇色彩。而狗被打死的情節，一般都是敘述壞心的哥哥將其打死，但在這個故事當中，卻是賣雜貨的將狗打死，則是較為少見的。只是接下來的轉折，接續在【賣香屁】的這個部分，則又回歸到善良的弟弟吃了埋狗處所長出來的韭菜後會放香屁，還能以「賣香屁」為業而致富，而如法炮製的壞心腸哥哥，則受到了懲罰。在這一則故事裡，發揮著對青少年的道德倫理教育作用，最主要就是在這個部分做呈現。

其它兩篇以「賣香屁」為名的篇章，也都如上篇一樣：重視頭尾之【失小得大】與【賣芳屁】的這兩部分，至於【狗耕田】的幻想情節也是有淡化的現象，《台中縣民間文學集㉞》的那一篇「賣芳屁」，甚而將這個部分省略。

如附表3所見，在「中彰民間文學」裡，唯一以單純型之【狗耕田】故事類型出現的故事只有一則，是《台中縣民間文學集㉖》「好個老阿公同歪個（好心的老公公與壞心的老公公）」，但其故事內容與中國傳統中兄弟分家型的【狗耕田】故事類型所有不同。善惡的呈現不是以兄弟為主角人物，而是以相互為鄰的兩位老者為主角，其故事內容如下：

> 好心的老公公養了一隻非常忠心的狗。帶牠到菜園裡，叫牠挖金子，牠就會幫老公公挖金子出來。那壞心的老公公看了眼紅，對他說：「你有這麼好的狗，把你的狗借給我。」壞心腸的老公公把狗帶走後，就叫牠挖金子，但是狗卻不斷的挖出糞便，結果就被壞心腸的老公公活活打死。不久好心的老公公就來要狗了，他說：「我的狗借你已有多日，還不還來，到底怎麼樣了？」壞老公公說：「你的那個什麼爛狗，叫牠挖金子卻挖糞，哪有金子，是糞便啦！被我活活打死在菜園那兒了。」

　　老公公一聽，哭得死去活來，到菜園那兒把狗屍體拿回去埋葬，就埋在他的菜園那裡，旁邊並且種了一棵樹。樹一種下去，就不斷的長大，大到足以做個大的舂米臼為止。好老公公於是向老婆婆說：「好吧，我們就將它鋸下來做個大大的舂米臼吧。」這麼大一棵樹，鋸下後，做了個大大的舂米槌及舂米臼。做好後就舂——以前的人吃米都得自己舂。誰知道一舂米又變出了許多金子、寶物出來，於是又變成有錢人了。消息被壞心的老公公知道後，想道：「怎麼這麼奇怪、待我再借來用看看。」開了口，好老公公便把臼借給他，結果舂的米沒變黃金，卻變糞出來，他氣極了，「這個爛舂臼，用斧頭砍掉好了，剖開來當材燒！」於是他當真燒了那舂臼。

　　幾天後好老公公想要回那舂臼舂米，就問他：「我的舂臼呢？」

　　他說：「你的舂臼已變成了灰爐了，被我燒掉變成灰爐了。」

　　「唉呀！怎麼變灰爐了，可憐哪，灰在哪兒？」

　　「灰爐在我的爐裡面，你去拿吧！」

　　好老公公於是拿了東西去裝灰爐。之後他就去找那種不會開花的樹，只要灰一撒下去，樹便會開出花來，他一撒灰，樹便開花。消息傳到皇帝和那些大人物的耳中，大家說到：「真厲害哪，灰爐撒下會開花！」等等。於是隨著到樹下，等著要看表演。好老公公又去裝了這些灰，一撒下，說：「開花吧！」一會兒工夫花開出來了，「開花～！」又開花了，整棵樹及整畦田在片刻間開滿了美麗的花朵。皇帝及看表演的那些人肯定他的才能，賞賜給他很多的錢財，交頭接耳的說著這件奇妙的事情，不可思議的是沒有樹葉也沒有什麼，竟然開出花朵，好老公公於是又變成了地方上的有錢人。

　　這壞心的老公公又聽說啦，想道：「我也來做看看，我也有著那麼一大桶的餘灰，又不是沒有，我也來撒撒灰。」皇帝等一行人，一樣在樹下等著看表演，「開花吧！」沒開，「開花～！」又沒有花。慘了！竟然撒到皇帝的眼睛，失明了。哇！結果被捉去行刑，打屁股好幾百下，竟活活給打死了。

講述者在講述這則故事時有提到：這是小時候，他的日本老師說給他們聽的。這是這則故事何以與中國傳統的【狗耕田】故事不同的主因，因為它是日本的型態而不是中國的型態。

對於【狗耕田】的故事，在日本為何有這樣的轉變，劉守華做了這樣的解釋：

> 至於在日本，中世紀以後就改變為由嫡長子單獨繼承遺產，次男以下一般在長子手下勞動，或者為其他地主當長工，或者去城市出賣勞動力，沒有兄弟均分遺產的概念。因此日本故事中帶來奇跡的狗，都是由善良的老者或從海神處領來，或從順流而下的容器中偶然發現，故事中的糾葛不是兄弟相爭，而是發生在相互為鄰的善惡兩位老者之間[11]。

上述這個以相互為鄰的善惡兩位老者之間的故事，在日本稱為「開花爺爺」。而從上述的說明中，我們也可以發現，不同的制度、不同的文化環境、不同的風俗民情……，確實是民間故事在流傳時產生變異的重要原因。

台灣的漢民族，本是與中國的漢民族有著很深的血統與文化關係，但來台之後不僅與當地的原住民接觸，後來又受日本統治，也深受日本文化影響。在「中彰民間文學集」裡，這幾篇【狗耕田】與【賣香屁】的故事中，我們看到了台灣與中國的傳統淵源，同時也看到了日本文化影響台灣的痕跡。

二、【動物感恩來幫忙】──小田螺大報恩

如前所述，在AT分類系統編號500-559為「神奇的幫助者」，而其項下「動物的幫忙」編號為530-559。丁乃通於554號項下編有【感恩的動物】這一類目，金榮華則將554號的類目改為【動物感恩來幫忙】，胡萬川則保留丁乃通【感恩的動物】這一類目，而將類目編號改為554**。丁乃通554【感

11　劉守華：〈分家分得一條狗──「狗耕田」故事解析〉，頁544。

恩的動物】，其故事大要如下所述：

> I（b）得救的動物可能是一個或二個。
> II（h）獲得難找的東西。（i）穿牆而過（j）執行其他任務。
> III 從獄中釋放。他被關押在獄中，但動物用了以下方法幫他得到自由
> （a）砸斷他的鏈索。（b）在他牢間牆上挖一個大洞（b^1）在他被
> 綑在裡面的袋子上挖一個洞（c）其他方法。

金榮華554【動物感恩來幫忙】，其故事大要則如下所述：

> 一個年輕人救了螞蟻、蜜蜂、蛇、鼠等動物，後來這些動物來幫他醫
> 好公主的病，打退敵軍，並且從衣飾相同的眾女中認出公主而娶了
> 她；或是把他從牢獄中救出來。（參見型號160）。

從上述兩者的述說可以發現，「解除牢獄之災」應是被救的動物對施恩的
主人公最普遍的回饋，其它的回饋則包含了丁乃通在第 II 項所說的各種任
務，或是如金榮華所說的：幫主人公娶了公主。但不管如何，兩者的故事內
容、性質與故事情節的進行模式是相同的，所以基本上是一個相同的故事
類型。

　　進行分類索引查詢時，有某一些故事類型是比較容易混淆不清的。其
中「幻想故事」中「神奇的幫助者」其項下的「動物的幫忙」（530-559）
所屬的故事類型，與「動物故事」項下之「人和野獸」（150-199）的故事
類型，便是屬於這種比較容易混淆的一部分。尤其554【感恩的動物】這一
類目，單看【感恩的動物】，應該有許多查詢者會認為它應該在「動物故
事」，縱使看了故事大要，也會因為故事裡的動物，並沒有像前述的【虎姑
婆】或【蛇郎君】一樣幻想色彩非常濃烈，所以仍然有錯分類型的時候。

　　554【動物感恩來幫忙（感恩的動物）】這個故事類型是屬於「動物的
幫忙」這一次類，就角色關係而言，代表著動物的幫忙在故事情節的進行

有著關鍵性的作用，故事的主角還是人，動物則只是配角，但經由動物的幫忙，人得到了具神奇性的好結果。金榮華對丁乃通554這一類目名稱的更改，除了把【感恩的動物】改為【動物感恩來幫忙】，以期將故事中人與動物的相互關係，做更清楚的表達之外，金榮華在這一類目的故事大要之後，還加註了「請參見型號160」。型號160為【感恩的動物；忘恩的人】，便是屬於「動物故事」項下之「人和野獸」（150-199）的範圍，與554做對照，【感恩的動物；忘恩的人】是以動物為主角，藉由動物的行事作為與人的行事作為相比，以顯現動物感恩作為的難能可貴，藉以反諷人類忘恩負義的可鄙。

胡萬川在其554**【感恩的動物】項下的故事大要，如此述說：

> Ⅰ一個人在偶然的機會下救了某種動物。
> Ⅱa他（或他的家人）遇到危險、難關（或有需要時），曾被救的動物適時出現，b動物為了感恩而送給他錦囊（詩句）。
> Ⅲa動物解救了他（或家人）。b因為錦囊（詩句）而解決了他的危機、難題。

此一故事類型【說明】欄的項下，則如此寫到：

> AT分類法中，編號554是【感恩的動物】，內容描述年輕人由於動物的感恩回報，因而通過三個考驗娶得公主。在西方這一類故事裡，動物的感恩回報方式多半與主角娶得新娘（公主）有關。而台灣的故事則少見此種情節，多為幫助主角改善生活、取得功名或解除性命危機（最多）。

實際檢閱中國民間故事有關【動物感恩來幫忙（感恩的動物）】這一故事類型的文本，被救的動物以二至三種居多，而這些動物，大都是在人們眼裡毫不起眼的、不會有什麼特殊能耐的小動物，例如：蜜蜂、螞蟻、小蛇、青蛙等。而牠們對施救的主人翁最主要的回報，則是幫他娶了新娘——中國與西

方都有這樣的文本。另外,則是將施救的主人翁從牢獄中救出——中國的文本與此相關的特別多。至於這個故事類型,檢閱胡萬川的《索引》,在台灣的文本,被救的動物以單一種居多,而這動物亦以小動物為主,除了上述的螞蟻、蜜蜂之外,以田螺為主角的文本亦為數頗多。牠們對主人翁的回報,則較多樣性——包含改善生活、取得功名及解除危機等三大類。在西方及中國的文本中都常出現的:「協助主人翁娶得新娘」的相關情節敘述,在台灣的文本中反而少見。

【動物感恩來幫忙(感恩的動物)】這一故事類型,簡言之是人因憐憫之心對小動物施救,被救的小動物卻給予恩人極大的幫助作為回報的故事。這一類的故事,在中國其實具有相當悠久的傳統。《搜神記》卷二十·〈蟻王報董昭之〉便是屬於這類故事的記載,其敘述如下:

> 吳富陽縣董昭之,嘗乘船過錢塘江,中央見有一蟻,著一短蘆,走一頭回,復向一頭,甚惶遽。昭之曰:「此畏死也。」欲取著船。船中人為:「此是毒物,不可長。我當踏殺之!」昭意甚憐此蟻,因以繩系蘆著船。船至岸,蟻得出。其夜,夢一人烏衣,從百許人來謝云:「仆是蟻中之王。不慎墮江,慚君濟活。若有急難,當見告語。」
>
> 曆十餘年,時所在劫盜,昭之被橫錄為劫主,系獄余杭。昭之忽思蟻王夢,緩急當告,「今何處告之?」結念之際,同被禁者問之,昭之具以實告。其人曰:「但取兩三蟻著掌中,語之。」昭之如其言。夜果夢烏衣人云:「可急投余杭山中,天下既亂,赦令不久也。」於是便覺。蟻嚙械已盡,因得出獄,過江投余杭山。旋遇赦,得免[12]。

上述故事中的董昭之,救的便是一隻螞蟻,螞蟻被救之後還托夢表達謝意,並表示若遇急難可以告訴牠。後來,董昭之被誣為劫匪,身陷囹圄,果真靠著螞蟻咬壞械具,從獄中逃脫,並依螞蟻的指示,到余杭山避難,不久便遇

---

[12] 　晉·干寶原著、黃滌明譯注:《搜神記全譯》卷二十·〈蟻王報董昭之〉(貴州市,貴州人民出版社),頁542。

赦而免罪。整個故事充滿了幻想色彩，也呈現出對小生命的施恩，卻獲得大回報的思維。並且，螞蟻對恩人報答，也以「解脫牢獄之災」作為回饋。整個故事的內容與意旨，與554【動物感恩來幫忙（感恩的動物）】這一故事類型是相同的。

　　而由胡萬川的故事大要看來，這些感恩的動物，對恩人最主要的幫忙，則是送施救者「錦囊（詩句）」，錦囊解決了恩人的危機，是整個故事大要裡最主要的部分。所謂「錦囊」或「詩句」，大部分是以文字狀態呈現，文字本屬人類才會使用的溝通媒介，動物藉由文字的呈現來幫忙施救者，這便是故事呈現出「幻想」色彩的主要部分。

　　「中彰民間文學集」從附表3所見，屬於這一故事類型的故事共有3則，而且恰巧都集中在《台中縣民間文學集》，包含〈田螺報恩的四句詩〉、〈田螺報恩〉與〈海螺仔報恩〉等三個文本，其故事內容結構分別如下：

　　〈田螺報恩的四句詩〉該故事是說，有一年輕人，救了產卵後的田螺，田螺在爬近螺殼前，在水裡爬來爬去寫了「石壁下莫停舟」、「燈下莫遊玩」、「蒼蠅摟紙筆」、「一斗米舂七升糠」等四句話給恩人後，才爬進螺殼。之後，第一句「石壁下莫停舟」，讓他在外出行船休息時免於被石壁壓死；第二句「燈下莫遊玩」，讓他在元宵節時免於被賊匪所劫殺；第三句「蒼蠅摟紙筆」則是真實發生在縣官判案時，這讓縣官重視案情，沒讓主角被其妻之姘夫所陷害，最後一句「一斗米舂七升糠」（兇手名叫「康七」），則讓縣官找到了真正的兇手。

　　〈田螺報恩〉則是說，有一個傻子幫正在產卵的田螺擋風，田螺在順利產卵後，便在地上爬行，寫了「門樓不從，缸水不用，米不米粟不粟」等三句詩，傻子將詩句記下。第一句「門樓不從」，讓他在下雨時沒有躲在玄關下，而免於被倒塌的玄關所壓死的命運；第二句「缸水不用」，則讓他躲過了被妻子的姘夫所殺的陷阱；第三句「米不米粟不粟」（兇手名叫「吳美（無米）」），則幫助刑警找到真正的兇手。

　　〈海螺仔報恩〉則敘述有一個捕魚人，將殼與肉分離的海螺放回殼裡，海螺便在沙上寫了「有崖不可歇，有水不可舀，蒼蠅抱筆尾，清官報冤

仇。」第一句「有崖不可歇」讓他不在崖上睡覺,而躲過了崖崩被壓死的災難。第二句「有水不可舀」,則讓他因沒洗澡睡在走廊,躲過了妻子姦夫的殺害。第三、第四句則讓官員重新審問其案情,而還其清白。

「小田螺大報恩」——可說是「中彰民間文學集」中,屬於554(554**)【感恩的動物(動物感恩來幫忙)】這一故事類型的最主要特色。田螺的「錦囊詩句」充滿警告及預知的能力,而這種「錦囊詩句化危機」的相關情節描述,其實也是很具中國傳統色彩的。《搜神記》卷三·〈費孝先之卦〉,便有類此的相關情節,只是給予警告的,是一個善卜卦的人,其內容如下:

> 西川費孝先善軌革,世皆知名,有大若人王旻,因貨殖至成都,求為卦。孝先曰:「教住莫住,教洗莫洗。一石穀搗得三斗米。遇明即活,遇暗即死。」再三戒之,令誦此言足矣。旻志之。及行,途中遇大雨,憩一屋下,路人盈塞,乃思曰:「教住莫住,得非此耶?」遂冒雨行,未幾,屋遂顛覆,獨得免焉。旻之妻已私鄰比,欲媾終身之好,俟旋歸,將致毒謀。旻既至,妻約其私人曰:「今夕新沐者,乃夫也。」將哺,呼旻先沐,重易巾幗。旻悟曰:「教洗莫洗,得非此耶?」堅不從。妻怒,不省,自沐。夜半反被害。既覺,驚呼鄰里共視,皆莫測其由。遂被囚系考訊。獄就,不能自辨。郡守錄狀,旻泣言死即死矣,但孝先所言,終無驗耳。左右以是言上達。郡守未得行法乎旻。問曰:「汝鄰比何人也?」曰:「康七。」遂遣人捕之。已而果然。因謂僚佐曰:「一石穀搗得三斗米,非康(與「糠」同音)七乎。」由是辨雪,誠遇明即活之效[13]。

中彰民間故事中,上述那幾則田螺給其恩人的警告——「石壁下莫停舟,燈下莫遊玩。」「門樓不從,缸水不用。」「有崖不可歇,有水不可舀。」等

---

[13] 晉·干寶原著、黃滌明譯注:《搜神記全譯》卷三·〈費孝先之卦〉(貴州市,貴州人民出版社),頁91。

禁止式的警語，與上述《搜神記》裡，費孝先給王旻的卦詞：「教住莫住，教洗莫洗。」其模式是一樣的。而「一斗米舂七升糠」的隱謎式提示語，與「一石穀搗得三斗米」則幾乎是相同的。可見這種詩句警語式相關情節的運用，其年代是非常早的。只是在《搜神記》的記載，其主角是人；而在中彰民間故事中，則是「田螺」──不識字、不該會用文字的田螺，用身體寫下了錦囊詩句，其幻想性則更顯飽滿。

　　由上述的故事敘述可以發現，「中彰民間文學集」中，屬於554（554**）【感恩的動物（動物感恩來幫忙）】的這幾則故事有幾個共同的特點。首先，是他們救的動物是小小的「螺」，但小小的螺卻給予恩人大大的回報，這強調了救護生靈的可貴，縱使是小小的螺。其次，則是詩句都讓主人公躲過意外死亡或遭劫殺的噩運，這又再一次強調對動物救生，讓自己免於死亡的重大回報。第三，則是故事裡都有妻子的姘夫要殺主角，因田螺的詩句讓主角逃過被殺的情節。這與西方故事，動物大都幫主角娶到新娘的情節，相距甚遠。第四，則是因為妻子姘夫的關係，主角都惹上牢獄之災，甚而差點被判死刑，後來還是因為得自於田螺的詩句，官府人員才找到真正的兇手，這與丁乃通與金榮華之故事大要的共同特點──幫施救者「解除牢獄之災」，則是較為接近的。由這幾點看來，中彰民間故事這一故事類型的文本，其故事內容特色有與中國的文本接近的部分，但在近似的情況下，它又已發展出自己的特色。

三、【太陽國】──貪欲焚身的考驗

　　〈人為財死，鳥為食亡──「太陽山」故事解析〉一文如此寫到：「『太陽山』是講述兩兄弟尋寶的一種傳統民間故事。故事的核心是說在太陽升起的地方有許多財寶，有人在動物（或神仙）的幫助下奇異地到達了那裡。然而他卻要經受考驗，一旦太陽升起而他還來不及離開，他將被燒成灰燼。這種尋寶的的行為往往由兩兄弟先後重複進行，好心的弟弟得到

了財寶，而貪心的哥哥卻被燒死[14]。」如上所述，可知中國傳統的【太陽國（山）】的故事，與前述的【狗耕田】、【賣香屁】一樣，大部分都是以兄弟為主角，【狗耕田】與【賣香屁】較著重在呈現善與惡的對立，而【太陽國】則更著重在知足者與貪心者的對立。但去取財寶的地方及過程，則讓這個故事充滿了神奇的幻想色彩。

金榮華555A【太陽國】，其故事大要敘述如下：

> 兄弟兩人，兄嫂苛待弟弟（角色或互換）。弟弟想種點芝麻，嫂嫂把炒過的種子給他，但其中還是有一顆長了出來。一日這棵芝麻被鷹叼走；或是弟弟要砍倒一株樹，樹上有鷹搭了窩，由於對弟弟的同情或妥協，老鷹在晚上帶弟弟到太陽或月亮上去取金玉珍寶，那裡有一株長滿金葉金果的樹。弟弟裝了一袋金玉回來，成了富翁。哥哥嫂嫂知道後，也讓老鷹載去採寶。可是哥哥太貪心，一直把金玉珠寶向袋子裡裝，不肯離開，直到太陽出來，老鷹獨自飛走，他就死在那裡；或是至今仍在月亮裡砍那株樹，想把它拿回家；或是他拿得太多，袋子太重，回來時從老鷹身上跌下來摔死了。

如上所述，金榮華的故事大要裡，角色亦是以兄弟為對照，與丁乃通555A【太陽國】裡的角色是相同的。但是丁乃通的故事大要依〔受惠的鷹〕、〔太陽國〕及〔不知足者受到懲罰〕等三個段落[15]來敘述，每個段落則呈現

---

[14] 劉守華主編：《中國民間故事類型研究》（顧希佳：〈人為財死，鳥為食亡——「太陽山」故事解析〉，武漢，華中師範大學出版社，2006.12），頁313。

[15] 丁乃通555A【太陽國】，其故事大要如下：
Ｉ〔受惠的鷹〕一位天真年輕的弟弟在父母死後得到一小塊土地。（a）他想在這塊土地上播種芝麻，但她嫂子給他的卻是炒過的種子。（b）從這些種子只長出一棵大植物。男孩日夜守護。一天，他看見一隻鷹飛來，奪走他唯一的植物，他追逐這隻鷹。（c）他想砍倒一棵大的老樹。鷹在上邊搭了窩，因此與男孩商議。（d）一隻鷹可憐他。（e）神可憐他，指點他怎麼去，或把他帶到這地方。
ＩＩ〔太陽國〕（a）男孩跟從鷹或（b）他受鷹的指示，在夜晚騎在它背上到了太陽（月、星）國。在那裡他發現金塊珍寶撒得滿地，或（e）一棵長滿了金葉、金果

更多元性的情節單元表達。胡萬川555**【太陽國】的故事大要，其情節相對顯得單一，且其最大的不同，是故事裡的主角人物是「朋友」而不是「兄弟」，其故事大要如下：

> Ⅰa有兩個人是好朋友。b有個人救了一隻鳥，鳥傷癒後表示要報答他。
> Ⅱa有天神仙托夢給其中一人b鳥來找他，要他在某日某時準備一個袋子。
> Ⅲa神仙b鳥帶他到日出的地方，要他趁太陽還未昇起時取金銀財寶，他很快就裝滿他的小袋離開。
> Ⅳa他的朋友b壞心的人因太貪心，財寶裝太多而搬不動，在日出之處被曬死。

從三者的故事大要看來，除了繁簡不同、人物間的關係有別之外，故事的進行模式是相同的，換句話說，丁乃通與金榮華的555A【太陽國】，以及胡萬川555**【太陽國】他們是同一個故事類型。

　　有關【太陽國】這一類型的故事來源，至今尚未發現較完整的書面文本記載，因此對於此類故事的源起和流變軌跡，還無法作出描述。但有學者從故事的敘事風格作為判斷，認為【太陽國】的故事含著一些與本土文化傳統有所不同的因素，值得注意。「這個故事（辛巴德航海歷險記）裡有兩個情節單元都是值得我們注意的：一是神奇大鳥的幫助；二是遍地珍寶的山谷。

的樹。等等。他把找到的金玉財寶放在一個袋子裡，或是脫下大衣當袋子用。然後，鷹把他帶回來，他變成了財主。

Ⅲ〔不知足者受到懲罰〕當哥哥（嫂嫂或隣居）問他，（a）男孩指這隻鷹給他看（b）他（或她）仿照男孩的辦法，如法炮製，引起了鷹注意（c）但那鷹把（她）扔進河裡淹死他。（d）這鷹照樣把他（她）帶到了太陽（月亮）國，而她想拿的金珠寶物太多不肯走，以至停留到日出。（e）鷹飛走，他死了。（f）鷹花費了太長的時間吃他的屍體或其他食物，因而也死了。或，（g）他想要這棵金銀樹（或大塊樹幹），要砍倒它，但就是砍不倒，因此他被捉住，或是在日出以後，他被單獨留在這個異地。或（h）他回來了，將他的錢揮霍淨盡而死。（i）弟弟本人又第二次到那裡去。（參照1C*，555*，613A，676，729，750D^{1}各類型）。

這兩個情節單元都是構成『太陽山（國）』與眾不同的敘事風格的重要因素。筆者因此猜測，『太陽山（國）』中，好心的弟弟依靠大鳥的幫助到太陽山撿了一批珍寶回家，從此過上好日子，這和辛巴德的這一次『經歷』應該說是非常相似的。這兩個故事所要表現的人民群眾對美好生活的嚮往和追求，也一脈相承。『太陽山（國）』故事中所說的『太陽升起的地方』，流露出人們探奇冒險、求索未知世界的精神，似乎也可以看出有著阿拉伯故事的某種影響[16]。」

上述是〈人為財死，鳥為食亡──「太陽山」故事解析〉一文的作者顧希佳的推測，這是個有意思的推測，雖然推測未必成真。因為對太陽升起的壯麗景緻，而產生遍地珍寶的奇幻想像，是東西方人民都能共同擁有的；而想像著騎著大鳥飛翔於天空，也是東西方人民共同的願望。這兩個情節單元，可以在東西方世界各自產生與形成，不一定是誰影響了誰，除非有更強有力的文化接觸線索可以做為證明。雖然推測未成必真，但這個推測，卻很微妙地藉用了這兩個情節單元，將故事帶入了東西方文化的比較中。雖然【太陽國】的故事與〈辛巴德航海歷險記〉都有這兩個情節單元，但〈辛巴達航海歷險記〉歌頌的是冒險犯難、奮進不懈的精神，而【太陽國】的故事，除了揚善斥惡外，更重要的是知足克制的道德訓誡。

顧希佳詮釋【太陽國（山）】這一故事類型時，命題是〈人為財死，鳥為食亡──「太陽山」故事解析〉，意味著【太陽國（山）】這一類故事的意涵，與「人為財死，鳥為食亡。」這一句俗語的意涵關係密切。他在此文的內容中也提到：「在浙江、上海一帶，則出現大量異文，都不約而同地用這個故事來解釋『人為財死，鳥為食亡』這一流行俗語。……在結尾處，這些故事總是說哥哥被太陽燒死之後，肉很香，引得那隻大鳥也饞了起來，只顧啄吃人肉，連它自己也燒死了。於是留下了這句俗話[17]。」對於這樣的現象，顧希佳認為：其實「人為財死，鳥為食亡」，這是民間語言中常見的比

---

[16] 劉守華主編：《中國民間故事類型研究》（顧希佳：〈人為財死，鳥為食亡──「太陽山」故事解析〉，武漢，華中師範大學出版社，2006.12），頁319。

[17] 顧希佳：〈人為財死，鳥為食亡──「太陽山」故事解析〉，頁314-315。

喻手法，用來諷刺貪得無厭的劣行。在它形成之初，背後並沒有這麼一個故事。大既是在傳講『太陽山』型故事的過程中，有人覺得它的情節跟這句俗語十分相似，於是信手拈來，便在原先故事的結尾處，又增添這麼一個情節單元。這也可以說是民間故事演變的一個規律：人們常常會在原先故事的基礎上作出合理的生發，使故事的母題鏈越來越長。有時候還會粘合上某個俗語、諺語，或是附會在某個人物、風物之上，使得故事帶上某種傳說特徵，變得更加生動可信[18]。顧希佳對於民間故事與俗諺語的結合所作的詮釋，是非常合理的。講述者，為了使故事帶上某種特徵或更加生動可信，便常把某句俗諺語粘合在某一故事上。單是「人為財死，鳥為食亡」這一句俗諺，不僅在【太陽國】這個故事類型中被粘合運用，它也被運用在AT763【尋寶者相互謀害】這一個故事類型上。【尋寶者相互謀害】這一故事類型，敘述幾個（通常是三個）一起去尋寶的人，在找到寶藏之後，一人去買酒菜，卻在酒菜中下毒，另幾個人則將買酒菜回來的人打死，然後吃了他買回來的有毒酒菜，因而所有的人皆喪命。然後，鳥又去吃了這些中毒而亡的人，因而鳥也死了。這故事的最後，也用了「人為財死，鳥為食亡」的這一句俗諺來詮釋故事的訓誡意義。

　　如附表3所見，「中彰民間文學集」中，這一故事類型的文本，與其它幻想故事的文本做相對比較，則顯得相對稀少，呈現出這不算是個熱門類型的樣態。屬於這一故事類型的文本只有〈沒肚量和有天良〉的這一則。故事是說，有一天神仙托夢給有天良的，說某日某時要他帶一個袋子，神仙要帶他去太陽出來的地方取得金銀財寶。有天良的就帶了一個不怎麼大的袋子，在神仙的幫助下取得了金銀財寶並安全回家。沒肚量的在知道這個消息後，也在有天良的幫助下和神仙相約要去取金銀財寶。但沒肚量的太貪心，拿的袋子太大，東西拿太多，背不動。結果，太陽出來了，沒肚量的就在那裡活活被燒死了。而這則文本，在故事的最後也說到：鳥也一樣，要趁太陽還沒出來時，吃那些死人的肉，可是因為貪吃，想吃飽一點，結果也被太陽燒死

---

[18]　顧希佳：〈人為財死，鳥為食亡──「太陽山」故事解析〉，頁315。

了，並也用了「人為財死，鳥為食亡」的這句俗語作為訓誡的結束。

　　嚴格說來，這一文本的故事內容並不完整，如果依丁乃通的三個段落為標準，這一則故事只有後面的兩個段落，並沒有對動物施恩的第一個部分，也沒有說明主角做了什麼好事，便直接述說神仙托夢要幫助主角得到一些金銀財寶，讓人有一種幸福的獲得太容易的粗糙感。也許，說故事者認為「有天良」便是一種良善的美德，如果人如其名，那麼主角便值得獎勵。除此之外，中彰民間故事的這一則文本，其故事內容以「貪欲焚身」、「不知足者自取滅亡」的模式進行，倒是把握了555A【太陽國】這一故事類型的中國式訓誡意旨。

四、【早發的神箭】──未射中的皇帝夢

　　劉守華認為【早發的神箭】就是一個大體以楚地作為流傳範圍的傳說圈。它同那些具有高度概括性、可以到處通行的【蛇郎】、【灰姑娘】之類的故事有著明顯的區別[19]。意指【早發的神箭】這一故事類型，有著非常明顯的楚地區域性，而劉守華在寫〈楚文化中的民間故事──《早發的神箭》文化形態剖析〉一文時，是根據在中國所搜集到的37篇異文所標明的區域，而認為【早發的神箭】所流布的地區，大體上就在楚地範圍之內[20]。

　　在前述劉守華的敘述中，【早發的神箭】其故事內容最主要由五個段落構成。「取代皇帝」是動機，「神弓神箭」、「竹人竹馬」是手段，「提前早發」、「失敗被害」則是結果。而其中的「神弓神箭」、「竹人竹馬」這兩個情節單元，劉守華認為：它們不僅以其神祕幻想性的故事內容吸引著聽眾，還以它們具有楚文化特徵的獨特而深邃的文化內涵受到研究者的重視。並且，劉守華認為，故事裡的神弓神箭具有穿透重重障礙，直射皇帝寶座的魔力。故事講述人說它是懂法術的人練出來的，實際上它是楚地一種古代巫術的遺留。因為，神箭原是桃木製成，在巫風盛行的楚國，「桃弧棘矢」從

---

[19]　劉守華：《比較故事學》（上海，上海文藝出版社，1995.09），頁272。

[20]　劉守華：《比較故事學》，頁270。

很早的年代起便是驅鬼滅邪的神聖之物。而「竹人竹馬」的敘述，則是說：到了某個神秘的時刻，漫山遍野的竹林炸裂，每個竹節裡就會生出來一兵一馬，組成一支浩浩蕩蕩的隊伍，幫主人公打天下坐江山。這兩個情節單元，真是幻想雄奇而瑰麗[21]。而這兩個情節單元的原型「桃弧棘矢」及「竹生兒」，則早已分別存在於楚地的民間信仰和口頭文學之中，這也是【早發的神箭】，有著明顯的楚地區域性的重要原因。

　　丁乃通592*【險避魔箭】的故事大要也分做五個部分[22]，包含：〔密謀殺害皇帝〕、〔魔弓和魔箭〕、〔射出過早〕、〔陰謀失敗〕、〔懲罰〕等，其中〔密謀殺害皇帝〕的這一段落與劉守華所述的動機是相同的，而〔射出過早〕、〔陰謀失敗〕、〔懲罰〕等與劉守華前述的結果也是一致的，不過在手段的部分，丁乃通只著重於〔魔弓和魔箭〕的敘述，在敘述中雖也提到有的「魔弓和魔箭」是竹子製成的，但已沒有了「竹人竹馬」的情節單元。

　　劉守華寫〈楚文化中的民間故事——《早發的神箭》文化形態剖析〉一文時年代較早，在這之後中國又持續進行了各省各地之民間故事的普查與蒐集，因此有關【早發的神箭】這一類的故事，應有新的文本被發現，新的文本的分佈區域與內容特色，便很值得繼續探究。依金榮華592B【神箭早發】的故事大要，其敘述如下：

---

[21]　劉守華：《比較故事學》，頁275-276。
[22]　丁乃通592*【險避魔箭】故事大要：

　Ⅰ〔密謀殺害皇帝〕這個密謀是男巫（佔卜者）搞的，這人（a）是被壓迫的少數民族中的一員，痛恨中國皇帝（b）想幫助一位了不起的，似乎註定要做皇帝的青年人。（c）自己想篡奪皇位。
　Ⅱ〔魔弓和魔箭〕它們是用（a）竹子製成的（（a¹）從男巫墳墓中長出來的）或是用（b）桃木（c）紙（d）和其他材料製成的。用這個弓射出的箭能刺中並殺死皇帝，但必須在某一個固定的日子和時辰射出才行。
　Ⅲ〔射出過早〕快要到預定時間（a）主角笨拙的妻子（或親戚）（b）一位恨他的叔父（c）英雄本人判斷錯誤。（d）由於某一婦女的錯誤，箭早了一點射出。
　Ⅳ〔陰謀失敗〕結果，箭飛向宮殿，但（a）略差了一點未中皇帝（b）皇帝剛要登座前，射中了皇帝的寶座（c）射在宮殿中別的東西上。
　Ⅴ〔懲罰〕皇帝派兵去捉主角，他（a）逃跑了（b）很快被抓到（c）終於被人告密。

神仙或巫師協助一位英雄抵抗皇帝，給他一枝奇箭，叫他在一定的時間向皇宮的方向射去。可是由於一些意外的原因，他比頂定的時間早了一些射出，而那時皇帝沒有在龍椅上坐下，因此那枝箭是射在椅子的靠背上。

由上述內容可知，金榮華所見到的文本，內容的重心在〔抵抗皇帝〕、〔奇箭〕、〔射出過早〕、〔陰謀失敗〕等幾個部分，與丁乃通的接近，也是沒有所謂的「竹人竹馬」，而且更為精簡。至於分佈的區域，依其故事來源所述，包含湖南、四川、廣西、江西及貴州等地[23]，與前述劉守華所說的楚地是一致的。除此之外，文本分佈的區域，有向南發展的趨勢，因為福建及海南，都有為數不少的文本出現，往北則只有河北有一則註明為朝鮮族的故事。所以，正如劉守華所言，這一故事類型的故事分佈有其區域性，它與【灰姑娘】、【蛇郎】等可到處通行的故事有著明顯的區別。

劉守華在談到這個故事未能在更廣大的地域傳播，同它以傳說形態出現，緊密附著於楚地的歷史人物、自然與人文環境有很大關係。傳說依附在一定歷史地理背景的人物、事件、風物、習俗等而存在，這便限制了它傳播的地區範圍。雖然在歷史上想取代皇帝的固然大有人在，但以神箭來射殺皇帝的情節則純粹出於想像，這種具神秘意味的幻想，如前所述與楚人的巫風盛行有關。除了與巫風有關之外，劉守華還認為，楚人的一些特有的歷史、地理與人文特質，也在這個故事類型中顯現。

首先，是由於古代楚國有過與群雄爭霸天下的輝煌過去。所以在這些盛傳於楚地的故事中，楚人才有著以武力爭奪天子寶座，主宰中華的偉大胸懷和氣魄。其次，是因為楚地一直被視作「蠻夷」之境，遠離封建王朝的統治中心，「天高皇帝遠」，楚人便多了幾分野性，敢於沖決封建主義的羅網和皇帝爭高下。最後，則也許是因為楚人具有狂放不羈的浪漫主義氣質。因這氣質，又受到本地區從陳勝、吳廣……到朱元璋、陳友諒、洪秀全……

---

[23]　金榮華：《民間故事類型索引》（臺北，中國口傳文學會，2007），頁222。

等一系列農民起義英雄人物事蹟的激勵，他們便把「皇帝佬」全然不放在眼裡[24]。

　　至於在台灣，這一故事類型的文本有何特色呢？依胡萬川592*【早發神箭】之故事大要的敘述如下：

> Ⅰ 一個人（海盜林道乾）被異人（道士）告知他有帝王相，給他一枝神箭。
>
> Ⅱ 道士要他在某日破曉時向著京城方向射去，即可殺死皇帝並取而代之。
>
> Ⅲ 他囑咐家人（妹妹）在約定的時間前叫他起床，而他家中有一隻錦雞為雞中之王，一叫群雞就跟著鳴叫。
>
> Ⅳ 家人知道事關重大，整夜不敢入睡，因緊張誤觸了錦雞，而使它提早鳴叫。
>
> Ⅴ 他被雞叫醒，以為已破曉，拿起弓箭向京城射去，因時間提早，皇帝還未上朝，箭射在龍椅上。
>
> Ⅵ 皇帝追查兇手，他匆忙間埋寶（或由其妹看守），帶領部下逃逸。

由上述內容看來，故事情節單元所注重的部分與金榮華所說的相去不遠，也同樣沒有「竹人竹馬」這一情節單元，由此推想，「神箭早發」與「竹人竹馬」相比，「神箭早發」比「竹人竹馬」更具普遍流傳性，而「竹人竹馬」的楚地區域則更為濃厚。

　　由附表3所見，中彰民間故事中，屬於這一故事類型的文本有兩則，一則是〈林大乾的故事〉，另一則是〈楊本縣敗地理〉。嚴格說來，這兩則應該都是屬於傳說，〈林大乾的故事〉講的是有關海盜林大乾差點在台灣稱帝的傳說故事，另一則雖題為〈楊本縣敗地理〉，但內容最主要是與鴨母王朱一貴的傳說有關。

---

[24]　劉守華：《比較故事學》，頁274。

　　前述，從金榮華的索引資料中我們看到，此一故事類型的分佈區域有往南發展的趨勢，這可能是受到清末洪秀全等人在南方起兵的響影關係，所以這類附會的故事就往這些南方起兵的人物身上不斷附會。以致於後來在福建，就蒐集到了好幾個這一故事類型的文本。這一故事類型往台灣流傳，則應與福建有密切關係，在這一故事類型的特質上，台灣與楚地有一非常相似的特質，那便是我們一直被視為「蠻夷」之地。甚而，台灣比楚地有著更濃的「天高皇帝遠」的野性，所以這一故事類型會在台灣流傳實非偶然。除了這一個特質外，台灣也是個巫風盛行之地，有關「道士」的各種神奇傳說實有所聞，所以，道士給予傳說中的起義領袖「神箭」，讓他得以用此與皇帝對抗，這實際上也是與台灣的民俗環境是相吻合的。

　　中彰民間故事，屬於【早發的神箭】的這兩則文本，除了仍保持這一故事類型楚地傳統的「野性」特質之外，更把台灣「在地」的傳說人物、文化地理及重視風水說的在地習俗等等，灌注在這個傳統的「野性」之中。使得這兩則文本，呈現出濃厚的台灣在地風味。

五、【兄弟皆好漢】——各顯神通的團結弟兄

　　講述眾多兄弟形體特別、各具天賦異秉，並依各自的獨特本領，戰勝強敵或躲過災難的故事，在AT分類系統裡，最主要有兩個型號，一是屬於「神奇的幫助者」的AT513號，丁乃通將AT513號命名為【超凡的好漢弟兄[25]】，另一則是屬於「超自然的能力或奇物」的AT653號，丁乃通則將

---

[25] AT513號丁乃通將其類目命名為【超凡的好漢弟兄】，其故事大要則敘述如下：
　I（e）好漢出行要去懲處一個殺人犯或拯救一個好人。（f）好漢們要向皇帝挑戰。（g）好漢們是親生兄弟們，往往是由於他們的母親吞服了仙丹才生出他們的（h）好漢另有使命。
　II（d¹）千里眼（g）會喝光（g¹）不怕水（h）大肚子（h¹）不怕餓（i）不怕熱（j¹）經得起重壓（k）長腿（k¹）粗壯的腿（k²）長臂（m）鐵身（m1）彈性身體（n）會造大水（o）會殺光（p）會呼風喚雨（q）會造兵造將（r）會放大炮（s）大腳（s1）大手掌（t）多層皮，（u）大頭（u¹）有殺不盡的頭（u²）會入地（u³）硬頭（v）大腿（w）大鼻子（x）撅嘴唇（y）深眼睛（z）有其他超人的技能。

AT653命名為【才藝高強的四兄弟[26]】。這兩個故事類型的內容，其實有時並不是那麼容易區分。依金榮華在653【兄弟皆好漢】這一故事類型項下的述說，他做了這樣的區分：

> 眾兄弟分別有千里眼、順風耳、不怕水、不怕火、不怕熱、不怕餓、大肚能吃、長腿善跑等技能。他們其中一人闖了禍，或是為了反抗官府，每人用他的獨特本領，應付了各種不同的情況。
>
> 　在西方的故事裡，是四兄弟各自在外學了獨特的技藝。老大能觀察天上人間的萬事萬物，老二是神偷，老三是神射手，老四是超裁縫，能縫合雞蛋或鋼鐵。他們合作救出被惡魔搶去的公主（老大觀知所在，老二偷出公主，老三射殺來的惡龍，老四縫合被惡龍砸碎的船隻，安然返航），獲得了鉅大的報酬。
>
> 　＊這一型號的故事是幾個奇能異才之士共同完成一項任務。如果是主角要完成一項任務而得到幾個奇能異才之士的幫助，則屬513號。

由上所述，金榮華653號裡好漢所具有的特殊能力，與丁乃通513號之弟兄所擁有的能力，有許多是相同或類似的，這是這兩個故事類型之所以會混淆的重要原因，因為兄弟（或好漢）各顯奇能的特質是完全一樣的。不過，金榮華在最後附加了一個分辨的方式──那就是主角是以什麼身分來展現他們的特殊才能。如果，他們是以「幫助者」的身分，去幫助主角完成一項任務，那麼，這個故事類型會在513號。如果，他們是以主角的身分，要共同去面

Ⅲ（j¹）別的試驗（m）別的功勳（常常在抵抗國王的迫害中，每一個英雄用他特殊的才能）（n）他們倖免於洪水，但後來當他們不能一起合作就死了。（n1）他們辟去洪水要來的謠言（o）他們（他們中的一個）引來洪水（p）他們殺死暴君（q）他們捉到條大鯨魚煮熟，但是全被大肚子吃掉。大眼哭了，他的淚水淹沒了大地。

26　丁乃通653【才藝高強的四兄弟】兄弟的數目不總是四個。
　Ⅰ（b）每人都有獨特的才能。
　Ⅱ（b）每人都用獨特的方法去營救她。
　Ⅲ（d）他們受到酬謝，但是報酬不是半個王國。

對難題、抵抗災難或完成任務,那麼,這個故事類型便會在653號。胡萬川的索引,其653**號用了一個與丁乃通513號幾乎完全相同的名稱:【超凡的好漢兄弟】,但其故事大要的內容,則與丁乃通及金榮華的653號是較為接近的。

> Ⅰ一對百歲老夫婦膝下無子。
>
> Ⅱ老婆婆常年被老公公罵,想自殺,被八仙所救。
>
> Ⅲ八仙給老婆婆八粒仙桃,要老婆婆一年吃一粒,結果老婆婆一次吃八粒,生了八個小孩。
>
> Ⅳ八仙為這八個小孩取名為:大力一、鐵骨二、長腳三、菜包四、能吃五、粗皮六、眨眼七、雷公八。
>
> Ⅴ八兄弟惹了麻煩,由於八人不同的能力,使他們逃過此劫。

由上述故事大要的內容來看,與金榮華所述「他們其中一人闖了禍,或是為了反抗官府,每人用他的獨特本領,應付了各種不同的情況。」是相符的。所以他們可同樣歸為AT653這個故事類型。

劉旭平撰寫〈各顯奇能的群體──「十兄弟」故事解析[27]〉時,他注意到是丁乃通的513型【超凡的好漢弟兄】,他並沒有注意到653型。如前所述,這兩個類型裡的人物特質是相同的,只是他們在執行任務時的身分有別(幫助者與主角的區分)。所以,有些論述,兩者是可以一起探討的,如對人物特質的探討便是其中的一項。

不論是丁乃通513型【超凡的好漢弟兄】,或是金榮華653型的【兄弟皆好漢】,在中華地區裡的故事人物,其實都帶有中華文化傳統的深厚特質。被認為是中國古代神話傳說寶典的《山海經》,對於擁有特殊形體與奇異能力的人,便充滿著誇大與神奇幻想。〈大人國〉、〈長股國〉、〈長脛國〉、〈長臂國〉等,便都是這類對人形與其能力充滿著幻想的奇異篇章。

---

[27] 劉守華:《中國民間故事類型研究》,(劉旭平〈各顯奇能的群體──「十兄弟」故事解析〉,武漢,華中師範大學出版社,2006.12),頁462-470。

而千里眼與順風耳之類的傳說，在中國也有著久遠的歷史。AT513與AT653故事裡的好漢兄弟，他們所擁有的人物特質元素，實際上與這些遙遠的神話與傳說，是一脈相承的。

在難題的考驗中，顯現兄弟好漢們各自的奇特才能，是AT513與AT653情節單元的進行模式。採用輪番上陣的方式，讓每個人的不同特質與才能得以呈現，則是故事普遍採用的手法，除了輪番上陣之外，有的還強調彼此之間的通力合作。

如附表3所見，「中彰民間文學集」裡，屬於AT653【兄弟皆好漢】這一故事類型的文本共有兩則，一是〈八個兄弟〉，另一則是〈奇兄怪弟〉。

〈八個兄弟〉這一則故事，講的是一對年紀超過半百的老夫婦，老婆因沒有生下一兒半女，受到老公的責罵而想投江自殺，在江邊為八仙所救，八仙問明原委後，每一仙人都給了她一粒仙桃，這婦人吃了這八粒仙桃，十個月之後便一口氣生了八個小孩。仙人們後來幫這八個小孩取了名，按照順序分別是：大力一、鐵骨二、長腳三、菜包四、能吃五、粗皮六、眨眼七及雷公八（名字與其人特質是相符的）。在某日砍柴回來的途中，他們在軍營外休息，由於其中一個推倒了軍營的圍牆，造成了士兵的死傷，因此便要遭受斬首示眾的懲罰。之後，便是這幾個兄弟輪番上陣，各顯奇能，最後都能幸運存活，免於一死的奇幻故事。

〈奇兄怪弟〉這一則故事，則是述說有一對老夫婦，他們生了十個小孩。老大是千里眼、老二是順風耳、老三是銅頭、老四是鐵骨身、老五是韌皮的、老六是長手長腳的、老七是大腳婆、老八是闊嘴的、老九是大眼眶的及老十臭蓋仙。有一次他們十兄弟上山撿柴時，卻不小心得罪了山裡的山賊，山賊把最小的抓走了，但他卻趁山賊不注意時偷跑回家。群賊非常憤怒，便浩浩蕩蕩地前往老夫婦家，要將他們統統抓來殺。這時十兄弟們，便依各自的獨特本領，不僅化解了山賊們所製造的各種災難及危險，最後還將山賊們打敗，並快樂地飽食慶祝一番。

這一故事類型裡的兄弟，一般來講都為數頗多，西方的故事裡以四個最為普遍，而中國的故事裡，則以八或十個最為普遍。中彰民間故事的這兩

篇，剛好有一篇是八個，另一篇是十個。兄弟這麼多，實際上是中國傳統裡多子多孫多福氣的一種思想折射，同時也是「人多好辦事」、「團結力量大」的一種思想突顯，而不是個人英雄主義的一種表彰。〈八個兄弟〉的那一篇，甚至還說明這八兄弟的非凡出生（八仙的下凡）。

〈八個兄弟〉與〈奇兄怪弟〉最主要的情節單元都是「難題考驗」，狀況則如前述金榮華所說的，他們兄弟之中有一人闖了禍，而遇到了災難，接下來便是他們兄弟每一個人，都用了他們獨特的本領，應付了各種不同的情況，最後他們取得了可貴的勝利。這一故事類型的幻想性，便在這些各種不同難題的產生與化解的高潮起伏中呈現，故事內容的進行模式，可說是兄弟各顯神通與團結力量大的結合。故事人物裡每一個人的特質，都是一種大膽的誇張，讓整個敘述充滿著詼諧、風趣的意味。這應該也是聆聽這一類故事的聽眾，一種最愉快的期盼與享受。

六、【懂鳥語的人】——人的誠信與鳥的復仇

【懂鳥語的人】也稱為【公冶長的故事】，可見這懂鳥語的「人」與「公冶長」有著最密切的關係。「公冶長」這個名字，首先出現在《論語》，《論語·公冶長》：「子謂公冶長：『可妻也。雖在縲絏之中，非其罪也[28]。』」從這一段記載，我們可以知道：孔子把女兒嫁給公冶長，公冶長曾經入獄，但孔子不認為他是有罪的，言下之意他應是被冤枉的，但他到底被羅織了什麼冤枉的罪狀？又為什麼知道他是被冤枉的？最後又如何還他清白的？論語本身並沒有任何的記載。可是到後來為什麼「公冶長」與「識鳥語」有關？這實在是令人感到有趣的事。

陳金文〈「公冶長識鳥語」傳說淺論〉一文，認為有關「公冶長識鳥語」的傳說，大約產生在一千六百年前，最主要與南朝皇侃的《論語義疏》有關，其主要論述如下：

---

[28] 宋·朱熹集註、蔣伯潛廣解：《四書讀本·論語》（臺北，啟明書局），頁53。

有關「公冶長識鳥語」的傳說大約產生在一千五六百年前。南朝皇侃
《論語義疏》引《論釋》云：「公冶長從衛返魯，行至二堺上，聞鳥
相呼：『往清溪食死人肉。』須臾見一老嫗當道而哭。冶長問之，嫗
曰：『兒前日出行，於今不返，當是已死亡，不知所在。』冶長曰：
『向聞鳥相呼：往清溪食肉，恐是嫗兒也。』嫗往看，即得其兒也，
已死。嫗即告村司，村司問嫗：『從何得知之？』嫗曰：『見冶長道
如此。』村官曰：『冶長不殺人，何緣知之。』囚錄冶長付獄主。問
冶長何以殺人，冶長曰：『解鳥語，不殺人。』主曰：『當試之。若
必解鳥語，便相放也；若不解，當令償死。』住冶長在獄中六十日。
辛日，有雀子緣獄柵上，相呼嘖嘖口雀口雀。冶長含笑。吏啟主：
『冶長笑雀語，是似解鳥語。』主教問冶長：『雀何所道而笑之。』
冶長曰：『雀鳴嘖嘖口雀口雀，白蓮水邊，有車翻覆黍粟，杜牛折
角，收斂不盡，相互往啄。』獄主未信。遣人往看，果如其言，後又
解豬及燕語屢驗，於是得放。」這是我們可見到的有關公冶長識鳥語
傳說的最早記載，其間「公冶長因識鳥語入獄，又因識鳥語出獄」的
敘事中心已經形成，《論語義疏》存晉人注《論語》十三家之說，由
此可知，「公冶長識鳥語」傳說最遲在晉代已經產生[29]。

如上所述，《論語義疏》雖為《論語》作註解，但這一註解的內容，並不被
認為是事實而是傳說。因此，作者陳金文認為，在一千五六百年前，「公冶
長識鳥語」的「傳說」，「公冶長因識鳥語入獄，又因識鳥語出獄」的敘事
中心已經形成。而在另外一篇論述，王慧敏〈公冶長二疑[30]〉一文中，也認
為「公冶長識鳥語」並非歷史事實而是傳說。

　　在皇侃《論語義疏》裡，有關「公冶長識鳥語」的傳說，已形成「公冶
長因識鳥語入獄，又因識鳥語出獄」的敘事中心。而現今的民間故事【懂鳥

---

[29]　陳金文：〈「公冶長識鳥語」傳說淺論〉，《齊魯學刊》（2002年第4期，總169期），
　　頁67。
[30]　王慧敏：〈公冶長二疑〉，《十堰技術學院學報》（2010.06，第23卷第3期），頁67-69。

語的人（公冶長的故事）】，其敘事中心又為何？依金榮華673A【懂鳥語的
人（公冶長的故事）】其故事大要如此敘述：

> 有一個聽得懂鳥語的人，聽見一隻鳥對他說，前山有一隻剛死的羊，
> 取得後要把羊腸留給牠。那人去取得了羊，但沒有把羊腸留給鳥。後
> 來，這鳥又來告訴那人，後山有隻剛死的羊，取得後要把羊腸留給
> 牠。那人去後山一看，卻是一具人屍，還被誤認為是殺人犯，最後他
> 證明自己懂得鳥語，並且說明因為失信於鳥而被鳥報復，才獲釋放。

陳金文〈「公冶長識鳥語」傳說淺論〉一文認為，今天流傳於民間的「公冶
長識鳥語」的傳說，大致可分為三類：一是關於公冶長獲取識鳥語本領的故
事；二是公冶長因識鳥語入獄，又因識鳥語出獄的故事；三是公冶長識鳥語
而發生的其它故事。

　　由金榮華所述之故事大要看來，現今的民間故事【懂鳥語的人（公冶
長的故事）】其故事內容，屬於陳金文上述的第二類。與南朝皇侃《論語義
疏》的內容相較，「公冶長因識鳥語入獄，又因識鳥語出獄」，還是整個故
事的敘事中心。只是《論語義疏》中，公冶長沒有失信於鳥的事情發生，而
鳥也並沒有對公冶長有任何復仇的意念。但現今的民間故事，公冶長之所以
入獄，則是因為他對鳥沒有應有的誠信，所以鳥給了他假的消息，因而他才
被誤為是殺人兇手而入獄，其中的曲折則又多了一層。

　　如附表3所見，「中彰民間文學集」裡，屬於【懂鳥語的人】這一故事
類型的文本總共有7則，可見這一故事類型在中彰民間故事裡，是普遍而受
歡迎的。但這7則的故事內容繁簡不一，其情況如下：

　　〈雞嫲個話（雞媽媽的叮嚀）〉及〈鵝髻的由來〉這兩則故事的內容
較為相同，而且也都較簡略。故事主要是說，一個懂動物語言的人，到別人
家投宿（或作客），主人要捉一隻母雞（母鵝）來殺，準備請客人吃。母雞
（母鵝）便把小雞（小鵝）叫來交待後事，要他們以後要好好照顧自己，這
番話被客人聽了之後，客人便要求主人不要殺雞（鵝）。母鵝為了感謝他的

救之恩，便一直點頭答謝，結果頭便長出一個苞來，那便是鵝冠的由來。這兩則故事，實際上與上述金、胡【懂鳥語的人】之故事大要所陳述的內容並不相同，但它們仍被胡萬川收錄在其670*【懂鳥語的人】這一故事類型的項下。

〈鳥仔雄〉、〈公冶長的故事〉及〈谷元長內山虎食羊〉這三篇，則是【懂鳥語的人】之故事類型的典型文本，內容之敘述便是以「主角因識鳥語入獄，又因識鳥語而出獄」的敘事為中心，故事內容也以強調主角因對鳥沒有誠信，才會遭鳥報復惹來牢獄之災。是屬於前述，陳金文所歸納的三類故事中的第二類。就以〈谷元長內山虎食羊〉這一篇為例，其內容如下：

> 有一隻小鳥向谷元長說：「谷元長！谷元長！山上老虎吃山羊，你吃肉，我吃腸。」意思是說山上有一隻老虎，咬死一隻山羊，叫谷元長去抓山羊回來宰掉，但是吃肉剩下的腸子，要給我們這些小鳥吃。
>
> 谷元長就真的跑去山上，抓山羊回來殺了吃，包括腸子和胃部，都清洗乾淨，也全吃掉。那隻小鳥，去邀了整群鳥伴要來吃腸子，看到谷元長沒有留腸子給牠們吃，就抱著滿肚子的怨恨回去。
>
> 有一次，山上被發現一副屍體，官方一直找不到兇手，就在現場等兇手出現。小鳥知道以後，就認為這是報復血恨的好機會。就飛去向谷元長說：「谷元長、谷元長，內山老虎吃山羊；你吃肉，我吃腸。」
>
> 谷元長就馬上跑去山上，要找被老虎咬死的山羊，結果找不到，反而讓衙門的人，抓回去受酷刑，要逼他承認是他犯案的口供。整群鳥看到他受酷刑，就很高興的叫說：「谷元長、你很吝嗇，連腸子都沒留給我們吃，是我們故意騙你去陷入法網的。」又說：「我們現在要飛去吃稻米，因為南方稻米的倉庫發生火災。」
>
> 谷元長將小鳥說的話，翻譯給衙役聽。衙役的人不相信。谷元長又說：「小鳥又說：『牠們趕緊要飛去吃稻子，因為南方發生火災。』」谷元長說：「你們如果不相信，可以去求證看看！」
>
> 衙門的人，就真的去南方求證，結果真的是火災。由這一點證

明谷元長真的聽得懂小鳥的話,是被騙去山上,要抓被老虎咬死的山羊,不是一般兇手,犯案後必然會回去巡視現場,看有沒有留下半點線索那樣。

衙門的人就將谷元長無罪釋放出來。

整篇故事內容的講述,便是依「主角因識鳥語入獄,又因識鳥語而出獄」為故事的敘述中心,內容在人與鳥的互動中,也強調了「誠信精神」的重要,是現今的民間故事【懂鳥語的人(公冶長的故事)】,非常典型的一種內容結構。

《彰化縣民間文學集》的那兩篇〈公冶長〉,其內容都更仔細而完整。他們最主要的特點是:內容除了講述「主角因識鳥語入獄,又因識鳥語而出獄」的這個部分之外,還增加了陳金文所說的第一類故事的部分,也就是增加了主人為什麼會獲得「聽得懂鳥語」的這種神奇能力。而彰化縣的這兩篇,對於主人之所以會得到這特殊能力的原由,其說法也相當一致,都是說他因為吃了蛇的唾液之後才擁有這項能力。在類型673【禽言獸語解困厄(白蛇肉)】的故事大要中也說:「一個人因為吃了白蛇肉而能懂禽獸的語言。」兩者的說法,都顯現出這特殊能力的獲得與「蛇」有關,顯現出民間對「蛇」的一種特殊崇拜。

【懂鳥語的人】之故事所以流傳久遠,傳播區域之所以遼闊,這顯現出人們對大自然其它生物之瞭解的渴望。尤其,從前的務農社會,獨自上山田獵、獨自上山砍柴、獨自田裡耕耘……,在那當下,人們除了聽到自己的呼吸聲、心跳聲,便是各種鳥獸之聲,這其中鳥的聲音是最明顯而普遍的,如果能聽懂,也許能幫人們獲利、解危或者解悶吧!因而生發出如此奇異的幻想。

中彰地區,有好長的一段時間及遼闊的區域,都是屬於這樣的務農社會。所以,他們喜歡聽這樣的故事、講這樣的故事,是有其人文及地理環境背景的。而在這奇異幻想的背後,這類故事也隱含著人們對動物所應該要有的誠信,當人們失信於牠們,縱使是小小的鳥,也會有他們反撲的報復行

動。在農業社會的年代，人們喜歡傳講這樣的故事，除了是對擁有「聽懂鳥語」之特異能力的幻想之外，也表達了人們對鳥、甚至於是對大自然其它萬物的一種敬重之意。

七、【命中注定的財寶】及【荒屋得寶】——財寶自有主人

在丁乃通《中國民間故事類型索引》裡，丁乃通將【命中注定的財寶】編為745A號，又將【命中注定的貧窮】編在745A¹號。如果單看類目，會覺得丁乃通是不是編錯了？因為都是與「命中注定」有關，那他們不是應該被放在「命運的故事」（930-949）那個範圍嗎？但是在讀了類目項下之故事大要的說明後，又會發現丁乃通這樣編，其實是有他的道理的。丁乃通745A【命中注定的財寶】，其故事大要如此說明：

> 通常命中注定要享有這財寶者的名字已刻在財寶上，由神仙告訴他，有時是神仙托夢告訴他的。

又丁乃通745A¹【命中注定的貧窮】，其故事大要如此說明：

> 一個人碰巧得到（或是神囑咐他看守）一大筆財富。他受到警告說，他的好運只是暫時的，到某一時期，這筆財富還是要歸到注定要享有這筆財富者的手中。這人雖然千方百計想把財富保留在自己家中，最後還是失去了。

由上述這兩則故事的大要看來，主角之所以能到財富、或必然失去財富，其情節都充滿著神奇與幻想，如注定將擁有者的名字已刻在財寶上，或是神仙囑咐某人只是看守者而不是擁有者，這些財富獲得的關鍵情節、或是命運改變的關鍵情節，都充滿著令人覺得不可思議的「神奇幻想」色彩，這是他們會編在「其它神奇故事」而不編在「命運的故事」的最主要原因。

金榮華在其《民間故事類型索引》，則將745A的類目改為【財各有主命中定（命中注定的財寶）】，而其故事大要則如下：

> 一人在深山發現了一處藏銀，但他要拿時卻被神仙阻止。神仙告訴他，那些銀子是屬於某人的。後來他妻子生下一兒，別人為這孩子取名，竟然就是神仙所說的人，於是他抱了兒子去取銀，神仙就沒有再出來阻止。或是一人極貧，神仙幫助他，把別人的銀子先借給他用，但叫他將來要還給那人。後來這人很有錢了，一天，救助了一位即將臨盆的婦女，那婦女產下一男，取的名字竟然是神仙說的那個人，於是這人就善待這對母子，還把財產分一半給他們。有的故事是說，二人發現藏銀，上面有他的名字。

另外，金榮華745B【荒屋得寶（藐視鬼屋裡妖怪的勇士[31]）】這一故事類型，主角得到財寶的過程，也充著神奇的幻想色彩。其故事大要如下：

> 一個貧困的男人帶著妻子，在旅途中找不到宿處，不得不住在一所荒蕪鬧鬼的屋子裡。到了深夜，他看見一些精怪出現在屋內談話，不久就在地上消失。第二天早上，他在精怪消失處挖掘，發現了埋藏在那裡的金銀財寶。獲得財寶後，他和他的妻子就將此屋買下，在那裡安居。

---

[31] 【藐視鬼屋裡的勇士】原丁乃通的索引編號為326E*，其故事大要如下：

一個窮困的男人正在旅行（有時帶著妻子）。他找不到地方睡覺，不得不在（a）荒蕪有鬼的房子或（b）破廟裡過夜。另一種開頭：（c）他買或租了一間有鬼的房子在那兒過夜。深夜他看見以下的精怪在屋內走，互相談話：（d）一個白或朽木精怪。（e）黃臉（或穿黃袍的）精怪，（f¹）黑的精怪（f²）紅的精怪（g）白臉（或穿白袍的）精怪。精怪在地上消失，他便在那地方做一個記號，第二天早上挖下去，找到埋藏的金子、銅幣和銀子。（h）他焚燒了木頭精。另外的結果：（i）他用灰抹在臉上，也扮成一個妖精。這樣，他便找到他們的巢穴，拿到藏寶箱的鑰匙。得到財寶。（j）他消滅了一個精怪，並找到一個法寶能夠奏樂，並供給各種財寶。（k）他裝做神，叫精怪來服侍他。

有關「荒屋得寶」的故事，在中國的筆記小說中經常出現，也如上述的故事大要一樣，常與「精怪」有著密切的關係，有的是金銀財寶便是那些精怪所幻化的，有的則是精怪守著那些財寶，能得到財寶的主人大都較有膽識——至少能冷靜觀察精怪的言行舉動，有的甚而與精怪正面交鋒，《列異傳》便有這樣一個精彩的例子：

> 魏郡張奮者，家巨富。後暴衰，遂賣宅與黎陽程家。程入居，死病相繼；轉賣與鄴人何文。文日暮，乃持刀上北堂中梁上坐。至二更竟，忽見一人，長丈余，高冠黃衣，升堂呼問：「細腰，舍中何以有生人氣？」答曰：「無之。」須臾，有一高冠青衣者，次之，又有高冠白衣者，問答並如前。及將曙，文乃下堂中，如向法呼。問曰：「黃衣者誰也？」曰：「金也，在堂西壁下。」「青衣者誰也？」曰：「錢也，在堂前井邊五步。」「白衣者誰也？」曰：「銀也，在墙東北角柱下。」「汝誰也？」曰：「我，杵也，在灶下。」及曉，文按次掘之，得金銀各五百斤，錢千余萬。仍取杵焚之，宅遂清安[32]。《列異傳·何文》

上述的內容中，那些精怪便是那些財寶所幻化的，主角何文不只觀察他們的言行舉動，甚而還非常有膽識的當面質問其誰，故事內容充滿著幻想神奇色彩。若以主角與精怪正面交手的過程論，丁乃通的「藐視鬼屋裡妖怪的勇士」更適合這個故事，若以主角最後取得財寶的結果論，「荒屋得寶」亦適用於這個故事。

　　胡萬川《台灣民間故事類型》一書，亦延用了丁乃通745A【命中注定的財寶】之型號與類目名稱，其故事大要的內容如下：

> Ⅰa黃文黃武兄弟（或地理師）一直無法得到好的風水致富。

---

[32] 祁連休著：《中國民間故事史·先秦至隋唐五代篇》（台北市，秀威資訊科技，2011.08），頁111-112。

Ⅱa後來得知一位名叫泉州李五九代窮（九代慶）的人可以因風水而
　　獲得巨大財富，於是找到這個人，並教他如何獲得好風水。

Ⅲa九代窮聽從二兄弟的指示，在途中陰錯陽差與員外千金成為夫妻。
　　複合856【和一個假冒的男人私奔的姑娘】類型（丁乃通本）。

Ⅳa夫妻倆住到邪門的屋子裡，土地公現身表示要交還代管的財產。

Ⅴa九代窮得到命中注定的財富，和黃氏兄弟二人分享。

由上述故事大要可以發現，其第Ⅳ的述說，其實有與原來之745A及金榮華之745B相融合的意味，除此之外還可發現，在胡萬川的大要裡，「風水」在故事內容的進行裡佔有很大的比重。

　　如附表3所見，「中彰民間文學集」裡，屬於AT745系列這一故事類型的文本總共有4則，在《台中縣民間文學集》，則包含〈水雞記仔〉、〈風水仙〉及〈黃文黃武〉等三個文本，在《彰化縣民間文學集》裡的則有〈九代窮〉一則，其故事內容結構分別如下：

　　〈水雞記仔〉敘述一員外的三女兒自認好命懶惰成性，員外為了教訓女兒，將她嫁給了全村最窮、以釣青蛙為生的「水雞記仔」。女兒嫁過去之後，發現住在破草寮的丈夫，用來撐住床的磚頭，竟是純度最高的黑金，並得知這些磚頭是從山上搬下來的，他們倆便又到山上將黑金磚頭搬回家，大概山上還剩下一半分量的黑金磚時，土地公竟開口說話：「剩下的這些不是你們的，這是一個叫『靠門環』的人的，你們就搬到此為止。」兩人一聽，就不再搬了，但已覺得非常的滿足。後來她生了一個兒子，帶回家讓父親取名字，這時小孩正在門邊玩門環，外公便將小孩的名取做「靠門環」，這讓他們夫婦非常驚喜，因為這樣一來表示整座金山都是他們家的了。

　　〈風水仙〉則敘述一個風水師，因員外無肚量，煮了掉進糞坑而死的羊給他吃，所以風水師最後並沒有將好風水告訴員外，而是告訴了這個員外家的長工阿棟，並告訴阿棟在月夜將其父親的遺骨埋入他所指示的地方之後，便要拿著一根扁擔向東一直跑，直到沒力氣前進才能停下休息，如此他便能發達。阿棟依風水師的指示而行，路途上一個將與人私奔的小姐，把停下腳

步在他們家騎樓休息的阿棟誤以為是要與她一起私奔的人，便催促阿棟用扁擔挑起包袱快走，後來小姐將錯就錯跟了阿棟。阿棟帶著她去投靠阿棟的舅舅，為了避免惹禍上身，舅舅聽其老婆的話，<u>讓他們住在有妖怪的屋裡，夜裡阿棟追逐妖怪，在妖怪消失處挖出了許多的金銀財寶</u>（與金榮華745B同），隔天還拿著竹竿裝模作樣的量房屋，表示也要蓋一間這樣的房子，而他的舅舅便將這間鬧妖怪的房子賣給他，他夫妻倆從此便過著舒服的日子。

〈黃文黃武〉一則的故事大要，則與上述胡萬川745A【命中注定的財寶】的故事大要吻合。

〈九代窮〉的故事與〈風水仙〉及〈黃文黃武〉都十分相似──都是講述與風水師相關的故事。這一則是述說一個風水師在得知員外煮給他吃的雞肫，都是掉到糞坑而死的雞後，便憤而離開不再為他看風水。他走到一個村莊，就在一家麵店徘徊，因為他身上沒錢。店裡的年輕夥計九代窮便請他入內吃麵，在得知九代窮的身世後，風水師便願意為他看風水改地理，而九代窮皆依風水師的指示行事，但就在他去拔要用來祭拜的白菜時，卻和員外的女兒發生了關係。後來這個懷有身孕小姐，被家人放進了一個木桶裡讓其隨波逐流，而被在溪邊守墓的九代窮所救，一家團圓。生產後，他們準備到別的村莊去過活。在路途上他們去住了一棟鬧鬼的大房子，在睡夢中九代窮聽到土地公托夢給他，說他已為他照顧這棟房子很久了，屋子裡的金銀穀都是他的，並留了一串鑰匙給他，又指示他要趕快將這棟房子買下，並定居在此，便能很快發達。九代窮便依夢中土地公所指示而行，後來他們一家的生活便越來越好，而且兩個雙胞胎兒子還成了雙狀元。九代窮知恩圖報，尋找了當初幫他改風水的地理師，並盛情款待他。

中彰地區的這四則故事，除了故事類型原本所具有的神奇幻想色彩外。其第一個的特點是，顯現出對風水的重視與篤信的色彩。除了第一則〈水雞記仔〉外，其餘三則皆與風水、地理有關，可見中彰地區，是一個非常重視風水地理的區域，在這區域的民眾，對風水地理，常抱持著一種濃厚的迷信色彩。這些故事，可與有名的風水傳說──「楊本縣敗地理」以及其它相關的風水故事一起觀察研究。第二個特點是，這幾則故事大都為複合型故

事，最常與856【和一個假冒的男人私奔的姑娘】結合，縱使不是這個故事類型，貧窮的男主角，在無意間也都會得到女主人的幫助。

結語

　　本章是上一章的延續，論述的範都屬於「幻想故事」的範疇，只是本章所討論的範圍是編號500-749之間，包含了「神奇的幫助者」（500-559）、「神奇的寶物」（560-649）、「超自然的能力或奇物」（650-699）以及「其它神奇故事」（700-749）等四項次類。

　　在這個範圍內的中彰民間故事，「神奇的幫助者」有三個故事類型，包含兩者常一起呈現的【狗耕田】與【賣香屁】的這兩個類型；另外，則是【動物感恩來幫忙】這個故事類型。屬於「神奇的寶物」這個範圍的，則有【早發的神箭】與【太陽國】這兩個故事類型，而這兩個類型的文本為數都不多，【早發的神箭】有兩則，【太陽國】則只有一則。而屬「超自然的能力或奇物」這個範圍的，也有兩個故事類型，其中有深遠中國文化底蘊的【懂鳥語的人】這一故事類型拔得頭籌，擁有最多的文本；再其次則是編號653的【兄弟皆好漢】。屬於「其它神奇故事」的，則以745A【命中注定的財寶】及745B【荒屋得寶】獨得青睞。

　　【狗耕田】與【賣香屁】這兩個故事類型，在大陸地區的文本，其故事內容大多與因兄弟分家後所引發的後續發展有關，內容大都依善良的弟弟得到好報，而壞心的哥哥受到懲罰來發展，而弟弟得到好報的情節（狗幫其耕田、弟弟會放香屁），便是故事內容中最充滿幻想與令人驚奇之處。中彰民間故事，在這兩個故事類型的表現上，與大多數大陸地區的文本，其相近之處是：大多數的文本也都是這兩個類型相結合的複合型文本。但中彰民間故事的文本，其內容的表現，狗會耕田的部分，則置入較多的知識性詮釋，對狗耕田的幻想色彩反而有淡化的情形，故事內容的趣味，較重在弟弟憑失小得大的方式得到了這一條狗。而其中唯一單一類型的【狗耕田】文本，則表現出台日交流的痕跡，其內容不與大陸的文本相近，卻與日本的「開花爺

爺」相近，這與講述者說：這是他小時候聽日本老師所講的，呈現出相符的結果。

在554【動物感恩來幫忙】這一故事類型的表現上，做為幫助者的動物，大都以看似沒多大能耐的小動物為主，像是蜜蜂、螞蟻、青蛙等，中彰民間故事，在幫助者的身分上，則獨鍾「田螺」；動物幫助恩人的方式也很多，包括穿牆、咬壞械具、飛在某人頭上助其辨識等，中彰民間故事，在幫助者施救的方式上，則都是讓田螺以身體寫下警告恩人的詩句；恩人遭遇困難的情形雖多，大陸地區的文本以遭遇牢獄之災為數最多，這一點中彰地區的文本則與其一致；主角遭逢牢獄之災的原因，在中國地區的文本是較多樣的，而在中彰地區，則清一色指向姘夫的陷害。就整體而言，中彰民間故事在這一故事類型的表現上，在幫助者施救的方式及恩人所遭遇的困難上，都具有濃厚的中國傳統，而其它方面，則有著中彰地區的區域性特質。

【太陽國】這一故事類型，在中彰民間故事中不是一個熱門的故事類型。唯一的文本所展現的內容，仍秉持著「貪欲焚身」、「不知足者自取滅亡」的模式進行，而故事的結尾，也與浙江、上海的大多數文本一樣，將「人為財死，鳥為食亡」的這一句俗諺與故事粘合，呈現出中國式的訓誡意旨，較無地方性色彩。

【早發的神箭】是一個區域性的故事類型，它常以傳說形態出現，內容緊密附著於一定的歷史人物、自然與人文環境。在這一故事類型的表現上，中彰民間故事的文本，也依循著這樣的模式發展。因此，與上一個【太陽國】的故事類型明顯不同——這一類型的文本，有著濃厚的區域性色彩。故事裡的主角人物——林大乾或朱一貴，都是台灣地區差點當上皇帝的著名傳說人物；而故事內容中重「風水」的觀念及協助主角的「道士」，則是在中彰地區的故事文本經常出現的。這個未能射中的皇帝夢，有著濃厚的台灣味。

【兄弟皆好漢】這一故事類型是世界性的故事類型，但比起西方世界，中國地區的文本，兄弟數較多（西方多為四個，中國則以八或十個居多），而眾兄弟所擁有的奇異才能，也確如丁乃通所言：「比國際標準中離奇的

多，因此情節也更加複雜」。中彰民間故事，在這一故事類型的表現上，與中國是相近的：故事的樂趣，是在眾兄弟令人驚奇之特異才能的展現；而故事的精神，則在於「人多好辦事」與「團結力量大」之思維的突顯。並且，如果是八兄弟的話，他們的出身也與中國一樣，常與「八仙」粘合。

【懂鳥語的人】這一故事類型，在中彰民間故事中頗受歡迎，文本數量居本章之冠。它是一個具有深厚中國傳統的故事類型，在這個傳統中，主角「因識鳥語入獄，又因識鳥語出獄」是故事內容的敘事中心。中彰民間故事，在這一故事類型的內容表現上，幾乎所有的文本都仍維持了這一傳統的敘事中心，只是在這一傳統的敘事中心裡，中彰民間故事更強調的是主角並不在意鳥的回饋要求，所以，鳥便告訴他假的消息，主角也因而被誤認為是殺人兇手而入獄，算是鳥對主角之失信的一種復仇。讓故事流露出人也應對動物有所誠信的精神，即使是小小的一隻鳥也應如此。另有兩則的敘述，則增加了主角因吃了蛇的唾液，才有了懂鳥語的這一能力，則表現出對蛇的一種特殊崇拜。

【命中注定的財寶】及【荒屋得寶】是兩個重在表現「財寶自有主人」的故事類型。而所謂的「財寶自有主人」，其幻想性超越它的命定性，例如：財寶自身本來就刻有主人的名字、神仙幫某人託管著財物等等。中彰民間故事在這兩個故事類型的表現上，除了仍維持這樣的特性之外，故事內容中，又把「風水」的觀念滲入其中，這便又再一次顯現中彰地區對「風水」的看重或迷信。

與上一章的「幻想故事」相承接，就類型與文本的數量看來，「幻想故事」在中彰民間故事中都是為數較多的，這在在都顯示出中彰地區的漢民族，對於幻想故事的傳播與聽聞充滿著熱情。

附表3

一般民間故事──幻想故事之二（460-749）類型編目

中彰民間文學集之冊數及頁數號碼	篇目名稱	故事類型之名稱及編號
中縣⑮東勢鎮客語故事集二p.148-154	賣香屁	丁1655【有利的交易】（金1655【失小得大】）＋丁503E、金542、胡540*【狗耕田】＋丁503M、金715B、胡503A【賣香屁】
中縣㉞東勢鎮閩南語故事一p.164-173	賣芳屁	丁1655【有利的交易】（金1655【失小得大】）＋丁503M、金715B、胡503A【賣香屁】
彰化縣民間文學集7 P.92-97	賣芳屁	丁1655【有利的交易】（金1655【失小得大】）＋丁503E、金542、胡540*【狗耕田】＋丁503M、金715B、胡503A【賣香屁】
中縣㉖東勢鎮客語故事集四p.68-76	好個老阿公同歪個	丁503E、金542、胡540*【狗耕田】
中縣⑬沙鹿鎮閩南語故事集二p.72-84	田螺報恩的四句詩	丁554、胡554*【感恩的動物】金554【動物感恩來幫忙】
中縣⑬沙鹿鎮閩南語故事集二p.86-95	田螺報恩	丁554、胡554*【感恩的動物】金554【動物感恩來幫忙】
中縣㉞東勢鎮閩南語故事一p.86-94	海螺仔報恩	丁554、胡554*【感恩的動物】金554【動物感恩來幫忙】
彰化縣民間文學集9 P.232-239	無肚量合有天良（民間故事）	丁、金555A、胡555**【太陽國】
中縣㉓梧棲鎮閩南語故事一P.36-45	林大乾的故事	丁592*【險避魔箭】（胡【早發神箭】、金592B【神箭早發】）
彰化縣民間文學集9 P.150-158	楊本縣敗地理	丁592*【險避魔箭】（胡【早發神箭】、金592B【神箭早發】）
中縣⑫沙鹿鎮閩南語故事p.42-63	八個兄弟	丁653【才藝高強的四兄弟】、金653【只弟皆好漢】653**【超凡的好漢兄弟】
彰化縣民間文學集9 P.202-221	奇兄怪弟（民間故事）	丁653【才藝高強的四兄弟】、金653【只弟皆好漢】653**【超凡的好漢兄弟】

中縣⑪東勢鎮客語故事集 p.104-109	雞嫲個話	胡670*【懂鳥語的人】
中縣⑱大甲鎮閩南語故事 一p.96-100	鵝鬙的由來	胡670*【懂鳥語的人】
中縣㉒清水鎮閩南語故事 一P.80-84	鳥仔雄	丁、金673A、胡670*【懂鳥語的人】
中縣㉓梧棲鎮閩南語故事 一P.124-134	公冶長的故事	丁、金673A、胡670*【懂鳥語的人】
台中市民間文學采錄集④ P.156	谷元長內山虎食羊	丁、金673A、胡670*【懂鳥語的人】
彰化縣民間文學集7 P.194-201	公冶長（民間故事）	丁、金673A、胡670*【懂鳥語的人】
彰化縣民間文學集9 P.176-185	公冶長（民間故事）	丁、金673A、胡670*【懂鳥語的人】
中縣⑬沙鹿鎮閩南語故事 集二p.64-70	水雞記仔	丁、胡745A【命中注定的財寶】（金【財各有主命中定】）
中縣⑬沙鹿鎮閩南語故事 集二p.104-134	風水仙	丁856【和一個假冒的男人私奔的姑娘】+金745B【荒屋得寶】
中縣㉓梧棲鎮閩南語故事 一P.142-167	黃文黃武的故事	丁、胡745A【命中注定的財寶】（金【財各有主命中定】）+丁856【和一個假冒的男人私奔的姑娘】
彰化縣民間文學集4 P.24-67	九代窮（民間故事）	丁、胡745A【命中注定的財寶】（金【財各有主命中定】）

第四章　一般民間故事──宗教神仙故事

引言

　　原AT分類系統裡，編號750-849只稱為「宗教故事」，項下還分為五個次類，包含「神的賞罰」（750-779）、「真相大白」（780-799）、「天堂之人」（800-809）、「和魔鬼打交道的人」（810-814）以及「其他宗教故事」（815-849）等五類。金榮華編其索引類目的時候，依照大量中國民間故事的特性，將這一類的故事總目從「宗教故事」改為「宗教神仙故事」，並將最後一項的次類目，也從「其他宗教故事」改為「其他宗故神仙故事」，因為「中國的神仙故事和AT所謂的『宗教故事』是同一性質的，都不是宗教教主的故事，也與宣揚宗教的教義無關，但從『宗教故事』這個名稱看，很不容易把它和神仙故事聯想在一起，因此把它改稱為『宗教神仙故事[1]』。」擴大它的包容性，使其得以將中國民間有關這一類的故事，可以放在更適當的位置，並更準確地顯現其故事類型的特徵。

　　民間文學不只是文學而已，由於它來自於基層的群體大眾，因此，還常常能使它成為是一個區域人民之認知系統的憑藉。所以，雖然故事只是故事，但有時候故事並不只是故事。在這一系列的「宗教神仙故事」當中，我們也可藉此明瞭區域性的民間信仰思維。就以中彰民間故事為例，雖然「宗教神仙」故事項下還分為五個次類，但「中彰民間文學集」裡的故事，如附表4所見，其故事類型卻大量集中在第一類「神的賞罰」之項下，這便是一

---

[1]　金榮華：《中國民間故事與故事分類》（台北，中國口傳文學會，2007），頁95。

個很有意思的特點。

　　神為什麼會賞？為什麼會罰？又怎麼賞？怎麼罰？說得更清楚些，事實上是「群眾認為」人做了什麼好事值得神的獎賞？人做了什麼壞事應該被神懲罰？又「群眾認為」如何獎賞與懲罰才是最大快人心的？這些思維都會在故事中有所呈現。所以，我們可以說，這一類的故事，不僅能看出某一區域群眾的民間信仰，同時也能對某一區域民眾的價值觀有所認知與瞭解。中彰民間故事，在「宗教神仙」故事的這一範疇，也有不少的文本，除了能讓我們瞭解到此區域人民在這一範疇的故事中，他們對故事的喜好與樂趣為何外，對於我們瞭解此區域人民的信仰思維或價值觀，也能提供一些線索與憑藉。

一、【前世有罪孽投胎為畜生】及其相關子類
——因果報應的思維

　　胡萬川在AT分類系統編號761的項下，增設了好幾個與「因果報應」相關的新子類，包括761A*①【前世欠債今世還】、761**【前世因緣今世親人】及761***【累世因果報應】等。而每個新子類的項下，都有為數不少（超過3個）的文本，確實足以形成新的子類。而在「中彰民間文學集」中，有許多文本與其新設子類的故事結構發展是相同的。因此，胡萬川在AT分類系統編號761項下所設的新子類，「中彰民間文學集」也都有符合的文本，值得仔細探究。

　　761A【前世有罪孽投胎為畜生】是丁乃通的《索引》裡本來就有的故事類型，胡萬川的《索引》亦有這個故事類型的編號及名稱，其故事大要敘述則更為仔細，其敘述如下：

　　　Ⅰ有個人借錢給他人或向人借錢。

　　　Ⅱ故意佔對方便宜，不承認對方的還款或賴帳。

　　　Ⅲ他死後變成畜牲，在被他佔便宜的人家中工作還債。

　　　Ⅳ債一還完，生命就結束了。

而在這一子類的【說明】欄下，胡萬川做了如下的說明：

> 〈十八羅漢〉前半部是屬於【前世有罪孽投胎為畜生】類型的故
> 事，後半則附會羅漢傳說故事而成。
> 　　AT分類法中編號761為【殘酷的有錢人變成惡魔的馬】，講的是
> 一個農夫受到神奇幫助者的協助，完成壞心的地主所給予的任務。最
> 後，他告訴主人他使用的那匹馬，就是富翁來自地獄的祖先所變的。
> 本索引的編輯凡例，故事情節類似而角色不同於編號後加英文字母，
> 故事情節如差異較大則於編號後加星號，因此本索引將此故事編列為
> 761A。

胡萬川的敘述當中，我們可以知道原本761號的類型，雖然有「人變動物」
的情節單元，但並沒有佛教「因果輪迴或報應」的意味，但761A號卻與佛教
的因果輪迴報應是有關的。

　　胡萬川的索引以台灣的文本為主，所以，基本上我們可以這麼說：台
灣的許多群眾，深信佛教所說的輪迴與因果報應說；或者說，因果輪迴報應
思維是台灣民間信仰的重要元素之一。基本上，台灣地區的宗教神仙故事，
「因果輪迴與報應」是基調之一，而中彰地區的宗教神仙故事，也與此路線
相同。雖然說，宗教神仙故事，不是某宗教教主的故事，也與宣揚教義無
關。但在西方的故事中，你總可以看到基督教在故事裡的影子，那麼在東方
或在佛教曾經傳播的國度裡，看到了佛教的痕跡，也就不足為奇了。

　　有關【前世有罪孽投胎為畜生】這種充滿輪迴報應思維的故事，實際上
在中國的筆記小說中便時有所見，例如明代陸粲所撰的筆記小說，《說聽‧
郡吏變牛》及《說聽‧鄧成十六》這兩篇，便都是述說主角因前世造惡業轉
世為牛的故事。以《說聽‧郡吏變牛》為例，其內容如下：

> 正統間，郡吏張一者，領上官檄如松江，經常熟，避雨一農舍。
> 其主知其吏也，延坐，烹肥割鮮，意甚殷勤，遂宿其家。陰雨連綿，

留三日乃去。臨別依依不忍分手。吏初感之。及還，思其家充裕，忽起惡念曰：「是可術餌也。」教獄中強盜誣指之，而復使人往報，曰：「可來豫計也。」其人恐，遂求救於吏。吏索金百兩，曰：「我為汝營脫。」其人欣然與金，乃斃其盜而解之。

其家甚德吏，初不知詭謀也，愈益親之。未幾吏死，其人夢吏衣冠入門，覺語妻曰：「張提控何為而來手？」是日母牛產一犢。吏之子夢其父告曰：「吾向者詐取某人財，今被冥司降罰為其家牛，汝可贖還，毋洩，恐為人笑也。」

其子遣僕持厚價托言：「吾主棄吏業農，使我市牛。」其人謝無有，則謂之曰：「公家犢可用手？」其人不可，乃還。其子又夢父曰：「彼必不售，當以情懇。」子如其言，遂得牛。飼之若父，數年死[2]。

上述故事內容中，張郡吏便因詐取別人錢財，被冥司降罰為被訛詐之人家的牛，只是他還很幸運的能托夢其子贖還，並沒有受到虐待。另一篇《說聽・鄧成十六》，寫主角放高利貸剝削鄉民，使人家破，在其死後變身為牛，則是常受鞭笞的。

761A【前世有罪孽投胎為畜生】，這個故事類型所隱含的民間信仰思維，實際上呈現了佛教教義裡所謂「業」、「因果」及「輪迴」的想法。

業為造作之意，為人之活動而表現於事相者。……心所構想曰意業，或思業，將所思發出口曰語業，付之於行為曰身業，此名三業。……善惡之行為，為苦樂之因，又稱為業因。其在過去者曰宿業，現在者曰現業。

由意業而言，人之意志向某一方面活動而造成自己之特性，此特性所發出之作為，其業力可以造成自己之命運，命運之好壞，名曰業

[2] 祁連休：《中國民間故事史・明代篇》（台北市，秀威資訊科技，2011.11），頁33。

果，或曰業報。佛家謂業果業報永遠不滅，……所謂不滅，非僅自現世觀之作善者流芳千古，作惡者遺臭萬年而已；業果決非以一期生命之死亡而終結，死亡為五蘊之身循物理之法則，由聚而散，生命並非物質，故人所造之業，並不因身體之死亡而消滅；……現在之心身為過去某一類之業力所規定，而現在又添加新業，有佔優勢之業力，起而重新發展，由此一業系而移到另一業系，發展新生命，如流水之波波相次，如燈炷之焰焰相續，如此死生流轉而輪迴不已[3]。

由上述內容可知，在佛教裡「業」是一切因緣的基礎，所謂「因果」與「輪迴」，也都因「業」而起。故事中說到「投胎為畜生」，便已是一種「輪迴」觀，「前世有罪孽」才「投胎為畜生」，這又顯示了所謂的「因果」觀，「前世有罪孽」是他造的「業因」，下一世成為畜生則是他的「業報」。所以整個故事顯現出佛教因果輪迴報應的思維是非常顯而易見的。而其它三個新子類：761A*①【前世欠債今世還】、761**【前世因緣今世親人】及761***【累世因果報應】也都有佛教因果輪迴報應的思維，就不再多加贅述。

在故事中，我們瞭解到中彰地區的民間信仰思維，深受佛教因果輪迴報應的影響，在此我們還要探討的，則是做了什麼事，是最該得到報應的？由761A【前世有罪孽投胎為畜生】的故事大要中，我們看到所謂的「罪孽」是因為主角「借錢不還」或是「賴帳」，所以他下輩子就投胎成畜生，做苦工去償還他上輩子欠的錢。所以在群眾的認知當中，欠錢不還是極大的一種「惡業」。

又胡萬川761A*①【前世欠債今世還】，其故事大要如此寫到：

> Ⅰa一個人做了很多好事卻未得到好報，因三種災難而死（或死時遇到三種災難。）b一個工人，雇主只管吃住，不付他工錢，（或

---

[3]　周紹賢：《佛學概論》（台北，臺灣商務印書館，1984.05），頁39。

為了省錢而不幫他成家），而用計誣賴他（老闆娘誣賴長工非禮她），讓他不能在當地生存。

Ⅱa眾人不明所以，去詢問高人後，方知因果關係。b工人氣不過而想自殺，遇到一個和尚開解他：這樣的遭遇是因果所造成的。要工人先躲在樹上，馬上會看到一椿因果報應發生。

Ⅲa原來此人在前世為惡，上天（神）本要給他三世的處罰，但<u>因為他這一生做了許多好事，所以才把應三世的處罰在一世罰完</u>，讓他下一世出生富貴。b一員外來到樹下，把銀子枕在頭下休息，一個小偷把錢偷走，之後又有一個肉販的到樹下乘涼，員外醒來發現錢財不見，以為肉販的所偷，兩人起了爭執，結果肉販把員外殺害。

Ⅳb和尚對長工解釋：小偷前世為富人，肉販是窮人，向富人借錢，員外幫窮人作保，因窮人還不出錢，被保人所殺。

Ⅴb長工問和尚：今生有誰欠他？和尚給他一些糧食，要他走某條路，約定三天後見面。

Ⅵb工人遇到一個女子，在她家住了三天，有了肌膚之親。和尚告訴工人，因他前世曾救過那個女子，所以她今生還他。

Ⅶb工人問他往後該何去何從？和尚又指引他一條路。工人遇到一個寡婦，寡婦雇用他工作，後來和她結婚生子，之後兩人到某座廟拜拜，發現當初遇到的那個和尚在這裡當住持。

由上述的故事大要可以知道，「欠錢不還」仍舊是一大惡業，除此之外，「誣賴」別人也要遭到報應，而「殺人」則一定得「償命」。另外，故事大要中有一段提到：「因為他這一生做了許多好事，所以才把應三世的處罰在一世罰完」。在佛教裡，每一世的輪迴都是一種苦痛，如果三世輪迴才能完成的業報處罰，能在一世中完成，就已是對他今世的善業所回饋的一種福報了。不過故事大要裡，也呈現了市井小民，「救人一命」就要別人「以身相許」的思想糟粕。

而761**【前世因緣今世親人】，其故事大要如此寫到：

Ⅰ有個人a常虐待他的牲畜b兩個人有債務糾紛，其中一人故意佔對方
　便宜，或欠債未還。

Ⅱ下一世，a轉世為夫妻（牲畜轉為丈夫，主人轉為妻子）b債權人轉世
　為欠債者的子女來討債（或欠債者轉世為債權人的孩子來還債）。

Ⅲa丈夫老是打妻子，打到妻子受不了；或是丈夫棄家不顧，讓妻子
　吃盡苦頭。b來討債的孩子常生病又驕縱，花很多家產後過世；來
　還債的孩子不受寵甚至被趕出家門，自食其力後獲得成功。

Ⅳa一個仙人或智者，把他們前世的因緣告訴妻子，並教她如何把債
　提早還完。b父母悟出早逝的孩子是來討債的，至其墳放火洩憤，
　反燒到別人的東西，再賠了一筆錢，前世債務方了結；來還債的孩
　子成功後，父母反依其生活。

上述這一故事類型，除了與前面兩個子類一樣，仍然認為「欠債未還」是惡業
之外，還有兩個想法也是很民間的。一是強調夫妻之間或父母與子女之間，都
是相互欠債的，才會成為一家人。這樣的思維，最主要應是舊社會裡，要家人
間應有相互忍讓的美德與肚量吧，然而這也呈現出舊社會思想的糟粕，尤其
故事裡「老公不斷打老婆」，業因就是前世老婆常常虐待牲畜，老公就是前
世那個被虐待的牲畜，所以今世「打老婆有理」，這似乎是舊社會裡，為不
正當的家暴找尋正當理由，並不可取。二是故事裡所呈現的萬物皆應平等的
思維。縱使是其它的動物，牠沒有辦法以言語跟你溝通，但牠可能就是你前
世的親人，或是牠也可能成為你後世的親人，虐待牲畜與虐待人一樣，都會
是一種惡性重大的「惡業」，往後會遭遇到的「業報」就一定是很慘重的。
　　另一故事類型，761***【累世因果報應[4]】，內容正如類目名稱所示，講

---

[4]　761***【累世因果報應】，其故事大要如下：

Ⅰ有兩間廟，一間廟的和尚總是早起，另一間卻總是睡過頭。

Ⅱ晚起的和尚問早起床廟裡的和尚，才明白他們廟裡神桌下有隻會定時叫他們起床的
　蚯蚓。

Ⅲ晚起的和尚把蚯蚓燙死，蚯蚓受到廟裡和尚的超度而有靈魂，到地府告狀。

Ⅳ睡過頭的和尚不久也死了，轉世為猴子，蚯蚓則轉世成人。

的就是佛教因果報應報的故事，內容更重轉世輪迴的因果報應觀，而且動物與人之間不斷的替換輪迴，是一個很典型的佛教因果報應故事。

如附表4所見，「中彰民間文學集」中，屬於761A【前世有罪孽投胎為畜生】有2則、屬於761A*①【前世欠債今世還】的有3則、屬於761**【前世因緣今世親人】的為數最多有7則、屬於761***【累世因果報應】的則有2則。

從這一系列故事文本的數量看來，761**【前世因緣今世親人】的文本數量最多，這顯示出中彰地區的民間故事，喜以「因果報應」思維，去表述人倫關係。台語有句俗諺：「尪某（夫妻）是相欠債」，也是這種思維的顯現。如上所述，以大家庭為主的傳統社會，「忍讓」是家庭成員間重要的相處之道，甚而夫妻之間要和睦相處，「忍讓」也是必須的修養。中彰民間故事，甚而是台灣其它地區的民間故事，都習慣以佛教因果輪迴報應的思維表述，去給「忍讓」一個絕對性的因緣理由。

二、【尋寶者互相謀害】——人為財死 鳥為食亡

丁乃通在AT763號編了一個故事類型，名稱為【得寶者互相謀害】。金榮華則將這一類型名稱及編號改為969【得寶互謀俱喪命】，而其故事大要如下：

> 兩個人在山林中發現了藏銀，但都已餓了，於是決定一人留守，一人往市鎮買飯菜。留守者要獨吞藏銀，等到買飯菜的同伙回來後，就將他殺死，然後把飯菜吃了，準備搬取銀子。不料被殺的同伙在買飯菜時，也想獨吞藏銀而在飯菜中下了毒，因此他還來不及搬運銀子便毒

Ⅴ因果機緣下，蚯蚓做了好事，又順勢把前世害死他的和尚（猴子）害死。

Ⅵ蚯蚓因為第二世做了許多善事，於是又再次投胎，變成皇帝。

Ⅶ皇帝有次要路過他當蚯蚓時住的廟，在那裡得知了他的前世，了解因果輪迴。

Ⅷ皇帝想到廟裡修行，但他的妃子不願意，於是用計想讓和尚破戒。

Ⅸ和尚智取妃子，把妃子所做包子中的葷食挑出來，甩出包子，變成蔥、蒜……等。（這就是素食者不吃蔥蒜這些菜的原因）皇帝也放棄帝位，到廟裡修行。

發而一同身亡。

胡萬川則依丁乃通原來的AT編號，只是將類型名稱改了一個字，名為【尋寶者互相謀害】，其故事大要[5]的結構，基本上與金榮華是相同的。

　　AT763屬於神仙宗教故事之「神的賞罰」（750-779）的範圍，而AT969則屬於生活故事之「盜賊和謀殺的故事」（950-969）的範圍。胡萬川認為「這類故事的目的是在警戒貪心者，貪心會有惡報，有著強烈的宗教與道德意涵。」基於這樣的理由，胡萬川認為這一故事類型仍應放在AT763。

　　故事的「目的」如何，以及故事的「意涵」如何，並不是故事分類的依據，除非故事的內容「直接呈現」那些意涵與目的。舉例而言，如前述的761A【前世有罪孽投胎為畜生】，以及後面即將論述的779D【天雷打惡媳】，故事內容就明白呈現——「賴帳不還」或「不真心孝順婆婆」都是「惡行」，而針對這些惡行，神的懲罰——投胎為畜生、被雷打死，也直接呈現在故事內容中，因此，這兩個故事類型，就沒有異議地置於「神的賞罰」（750-779）的範圍之內。但就故事意涵而言，有道德訓誡意涵的故事類型，它們散佈於動物故事、神仙宗教故事或生活故事之中，並不以道德訓誡意涵為依歸，而集中於某一個範圍之內。

　　【尋寶者互相謀害】這一故事類型的核心內容，便是發現寶物的人，他們各懷鬼胎，最後卻同歸於盡。將此核心內容視為盜賊們的賊性特點，或將其視為謀殺故事的通常結局，都應是合理而貼切的。所以，這個故事類型被置於「盜賊和謀殺的故事」的範圍之內是合理的。不過，若警戒的意識濃厚些，認為「各懷鬼胎」最後會是「同歸於盡」，便是一種「現世報」，似乎也不無不可。這也應該是丁乃通及胡萬川會將這一故事置於AT763的原因吧！

---

[5]　胡萬川763【尋寶者互相謀害】，其故事大要如下：
　　Ⅰ三個人同時發現一財寶，各自心懷鬼胎，都想獨吞財寶。
　　Ⅱ其中一個去買酒菜，在酒菜裡放毒。
　　Ⅲ買酒的人回來時，另外兩個人把他打死。
　　Ⅳ剩下的兩個因為吃了有毒的酒菜而身亡，一些鳥來吃剩下的食物，也中毒死亡。

在「中彰民間文學集」中，如附表4所見，屬於這一故事類型的文本有3則，故事內容的結構，基本上都與胡萬川所述的非常接近。尤其，其中有兩則還都是以「人為財死，鳥為食亡」的成語做為故事名稱，企圖將成語的警戒意義直接呈現於故事內容中。就以《彰化縣民間文學集18》的那一篇〈人為財死鳥為食亡〉那一篇為例，其故事內容如此敘述：

　　有三個兄弟，他們去開墾山地種鳳梨，結果竟然挖到一甕龍銀，其中一人提議：「這甕龍銀就咱們三人來平分好了。」於是三個人就按順序，你一個、我一個，從頭開始平分。分到最後，甕底竟然只剩下兩個龍銀，沒辦法平分了。另一人說：「不然我們把那兩個龍銀拿去買酒來喝一喝，買些米粉來炒一炒、吃一吃。」

　　於是就派其中一人，拿著那兩個龍銀去買了很多酒和菜。從前的錢比較值錢，可以買很多東西。那個去買菜的人心想：「這甕龍銀如果由我自己獨得該有多好啊！」每個人心裡都有一個貪念，多還想再多就是了。

　　那個去買菜的人在想，另外那兩個也在想，那兩個人說：「咱們兩人來分，還分得比較多呢！」那兩個人就在那裡商量：「現在那個人去買菜回來煮，煮好之後，咱們就把他給打死，咱們兩人來分會比較多。」那個去買菜的心想：「我現在酒菜買一買，順便買一包毒藥回去，東西煮好之後，就把毒藥加進去，讓他們兩人吃，等他們兩人被毒死後，這甕龍銀就是我的了。」

　　那個去買酒菜的人買回來之後，把東西煮一煮，順便把毒藥加進去，說：「你們兩人去吃吧！快喝吧！」那時候，那兩個人還沒有喝的時候，他們就說：「咱們把他打死吧！」一個捉著，一個從頭打下去，就把那個買東西的人給打死了。打死之後，那兩人不知道他煮的食物有加毒藥，說：「這個人已經被咱們打死了，咱們兩個把這甕龍銀分一分，兩個人分得比較多。」分好之後，說：「咱們兩個來喝吧！」喝一喝，三個人都死了。三個人死了之後，一些鳥兒飛來吃，

鳥兒也死了。

　　後來，有一個窮人，他的父母長輩已經窮九代了。這個人要去京城參加科舉考試，他的父母把家裡所有的錢全部拿給他都還不夠！晚上不敢睡在旅社，都睡外面；有時只吃飯和喝茶而已，這樣還是不夠花！這個人剛好走到那裡，天黑了，就躺在那裡睡覺。天一亮，眼睛一睜開，看到怎麼會有三個人死在這裡，還有一些鳥也死在這裡？旁邊還有一甕龍銀在那裡？那人一看，就說：「這樣看起來，這些龍銀是我該得的！如此一來，我進京趕考的路費就有了！」那個人就把那甕龍銀給拿走了，然後寫了一句話：「人為財死，鳥為食亡。」貼在那裡。

　　上述故事，除了主角說成是「三兄弟」，但故事內容中的人物互動，又無任何「兄弟」的意味，顯現故事之述說較不成熟的一面外，其餘之故事內容的情節單元發展及結構，則與金榮華的故事大要，原則上是一致的。只是故事的最後一段，與整個故事的發展並不是那麼契合，也不一定需要，應不在最原始的故事構思模式中，而是在故事流傳的過程中，較後期才增添加上去的。其增添的目的，便是要把「人為財死，鳥為食亡」的這一句俗諺與故事做粘合，讓故事帶有「人為財死，鳥為食亡」的訓誡意義與色彩，以期故事能更具真實與生動性。這樣的做法，與前章所述的【太陽國】那個故事類型是如出一轍的。

　　據顧希佳〈人為財死，鳥為食亡——「太陽山」故事解析[6]〉一文所述，在大陸被拿來與「人為財死，鳥為食亡」這一句成語做結合的民間故事，為數最多的故事類型，是前章幻想故事中所論的【太陽國（山）】，而並非本章所述的【尋寶者互相謀害】的這一故事類型。然而在台灣，將「人為財死，鳥為食亡」與民間故事相粘合的，【尋寶者互相謀害】的這一故事類型，則比【太陽國（山）】這一故事類型則更為常見，粘合後的最大的特

6　劉守華主編：《中國民間故事類型研究》（顧希佳：〈人為財死，鳥為食亡——「太陽山」故事解析〉，武漢，華中師範大學出版社，2006.12），頁313-323。

點，便讓人覺得這似乎是一則成語故事。但事實上，成語的形成，則不一定早於故事幻想內容的成形。

三、【水鬼和漁夫】——慈悲的獎賞

在中國民間故事當中，屬於「水鬼和漁夫」這一類的民間故事為數不少，但是在AT分類體系中，丁乃通本的類型索引，並沒有記錄這一類的故事，當然也沒有為這一類的故事給予AT類型編號。首先將這一類的故事置於AT分類體系中，並給予AT類型編號的是金榮華先生。他將「水鬼和漁夫」的故事，依照放走替身的不同情形，又分為兩個小類：一是【落水鬼仁念放替身[7]】，另一個是【漁夫義勇救替身[8]】。金榮華〈落水鬼仁念放替身——「水鬼漁夫型」故事試探及其型號之設定〉一文，為此類故事的流傳、蒐集、特點，以及AT類型編號的設定，有著詳細的說明，其重點如下：

像「水鬼漁夫」這樣的故事，似乎只能在漢族文化區內廣泛流傳，阿爾奈和湯普遜（Aarne‧Thompson）的民間故事類型裡固然無緣收入和編號，後來丁乃通先生編的《中國民間故事類型索引》，也

---

[7]　金榮華776【落水鬼仁念放替身】故事大要：
　　一名漁夫和落水鬼交了朋友。一天，落水鬼告訴他，第二天將在某處討得替身，特來告辭。漁夫第二天便去躲在一旁觀看，果然有一名婦女，抱一嬰兒走來，不慎跌入河中，嬰兒則被拋在岸上哇哇大哭。不料那名婦女在河中浮浮沉沉以後，便爬上河岸，抱起嬰孩走了。當天晚上，落水鬼來和漁夫說，他不再離去了，因為那名婦女是來替代了，但她有一個嬰孩，母親若死，孩子無人撫養，也必死無疑，為替代一人而喪兩人生命，於心不忍，所以就放棄了。可是過了幾天，落水鬼又來辭行，原來是上天獎賞他對婦女和嬰兒的一念之仁，授命他去別處擔任土地或城隍，要漁夫有空時去看他。後來漁夫去探望他，他托夢給鄉人好好招待漁夫，並且有所饋贈。

[8]　金榮華776A【漁夫義勇救替身】
　　一名漁夫和落水鬼交了朋友。一天，落水鬼告訴他，第二天將在某處討得替身，特來辭別。漁夫聞知後，即於次日前往阻撓，救下替身。當晚水鬼來責怪漁夫，漁夫好言勸慰。一連幾次以後，天帝以落水鬼長年不傷人命，升為城隍；或是特准他去投胎為人，不用再找人替身。

限於材料而沒有記錄。然而這個故事的異說，今古合計，筆者所知已有四十六則，成為一個類型已無疑議，茲就AT分類法設定其型號如下，以為《中國民間故事類型索引》的一個補充：

（一）故事原型的情節重心，是落水鬼的仁心和它因此獲得了上天的獎勵，依AT分類法應當歸入750-779號間之「上天的獎懲」類。今檢750-779這號750-775和777-779都已有配屬，只有776號尚未使用，因之設定其型號為776故事的類型名號，依鍾敬文先生所訂作「水鬼與漁夫」，另加副題「落水鬼仁念放替身」，俾與後來產生的另一種說法有所區別。這一型故事目前所知有十九則。

（二）後來把水鬼放人，改為漁夫救人的說法，基本結構上固然和原有的故事大體相同，但主角易位意義也不太一樣，應是原故事的變體，因而就原故事之776號而設定其為776A類型，名稱也是「水鬼與漁夫」，但副題作「漁夫義勇救替身」以示區別。這一型故事，目前所知有二十七則[9]。

金榮華依故事情節的重心及AT體系之類號的使用情況，又將「水鬼與漁夫型」故事的發展模式，再細分為兩種：【落水鬼仁念放替身】和【漁夫義勇救替身】。並在AT分類體系中的750-779號間之「上天的獎懲」，將其置於其中的唯一空號776號，並以【落水鬼仁念放替身】為776號的主型，而將【漁夫義勇救替身】編為776A。而從上述內容我們也可以知道，「水鬼和漁夫」的故事，基本上它不是像「灰姑娘」的故事那樣──是屬於世界性的故事類型。相反的，它是一種區域性的故事類型──屬於漢族文化區的故事類型。筆者認為，這種情形的產生，最主要應與漢族人民的鬼神信仰思維有密切的關係。

---

[9]　金榮華：〈落水鬼仁念放替身──「水鬼漁夫」型故事試探及其型號之設定〉，《民俗與文學學術研討會論文集》（高雄，國立中山大學中國文學系，1998.11.15），頁456-457。

　　漢族的市井百姓，一般認為人死為鬼、但人死也可以成神（如關公）；鬼可以投胎為人、鬼也可能一直當鬼、當然鬼也可以成神；而在某些情況下，神也可以化身為人。漢族百姓對人與鬼、神之間的關係，存在著「可轉換」的鬼神信仰思維，而這三者間又以神的地位最為崇高，至於人與鬼之間的關係則較為複雜，人與鬼之間可能是對立的，人與鬼之間也可能是互助的。因此，有鬼害人、人怕鬼、鬼助人、人幫鬼……等不同的情形，這些想法與觀點，也是民間故事中水鬼可以與漁夫為友、漁夫勸阻可以成功以及水鬼所得到的獎勵是去當神（土地公或城隍）的思維基礎。漢族市井百姓對水鬼與人之互動關係的特有思維，是故事進展的基礎，也是故事展現娛樂性的關鍵點，同時也是道德訓誡能以鬼故事做為展現的依憑。

　　依據顧希佳對「漁夫水鬼型」故事在歷史上的軌迹追溯[10]，人與鬼的關係，在中國市井百姓的思維裡，人鬼對立的關係早於人鬼互助。在南宋乾道年間成書的《新編分門古今類事》中，有一篇題為〈黃裳與水鬼〉的故事，講的便是水鬼要找替身的故事，但水鬼的計畫卻被一個將來要當狀元的讀書人所阻止與破壞，水鬼知其是貴人僅能無可奈何，內容中水鬼與人是沒有任何交情的。在明代的筆記中，類似〈黃裳與水鬼〉的文本，有鄭仲夔《耳新》卷七之〈蘗溪陸茂才〉、談遷《棗林雜俎》卷下之〈曾銑〉。但值得特別注意的是，沈周《石田雜記》之〈黃天蕩漁者〉這一文本，則出現了新的說法——先是水鬼幫助漁夫捕魚、又幫助漁夫占卜並使其致富，然後漁人則為水鬼作荐，送它回鄉。這一個說法，水鬼與漁夫之間已建立起深厚的友誼，其情節結構與後世的故事型式已經開始接近。

　　到了清代，「水鬼和漁夫」這類故事留存在書面的資料也就更為豐富，其中最為有名的，應是《聊齋誌異・王六郎》這一篇。顧希佳〈清代筆記中水鬼漁夫型故事的比較研究[11]〉一文，對「水鬼和漁夫」留存在清筆記中的

10　劉守華主編：《中國民間故事類型研究》（顧希佳：〈己所不欲，勿施於人——「漁夫和水鬼」故事解析〉，武漢，華中師範大學出版社，2006.12），頁248-261。

11　顧希佳：〈清代筆記中水鬼漁夫型故事的比較研究〉，《杭州師範學院學報》（1997年第2期），頁26-32。

各種書面資料有相當詳細的介紹分析與研究，其中便提到了《聊齋誌異‧王六郎》這一篇；而劉守華的《中國民間故事史》，在「明清民間故事」這一部分，還專門立了「〈王六郎〉和漁夫水鬼型故事[12]」一節詳加討論。而〈王六郎〉的故事內容結構，其情節發展模式，則幾乎已與上述金榮華【落水鬼仁念放替身】的故事大要是一致的。

　　顧希佳〈己所不欲，勿施於人——「漁夫和水鬼」故事解析[13]〉一文中，將776【落水鬼仁念放替身】稱為「水鬼仁慈」型；776A【漁夫義勇救替身】則稱為「漁夫勸阻」型。顧希佳認為，這類故事所要表現的正是孔子所謂「己所不欲，勿施於人」的一種修為（「水鬼仁慈」型的故事尤其如此），顧希佳如此說到：

> 這個故事之所以受到歡迎，被廣為傳播，當然並非因為它宣傳了諸如此類的鬼神迷信。而是因為它和許多傳統的鬼故事一樣，其實是被人用來影射現實社會的。在傳統社會裡，儒家歷來提倡仁慈，孔子所說的「己所不欲，勿施於人」，長期以來成為中國人道德修養的座右銘。而這個故事要告訴人們的，也正是這樣一個道理：凡事不能一味只顧自己，而應該設身處地多替別人著想。或者說，連鬼都能做到同情弱者，同情別人，何況人類；或者說，人世間有些損人利己的壞人，簡直連鬼都不如！正是由於這個故事在道德訓誡方面的這樣一種積極意義，所以才使它獲得了如此之多的聽眾[14]。

「己所不欲，勿施於人」的精神在民間故事中的呈現，雖不能說幾乎是隨處可得，但至少是時有所見，因為「己所不欲，勿施於人」其實已不只是儒家所提倡的仁慈，或是中國人修養的座右銘而已，事實上它可以說是中國的小老百姓對「正義」的最起碼要求。但要用一個鬼故事來表達這樣的精神，除

---

[12]　劉守華：《中國民間故事史》（武漢，湖北教育出版社，1999），頁440-446。
[13]　顧希佳：〈己所不欲，勿施於人——「漁夫和水鬼」故事解析〉，頁248-261。
[14]　劉守華主編：《中國民間故事類型研究》，頁250-251。

了市井百姓認同這種「己所不欲，勿施於人」的做人原則外，事實上，他們也要有類似的信仰思維——對人、對鬼及對神有著共同或類似的思維與想法，才能讓鬼故事得以成功地表達「己所不欲，勿施於人」的精神。事實上，也因為信仰思維上這一點的不同，使得「水鬼與漁夫」的故事，成為一個漢民族文化區的區域性故事類型，而不是世界性的故事類型。

　　敘述水鬼成為神明的民間故事當中，最主要有兩種：一是水鬼變成城隍、另一則是水鬼變土地公。「故事的發展路線，最主要都是敘述有一個水鬼，因為三次沒有捉替身。沒捉替身的原因，有的是水鬼出於一念之仁，放了替身；有的則是遭到水鬼的人間好友漁夫所破壞，導致水鬼沒辦法成功捉得替身。水鬼因沒有捉得替身，因而失去了投胎到陽世間的機會，但也因為如此被認為是『好心』、『發慈悲』，所以，水鬼也就因此有機緣可以去當土地公或城隍爺[15]。」這是在中國及台灣相當常見的鬼故事之一。

　　謝明勳〈水鬼漁夫故事析義——以聊齋誌異王六郎故事為中心〉一文也談到，水鬼漁夫的故事「值得人們注意的是，其事多會與強調以「德」成神，且深具「區域性」，「保護神」色彩濃厚之「城隍信仰」——中國民間信仰中最基層之神靈——相結合。……形成所謂「水鬼變城隍」的動人傳說，此一部分亦成為「水鬼漁夫型故事」之主要基調[16]。」，如上之敘述，又再次看出水鬼漁夫型之故事與民間信仰傳說之間的交互影響。

　　「中彰民間文學集」裡如附表4所見，屬於金榮華所編之776號系列之故事類型的文本總共有7則，為數可謂不少，可見「水鬼與漁夫」這一類的鬼故事，在中彰地區的傳播情形算是相當普遍，若以金榮華的歸類編號為原則，在這7個異本中，屬於776A【漁夫義勇救替身】的有5則，為數較多，屬於776【落水鬼仁念放替身】則只有2則。文本則數分佈多寡的情形，與金榮華對大陸地區之文本採集是相似的——776【落水鬼仁念放替身】者少，而

---

[15]　劉淑爾：〈從中彰民間文學的神明傳說故事觀其民間信仰思維〉，《勤益人文社會學刊》（第2期，2010年12月），頁56。

[16]　謝明勳：〈水鬼漁夫故事析義——以聊齋誌異王六郎故事為中心〉，《廣西梧州師範高等專科學校學報》（第19卷第2期，2003年5月），頁2。

776A【漁夫義勇救替身】者多。

　　值得再特別一提的是：不管是金榮華或顧希佳，他們都認為「水鬼與漁夫」的故事群中，不管是在故事主題意識或道德訓誡上的呈現，「水鬼仁慈」型的故事都能有較完美與積極的呈現。換言之，就文本表達的審美效益而言，【落水鬼仁念放替身】的說法，是優於【漁夫義勇救替身】的。然而，它的文本數卻是較少的，為什麼多數的講述者會有這樣的選擇？我想，這也許與人鬼間的關係思維是有關的——講述者認為人鬼對立的關係是重於人鬼互助的，他便選擇了【漁夫義勇救替身】的說法。

　　中彰民間故事裡，以「漁夫勸阻」型的文本為多，顯現中彰地區的群眾，對故事的審美效益似乎不是那麼注重；對於水鬼是不是「主動」放人，也似乎並不是那麼在意，反倒是「結果」水鬼最後沒有害人，便可以被認定是好心慈悲，值得嘉獎，則成了中彰地區對這一類故事的普遍認同。

四、【天雷打惡媳】——對假孝心的撻伐

　　編號779D，是金榮華在AT779號系列神之各種處罰與獎賞所新設的子類，類目名稱為【天雷獎善懲惡媳】，胡萬川之類型索引亦設有此編號類目，只是類目名稱稍有改變稱為【天雷打惡媳[17]】，而故事大要則相當一致。此一類型之故事大要，依金榮華之說法如下：

　　　　長媳富而不孝，幼媳貧而孝。婆婆與幼媳同住，家貧，平時沒有葷菜吃。一日，幼媳出外幫傭，帶回一隻熟雞腿給婆婆吃，但婆婆失手，把雞腿跌落尿桶，於是叫幼媳取出洗淨後給她吃。不久雷雨大作，幼

---

[17] 胡萬川779D【天雷打惡媳】，其故事大要如下：

　Ⅰ一個媳婦對婆婆很孝順。某天去做客時，自己捨不得吃而將肉帶回給婆婆吃。

　Ⅱ孝媳不小心把肉掉進糞坑裡。

　Ⅲ婆婆要媳婦把肉洗乾淨後給自己吃，但孝媳心中仍充滿內咎。

　Ⅳ天上打雷，孝媳原以為自己會受到懲罰，卻得到一罈銀子。

　Ⅴ一位不孝的媳婦如法炮製，反而被雷打死。

媳認為老天要懲罰她把不潔之物給婆婆吃，便跑去樹下受死，不料天雷打翻大樹，也翻出了土中的一堆白銀。長媳知道後把婆婆接去她家，殺了一隻雞，故意把一隻雞腿跌入尿桶，再撈起來洗了給婆婆吃。不久，天也下起雷雨，長媳以為有好事將至，也急忙跑去樹下。但是一個天雷下來，把她打死在樹下了。

依上述故事大要的內容看來，惡媳被天雷打死，是屬於佛教「三世果報」裡的現世報。胡萬川在AT761號系列所新設的子類中，我們便很清楚地看到佛教因果與輪迴報應的思維，在民間信仰中有深遠的影響，而從那一系列的故事類型中，我們也透過了所謂神的獎賞與懲罰探討了群眾的價值觀。

　　透過779D的這一個故事類型，則又可以發現一般大眾對「孝」的看重，尤其「婆媳」之間沒有血緣關係存在，與「母子」之間並不相同，但媳婦對婆婆盡孝仍是應盡的義務。透過這個故事類型，我們看到在群眾的價值觀當中，特別強調盡孝道時的出自「真心」，因為就結果論而言，故事中的媳婦都是拿了不潔的東西給婆婆吃，然而他們的「動機」卻善惡有別，所以他們也得到了完全不同的回報，「惡媳」被「天雷打死」，這在佛教的報應觀裡，是非常嚴重的現世報，換句話說：群眾認為「不孝」是「罪大惡極」的行為，而大群廣眾便以這樣的故事來傳達他們的價值觀。

　　如附表4所見，「中彰民間文學集」裡，屬於這一類型的文本有3則，由此可見，這一故事類型在中彰地區的流傳是廣泛的，這也顯現出中彰地區在人倫關係上對「孝媳」的看重。就以《彰化縣民間文學集5》的〈有孝媳婦〉為例，其內容如下：

　　　　有一個媳婦非常孝順婆婆，以前的人，如果去讓人請客通常都會帶魚肉回家，現在比較沒有這種情形了。這個媳婦每次去讓人請客，她就捨不得吃，就將東西挾在一起，包起來，全部拿回去給她婆婆吃。她婆婆眼睛看不見，所以，她格外地孝順婆婆，每次讓人請客，就吃菜，魚肉都拿回家給婆婆吃。

有一天，她做客回來，手上提著食物，踫巧要經過一個大水溝，以前的人通常將水溝做一個糞坑。她經過這裡，就跳過去，不料，那些魚肉竟掉到糞坑裡，她覺得太可惜了，就將魚、肉撿起來。回家後，洗乾淨，就問她婆婆說：「媽媽，我不小心將這些肉，在跳水溝時給掉下去了。」婆婆問：「你有沒有撿起來。」她說：「有。」婆婆又說：「既然有，就把它拿去洗乾淨，弄好了再拿給我吃。」於是，她就將這些魚、肉處理好，弄給婆婆吃。突然間，天上雷聲閃不斷，她便趕緊對著天說：「老天爺啊，你如果要打，你就打我吧，我馬上到外面給你打。你可千萬不要嚇到我婆婆。」

過了一會兒，她將食物煮好了，弄給婆婆吃以後，就跑到門口，跪著準備讓雷公打。突然，天上發出「khen²」一聲大聲響，只見房子前一棵大樹，竟然被打中，倒了下來。她走去一看，竟看到樹根下有一塊黃金。她正是因為孝順而感動了上天，所以上天賞賜她。

另外有一個不孝的媳婦她知道了這件事，於是她想：「人家都能得到天賜的黃金，現在我也要來孝順婆婆。我就去讓人家請客，要照她的情形做一遍。」沒想到她如法炮製的結果，她竟然被雷公活活劈死。正是因為她存心不正，根本是假孝心，怎麼可能得到上天的賞賜呢？

以前的社會，物資缺乏，在孝行的表現上，將好吃的留給父母公婆便是最實際的孝行，而窮苦的父母公婆，對晚輩的孝行無能力回應，老天若幫他們給了回報，那便是天大的恩賜，上述的故事內容，應就是在這樣的社會環境及文化思維下的作品。故事顯得簡單而樸實，要傳達的便是「真孝心」的可貴、「假孝心」的不可原諒。在傳統社會裡，婆媳之間的紛爭，一直是家庭人際關係及生活互動中一個很大的困擾，婆婆虐待媳婦，或是媳婦忤逆婆婆都時有所聞。如果婆媳之間能像母女一樣真心相對，便已屬不易，如果媳婦能像女兒一樣，真心孝順婆婆，那就更難能可貴了。中彰民間故事中，屬於【天雷打惡媳】的這幾則文本，要讚美的便是有真孝心的媳婦，同時也撻伐了虛情假意的惡媳。

五、【一罈金子和一罈蝎子】──金銀變形因人心

AT834號系列講的是銀子會起變化的故事：銀子如果是被老實善良之人發現，那麼銀子還是銀子，但銀子如果是被貪婪惡劣之人發現，那麼銀子就可能變成蝎子、水、蛇、蜂、糞……等，總之一文不值的東西，有著強烈的道德訓誡意義。在AT分類系統裡，有關這一類的故事，丁乃通設有834【窮兄弟的財寶[18]】和834A【一罈金子和一罈蝎子[19]】；金榮華則將丁乃通834A的類目改為【無福之人金變蛇】；胡萬川則新設有834B【一罈金子和一罈蜂[20]】。

金榮華834A【無福之人金變蛇】其故事大要如此敘述：

一人無意中在路旁發現一罈埋在地下的金子，認為是有人放在那裡的，因此仍舊埋好，沒有拿。他回家後把這事告訴妻子，並認為祇有天上掉下來的錢才是無主的，才可以拿。這時候他哥哥從窗下經過，聽到了他的話，急忙趕去藏金之處，打開罈子一看，竟是一罈赤練蛇，他認為弟弟說謊，害他半夜白走一趟，把一罈蛇都從屋頂倒進去。弟弟夫婦睡得正香，忽被一陣叮叮噹噹聲驚醒，起來察看，竟從屋頂上掉下一堆金子。真是天上掉下來的錢財，弟弟當然就要了。

---

[18] 丁乃通834【窮兄弟的財寶】，其故事大要如下：
　　（a）一對兄弟或姐妹中有一個告訴另一個說，他（她）知道或已找到，或者自己把財寶（往往是銀子）藏在某處。（a¹）財寶來自會拉金子的動物身上。（b）另一個把它挖出來，但發現那裡只有水（糞，泥）等等。（c）當那個人回到那個地方時，他就找到了這財寶。或者，（d）當那另一個人把在第一個人的家中所挖出的東西留在後者家裡時，它又變成金子（銀子等等）。

[19] 丁乃通834A【一罈金子和一罈蝎子】，其故事大要如下：
　　（c）第一個人所發現的金子（銀子），到另一個人那裡就成了蝎子或者蛇。

[20] 胡萬川834B【一罈金子和一罈蜂】
　　I 菜園主人在田裏發現一甕白銀，他說不拿地財要天財。
　　II 另一人聽到，去看竟是一甕蜂（水或蛇）。
　　III 他把這甕蜂從屋頂倒到主人家，結果變成白銀。

而胡萬川新增設的834B【一罈金子和一罈蜂】，其故事大要與丁乃通的834A
【一罈金子和一罈蝎子】，以及金榮華的834A【無福之人金變蛇】，其故事
結構是相同的，只不過銀子產生變化後的東西不同，是以「蜂」為主（但仍
不完全是蜂，也有其它東西，如「蛇」），筆者認為仍然應屬於同一AT分
類編號的類型才是。最主要是因為如果蝎子與水、蛇是相同的；蜂又與水、
蛇是相同的；那麼蜂和蝎子就沒有什麼不同，筆者認為似乎都可以同歸於
834A這一類，並不需要再增設為834B。

　　顧希佳〈金銀變形見人心──「銀變」故事解析[21]〉一文，談到「銀
變」型故事又可分為三個亞型：「途中揀銀」、「藏銀變水」及「天財地
財」等三個亞型。「途中揀銀」型的故事結構主要為：某人於途中見金銀，
不顧而去；在他人面前，金銀卻變成蛇（或荷葉、蚯蚓、泥土等）；某人再
回拾金銀而去。「藏銀變水」型，一般是說藏在地下的一甕金銀，當不該得
到它的人去看時，只見一甕水；而當該金銀的真正主人去看時，它又恢復成
了一甕金銀了。「天財地財」型的故事，主要則有兩個特點，一是主人公的
心態不同，這個故事中的主人公有一種強烈的信念：「不要地財要天財」，
他認為地財是別人埋下去的，自己不能妄取，而天財是老天爺賜給他的，這
是命運注定給他的幸福，可以坦然受之。另外一個不同處，則是反面人物惡
作劇反而促成了情節的發展，他原想將蛇從屋頂傾入別人屋中害人，反倒造
成了「財從天降」的奇迹。

　　若依上述三個亞型為故事結構的發展依據，在民間故事中多數為上述三
亞型之二的複合型結構，而複合的情況則多數為「途中揀銀」與「天財地
財」的複合；或「藏銀變水」與「天財地財」的複合。

　　「中彰民間文學集」中，如附表4所見，屬於這一類型的故事共有3則，
就以《台中縣民間文學集㉙》之〈不要有貪念〉那一則為例，其故事內容如
此敘述：

21　劉守華主編：《中國民間故事類型研究》（顧希佳：〈金銀變形見人心──「銀變」
　　故事解析〉，武漢，華中師範大學出版社，2006.12），頁323-335。

　　我現在說一個以前的一個傳說，有關善良和不善良的故事。

　　以前的經濟條件比較不好，缺木柴燒，有一個人要去撿枯柴時，看到了一棵不知名的枯樹，心想這已死沒啥作用了，自己又在缺柴燒，就想弄這棵樹回去當燃料。突然間，正在使力時，竟在樹根處發現一甕龍銀。於是就不敢挖，想這甕龍銀不知是誰的，就趕快再把它蓋起來。回家和太太聊起，說道：「我撿柴時，挖到一棵有一甕龍銀的樹，我很快地把它給蓋好，放回去。」他太太說：「既然有龍銀，就要趕快拿回來，怎可再蓋住呢？」他跟他太太說：「哎！那不是我們的啦，不該我們得的，我們不可以去向人家拿；若是該我們得的，它就自己會來的。」這些話竟被隔壁的鄰居聽到了。

　　隔壁的人聽了，心想：「嘿，這個人呀，看到龍銀，還說不想要，又把它放回去！」連忙，就要去挖了。才一挖開，看到整甕都是虎頭蜂！哦，就相當生氣，「操你個王八，這甕裡全是虎頭蜂，你跟我說是龍銀！」於是，他就很小心地蓋住，用布袋裝著，提了回來。提回來時，由於早期的房子有天窗，就從天窗那兒給倒下去，說：「操你個王八，這甕裡全是虎頭蜂，你跟老子說是龍銀，老子就倒給你去。」哇！一倒下去，「噹噹」響，真的龍銀。那時候丈夫跟太太說：「這不是真的嗎？跟你說，該我們得的，它就會來，不需要急；不是該我們得的，我們不可以去向人家拿。」哇！這個隔壁的人聽到「噹噹」響，就趕快往上一提，一提上來竟只剩兩個銀子，剛好那兩個銀子給他當走路費。

　　所以說了，我們做人就是要善良，該我們得的才得；不該我們得的我們不要妄貪。這故事就是這樣。

就上述的內容看來，它是「途中揀銀」的前半內容與「天財地財」型的複合，而故事的結構發展，與丁乃通834A【一罈金子和一罈蝎子】、金榮華的834A【無福之人金變蛇】，以及胡萬川834B【一罈金子和一罈蜂】的故事結構都是相符合的，若以主角之貼切性而言，當然以胡萬川的「蜂」最為貼切。

　　王立〈中古漢譯佛經與古代小說金銀變化母題[22]〉一文，探討漢譯佛經與中國古代小說內容裡之金銀變化母題（情節單元）的關係。文中指出，古代小說中金銀變化的母題，雖然不能完全說是來自漢譯佛經的影響（如漢末以來，萬物可化精怪，「物老成精」的本土頑強信仰，金銀變化的思維也應與此信仰有關。），但漢譯佛經（如《百喻經》、《賢愚經》）卻對金銀變化的母題，提供了更多樣性的呈現。王立如此說到：

> 首先，是眾態紛呈的意象，特別是一系列引人入勝的鮮活的動物性意象，成為母題框架內持久保留的，以其具有自由活動諸般物種性質。也就是使金銀這無生命物具有了生命體的某些功能，使其去留棄取的選擇成為可能，契合母題表現和拓展需要；其次，佛經故事展示了人與金銀的雙向辨證關係，人對於金銀獲取不是一廂情願的。……佛經母題的哲理啟示人們：金銀財寶這件事物，關係到人的命運幸福，對於它具有的多樣化功能，不能簡單看待，於是，在人的感覺世界中，把它不僅僅看成是金銀財寶，而可能其「正相」中會出現種種「異相」，會帶來好運，也可能相反[23]。

雖然王立的研究是以小說為本，但上述內容中所提到的，佛經對中國古代小說中之金銀變化母題的影響，將其放之於民間故事上也可以有相同的作用。漢譯佛經對中國文化的各方面發展確實都有其影響，上述內容只是其中之一。但中國文化自有其深厚的本土文化根底與自我意識，對外來文化的接受與選擇，也常在這樣的本土與自我根基上，從而展現接受後的意象與原本的樣態存在著價值差異。對於這點，王立的這篇文章也論述到這個現象：

> 中土傳聞的價值取向，與佛經故事大為不同，其十分務實——

---

[22]　王立：〈中古漢譯佛經與古代小說金銀變化母題〉，《開南學報（哲學社會科學版）》（2004年第3期），頁12-20。
[23]　王立：〈中古漢譯佛經與古代小說金銀變化母題〉，頁15。

差不多總是與人的命運，人獲取財寶的渴求結合起來；而不論變作人還是動物，關鍵在於銀子能夠空間的移動，會飛或變作會飛的動物昆蟲，靈活性最大，也是最常被考慮到的。而金銀非有德者有緣者不可佔有，其豐富的儆世勸善哲理也不斷注入該母題中，帶有中土民族的倫理文化特色[24]。

佛經故事顯示了一種博愛的精神，理性成分多。中國的却集注為倫理性的勸善儆世，愈到後來其應然性愈突出；佛經故事有時會幽默地嘲諷國王，中國的偏重對民間幸運者的欣羨；佛經故事昭示了財富不一定帶來好運，將獲取財寶看成是禍福雙重的，但務實中國接受生發者們炮制了大量幸運故事，仍執著地期求通過人為努力發迹變泰[25]。

上述內容中所說的「帶有中土民族的倫理文化特色」，這種價值取向不僅在小說中呈現，在以口頭傳播為主的民間故事更是如此。就以上述中彰民間故事的那一篇〈不要有貪念〉，便是一則典型「儆世勸善」的故事，同時也是一則「偏重對民間幸運者的欣羨」的故事。

而事實上，除了價值取向有所不同外，雖然漢譯佛經為中古小說或民間故事的母題提供了相當多的變化元素，但小說或民間故事，也常在自己的特有的環境中，創造屬於自我區域特有的元素。就「銀變」型的故事而言，如果金銀是變成動物，以金銀變成蛇是最普遍的——佛經故事、中國漢族的民間故事以及台灣的民間故事都有。我想這也是金榮華要將丁乃通834A的類目：【一罈金子和一罈蝎子】改成【無福之人金變蛇】的原因；而金銀變成蜂，則似乎是台灣特有的，我想這也是胡萬川要增設834B【一罈金子和一罈蜂】的最主要原因。屬於這一故事類型的中彰民間故事，金銀變化後則仍以蜂居多。

---

[24] 王立：〈中古漢譯佛經與古代小說金銀變化母題〉，頁17。
[25] 王立：〈中古漢譯佛經與古代小說金銀變化母題〉，頁19。

六、【乞丐不知有黃金】──只恨枝無葉　莫怨太陽偏

丁乃通在AT841A*編了一個故事類型，名稱為【乞丐不知有黃金[26]】。
金榮華則將這一類型名稱及編號改為947A【橫財不富命窮人】，而其故事大
要依金榮華敘述如下：

> 一人好吃懶做，敗家後淪為乞丐。他的妻子早已被休，再婚後發財致
> 富。有一天，這人在他前妻的家門口乞討，被他前妻認出，於是特地
> 蒸一袋饅頭送他，暗中在每個饅頭中藏一塊銀子，只要他餓了取食，
> 即可發現。不料此人懶惰成性，拿著一袋饅頭嫌重，便在過河時給船
> 夫充作渡資，或是換了其他的食物。

胡萬川則依丁乃通原來的AT編號及名稱，在其索引上也設有【乞丐不知有
黃金】這一故事類型，其故事大要如下：

> Ⅰ 從前有個乞丐枝無葉與秀才太陽偏是好朋友，太陽偏考試落榜後便
> 　和枝無葉一起去乞討。
> Ⅱ 太陽偏在乞討時受到員外家小姐的賞識，兩人結為夫妻，當孩子滿
> 　月要宴客時，枝無葉聽到消息前去討飯。
> Ⅲ 太陽偏想留他住下來，枝無葉拒絕了，太陽偏只好給枝無葉二十個
> 　包有龍銀的紅龜粿。
> Ⅳ 枝無葉離開後氣太陽偏讓他背那麼重的紅龜粿，於是把那些粿送給

---

[26]　丁乃通841A*【乞丐不知有黃金】其故事大要如下：
　　　下列大多數說法中，乞丐是一個曾經過好日子的人。他遇見了他離棄了的妻子，
　現在已重新結婚了並且富裕了起來，他認不出她了。她卻出自憐憫，在給他食物時暗
　地裡裝了金子或銀子。他把她送的禮物拿去換了其他的食物，或者以廉價出售。當他
　瞭解真況以後，他往往是自殺。在有些說法中，他在死後成了灶王爺（顯然這是一個
　民間的說法，和傳統文學中關於灶神的神話不同）。

> 小孩們，只留下一個，當他咬下剩下的那個粿，才發現裡面包有龍
> 銀，此時只能自恨自己沒那個命。

就故事大要的內容而言，丁乃通與金榮華的故事大要結構是較為一致的，而
胡萬川此一故事類型的故事大要內容則較不一樣。其最主要的差別是在於角
色，丁、胡講的是乞丐與前妻之間的互動，而胡萬川說的則是乞丐與好友之
間的互動。除此之外，有關乞丐不知食物裡有金銀的敘說，故事內容都有著
與命運相關的思維則是一致的。

　　江帆〈休妻休掉了福氣——「張郎休妻」故事解析〉一文，曾做了如下
的論述：

> 人類對自身命運的關注，使得世界各地都流傳著許多表現人與命運關
> 係的民間故事。「張郎休妻」就是表現這一主題的一個常見故事類
> 型。故事講述的是人與運氣的關係：妻子是一個有福氣的人，却遭
> 到丈夫的遺棄。被遺棄的妻子最終獲得了好運，丈夫却因休妻而喪失
> 了福氣。這個故事在亞洲東部的一些國家廣泛流傳。在丁乃通編撰的
> 《中國民間故事類型索引》中，按AT分類，這個故事的編碼為841A
> 「乞丐不知有黃金」型[27]。

上述的論述中有兩個重點：一是江帆也認為，丁乃通所編的【乞丐不知有黃
金】這一故事類型，是屬於與「命運」相關的故事類型；二是這個故事類型
的文本，在中國大多是以「張郎休妻」的夫妻型角色呈現。

　　然而AT841A卻是屬於宗教神仙故事裡「其他宗教故事」（815-849）的
範疇，並不屬於「命運的故事」（930-949）的範疇。先看841A的原來子類
841的類目是【一個乞丐相信神，另一個乞丐相信國王】，故事是描述國王
給兩個乞丐各自一條長麵包，並且在相信國王的那個乞丐的麵包中塞滿了黃

---

[27]　劉守華主編：《中國民間故事類型研究》（江帆：〈休妻休掉了福氣——「張郎休妻」
　　　故事解析〉，武漢，華中師範大學出版社，2006.12），頁605。

金。但乞丐並不知道，就跟相信神的乞丐交換了。這是西方的故事，確實有著強調信神有益的宗教意味，但【乞丐不知有黃金】則完全沒有了這樣的意味。

AT947則是屬於生活故事裡「命運的故事」（930-949）的範疇。金榮華將丁乃通841A*【乞丐不知有黃金】改為947A【橫財不富命窮人】，最主要的原因，便應是認為這個故事類型是「命運的故事」而不屬於「其他宗教故事」。

如附表4所見，「中彰民間文學集」中，屬於這一故事類型的文本有4則，故事命名都用上了「太陽偏、枝無葉」，故事內容不與丁、金的故事大要接近，而與胡萬川索引裡的故事大要接近。

中彰民間故事屬於【乞丐不知有黃金】的這些文本，他們非常一致的是，主角是一對朋友，甚至連名字都是固定的──乞丐主角一定叫「枝無葉」，而想暗中接濟他的朋友則一定叫「太陽偏」，似乎想讓人從名字上就直接感覺到命運好壞的不同。而這幾個文本都是複合型的文本，最常與之複合的類型是856【和一個假冒的男人私奔的姑娘】，而和這個姑娘私奔的是「太陽偏」，他從此便過上了好生活。《彰化縣民間文學集2》和《台中縣民間文學集㉝》的這兩篇便都屬於這樣的講述模式。不只是中彰地區的故事如此敘述，依胡萬川的索引，台灣其它地區也還有許多類似的文本。如果說【乞丐不知有黃金】，在中國的傳統是「休妻休悼了福氣」，那麼在台灣則應是「無意間與姑娘私奔竟得了好運氣」，個中情韻實大有差別。

另外，故事的最後，乞丐常都會發出一種自我感歎：「只恨枝無葉，莫怨太陽偏。」意思也就是說：這一切只能怪自己命運不好，就別再怨恨老天爺對別人的偏愛了。濃厚的「命運觀」，主宰著整個故事內容的組織與行進，是中彰民間故事這一故事類型的一大特點。所以，雖然都是【乞丐不知有黃金】，但「只恨枝無葉，莫怨太陽偏」的感歎則是台灣特點，與中國傳統「休妻休掉了福氣」，確實截然不同。

結語

　　本章的論述範圍屬於編號750-849的「宗教故事（宗教神仙故事）」，
項下還分為五個次類，包含「神的賞罰」（750-779）、「真相大白」（780-
799）、「天堂之人」（800-809）、「和魔鬼打交道的人」（810-814）以及
「其他宗教故事」（815-849）等五類，但如前述內容所述，中彰民間故事
屬於這一範疇內的故事類型，有集中於「神的賞罰」（750-779）這一小範
圍的現象。在這個範圍內的故事類型，如本章所述，前四項的故事類型，若
依丁乃通的標準就都全是屬於「神的賞罰」（750-779）這個範圍。

　　胡萬川在761這個編號下設了好幾個新的子類，包含761A*①【前世欠債
今世還】、761**【前世因緣今世親人】及761***【累世因果報應】等。761A
【前世有罪孽投胎為畜生】及上述胡萬川所新設的這些相關子類，這一系列
的故事文本在「中彰民間文學集」中，如附表4所列有14則之多，可見這類
的故事在中彰地區是非常普遍的，這也呈現出佛教因果輪迴報應的觀念，對
台灣的庶民百姓有著深遠的影響，而中彰地區的群眾則也是這種觀念思想的
支持者。從故事的敘述中我們得知，中彰地區的民眾，除了將佛教的因果報
應思維與人的善惡行為做結合外，也常將這種因果報應思維與人倫教化做
結合，761**【前世因緣今世親人】這一故事類型的文本便有6則，由此可見
其普遍性。傳統社會裡強調家庭的和睦，但夫妻或父母子女之間仍時有磨
擦，中彰地區的人民便習慣以佛教的因果報應思維，去求得人際關係的「忍
讓」，應是支持這些故事文本得以普遍流傳的原因。

　　【尋寶者互相謀害】這一故事類型，中彰民間故事的這幾則文本，在故
事述說的表現上，常與「人為財死，鳥為食亡」的這一句諺語相結合，意圖
讓故事的訓誡意義更加的明白與真實。

　　【水鬼和漁夫】這一故事類型，則呈現了群眾的民間信仰思維，表現
出中國傳統對於人、鬼、神三者之間可轉換的想法，而「人身難得」的佛教
思維，以及儒家「己所不欲，勿施於人」的原則，也都在這個故事類型中呈

現。中彰民間故事中，屬於這一故事類型的文本為數不少，這對於境內河流眾多又濱臨海邊的地區而言，落水溺斃事件頻繁，「落水鬼」可想而知會是人們講古談天時的重要對象，而這一故事類型，在中彰地區受到普遍的歡迎也就可想而知。

　　779D【天雷打惡媳】這一類的故事簡單而樸實，故事內容顯現出中彰地區庶民百姓對孝道的重視，尤其強調媳婦對婆婆盡孝應出於真心誠意。

　　【一罈金子和一罈蝎子】它是屬於金銀變形系列的故事類型，除了金銀變形因人心之善惡外，這個故事類型也表現出人們對於財富獲得的命定觀。值得特別一提的是，金銀變形後所出現的形象，水、蛇之類的東西是最普遍的，因此金榮華將類目稱為【無福之人金變蛇】，而變成蝎子之類的昆蟲也為數不少，所以丁乃通將其稱為【一罈金子和一罈蝎子】，而「蜂」則應是台灣特有的，因此，胡萬川不僅給了它一個新的類型名稱叫【一罈金子和一罈蜂】，而且也不用原來的AT編號834A，還設了一個新的子類編號為834B。

　　【乞丐不知有黃金】這一故事類型，中彰民間故事的這幾則文本，其故事命名都以「太陽偏、枝無葉」為基調，故事的結構模式則以複合型為路線，人物的互動關係為朋友而不是夫妻，故事內容大都有著濃厚的宿命觀。中彰地區這一故事類型的文本與大陸地區最大的不同，則是在大陸這個類型多是屬於「休妻休掉了福氣」的相關文本，但在中彰地區，甚至是台灣的其它地區則是屬於「只恨枝無葉，莫怨太陽偏」的相關文本。

　　就中彰民間故事的這些文本所呈現的數量看來，宗教神仙故事在中彰地區是相當普遍的；而就文本所呈現的特點看來，中彰地區的民眾特別偏愛「神的賞罰」這一範疇內的故事類型，而這些故事類型，則有助於我們瞭解這個地區民眾的信仰思維及價值觀。

附表4

一般民間故事──宗教神仙故事（750-849）類型編目

中彰民間文學集之冊數及頁數號碼	篇目名稱	故事類型之名稱及編號
中縣⑪東勢鎮客語故事集 p.80-87	貪心个翹牛仔伯	丁、胡761A【前世有罪孽投胎為畜生】
中縣⑬沙鹿鎮閩南語故事集二p.148-154	借米的查某	丁、胡761A【前世有罪孽投胎為畜生】
中縣⑬沙鹿鎮閩南語故事集二p.96-102	秀才合奴才	胡761A*①【前世欠債今世還】
中縣㉝大安鄉閩南語故事三P.108-118	前世債後世還	胡761A*①【前世欠債今世還】
彰化縣民間文學集7 P.18-65	前世冤後世報（民間故事）	胡761A*①【前世欠債今世還】
中縣㉞東勢鎮閩南語故事一p.144-148	鳥仔的復仇	761**【前世因緣今世親人】
中縣㉞東勢鎮閩南語故事一p.54-85	有肚量合無肚量的人	761**【前世因緣今世親人】
中縣⑪東勢鎮客語故事集 p.42-47	牛車同牛	761**【前世因緣今世親人】
中縣⑪東勢鎮客語故事集 p.48-55	因果相報	761**【前世因緣今世親人】
彰化縣民間文學集4 P.100-105	牛合飼牛囝仔（民間故事）	761**【前世因緣今世親人】
彰化縣民間文學集5 P.152-155	添耳鼻（民間故事）	761**【前世因緣今世親人】
彰化縣民間文學集17 P.163-167	海賊討命（故事）	761**【前世因緣今世親人】
中縣㉒清水鎮閩南語故事一P.54-75	天公的故事	胡761***【累世因果報應】
彰化縣民間文學集9 P.160-175	三世因果（民間故事）	胡761***【累世因果報應】
中縣⑪東勢鎮客語故事集 p.18-25	三個牛販	丁、胡763【尋寶者相互謀害】（金969【得寶互謀具喪命】）
中縣⑬沙鹿鎮閩南語故事集二p.42-49	人為財死，鳥為食亡	丁、胡763【尋寶者相互謀害】（金969【得寶互謀具喪命】）

彰化縣民間文學集18 P.44-53	人為財死鳥為食亡（民間故事）	丁、胡763【尋寶者相互謀害】（金969【得寶互謀具喪命】）
中縣㉞東勢鎮閩南語故事一p.16-22	水鬼升城隍的由來	金776【落水鬼仁念放替身】、胡779*【水鬼和漁夫】。
彰化縣民間文學集19 P.44-57	水鬼變土地公（傳說）	金776【落水鬼仁念放替身】、胡779*【水鬼和漁夫】。
中縣㉜東勢鎮客語故事集五p.2-12	水鬼升城隍	金776A【漁夫義勇救替身】、胡779*【水鬼和漁夫】。
中縣㉜東勢鎮客語故事集五p.14-20	水鬼變伯公	金776A【漁夫義勇救替身】、胡779*【水鬼和漁夫】。
中縣㉜東勢鎮客語故事集五p.54-65	新竹城隍个由來	金776A【漁夫義勇救替身】、胡779*【水鬼和漁夫】。
彰化縣民間文學集2 p.40-47	水鬼仔假城隍（民間故事）	金776A【漁夫義勇救替身】、胡779*【水鬼和漁夫】。
彰化縣民間文學集17 P.44-59	水鬼變城隍	金776A【漁夫義勇救替身】、胡779*【水鬼和漁夫】。
中縣③石岡鄉閩南語故事p.74-81	有孝新婦和不孝新婦	金779D【天雷獎善懲惡媳】（胡779D【天雷打惡媳】）
中縣㉘外埔鄉閩南語故事集P.76-108	有孝新婦合不孝新婦	金779D【天雷獎善懲惡媳】（胡779D【天雷打惡媳】）
彰化縣民間文學集5 P.84-89	有孝新婦	金779D【天雷獎善懲惡媳】（胡779D【天雷打惡媳】）
中縣⑱大甲鎮閩南語故事一p.134-136	天財合地財	丁834A【一罈金子和一罈蝎子】（金834A【無福之人金變蛇】、胡834B【一罈金子和一罈蜂】）
中縣㉙大安鄉閩南語故事二P.158-162	不要有貪念	丁834A【一罈金子和一罈蝎子】（金834A【無福之人金變蛇】、胡834B【一罈金子和一罈蜂】）
中縣㉜東勢鎮客語故事集五p.96-98	天財到	丁834A【一罈金子和一罈蝎子】（金834A【無福之人金變蛇】、胡834B【一罈金子和一罈蜂】）
中縣㉝大安鄉閩南語故事三P.86-93	只恨枝無葉莫怨太陽偏	丁、胡841A*（金947）【乞丐不知有黃金】＋丁856【和一個假冒的男人私奔的姑娘】＋丁、胡745A【命中注定的財寶】（金【財各有主命中定】）
台中市民間文學采錄集P.134-141	太陽偏咸枝無葉	丁、胡841A*（金947）【乞丐不知有黃金】＋金745B【荒屋得寶】

彰化縣民間文學集2　p.70-105	自恨枝無葉莫怨太陽偏（民間故事）	丁、胡841A*（金947）【乞丐不知有黃金】＋丁、胡745A【命中注定的財寶】（金【財各有主命中定】）＋金745B【荒屋得寶】＋丁856【和一個假冒的男人私奔的姑娘】
彰化縣民間文學集9 P.222-231	枝無葉與太陽偏（民間故事）	丁、胡841A*（金947）【乞丐不知有黃金】＋胡923B*【為自己命運負責的千金小姐】（金943【對自己命運負責的公主】）

第五章　一般民間故事——生活故事

引言

　　本章要分析介紹的，是在AT分類系統裡，屬於一般民間故事的生活
（傳奇）故事。生活故事在AT分類系統的編號為850-999，其下又分為9個次
類，依金榮華的翻譯，其名稱與編號如下[1]：

　　　　(1)公主出嫁（850-869）

　　　　(2)王子娶親（870-879）

　　　　(3)忠貞與清白（880-899）

　　　　(4)改造潑婦（900-909）

　　　　(5)好的箴言（910-919）

　　　　(6)聰明的言行（920-929）

　　　　(7)命運的故事（930-949）

　　　　(8)強盜和兇手（950-969）

　　　　(9)其他傳奇的故事（970-999）

次類的項目數，在一般民間故事中是分項最多的。丁乃通《中國民間故事類
型索引》在「生活（傳奇）故事」這個範疇列出了118個故事類型，金榮華
《民間故事類型索引》則歸納出151個故事類型，胡萬川《台灣民間故事類

---

[1]　金榮華：《中國民間故事與故事分類》（台北，中國口傳文學會，2007），頁81。

型（含母題索引）》則是有35個。其類型數量僅次於一般民間故事的幻想故事而已。

　　只是原AT之次類的名稱，有的未能完全表達所屬故事類型之特色，有的則與中國大量的民間故事特點不甚相符，因此金榮華對原AT之次類的名稱做了一些更改[2]，其更改情形如下：「公主出嫁」→「選女婿和嫁女兒的故事」、「王子娶親」→「娶親和巧媳婦的故事」、「忠貞與清白」→「戀人之忠貞或友人之真誠」、「好的箴言」→「有用的話」、「強盜和兇手」→「盜賊和謀殺的故事」，而更改後的次類名稱，也確實較能同時符合或表達東西方民間故事類型的特點。

　　如附表5所見，「中彰民間文學集」在生活故事這一區塊，類目及其文本的數量都非常豐富，顯現出中彰地區對生活故事的熱愛。至於生活故事的內容為何？有何特點？便是本章的論述的重點，將依類目做進一步的分析。

一、【賽詩求婚】與【解難題得嬌妻】──難題求婚的歷程

　　結婚是人生大事，人們常津津樂道於有關成親的故事，尤其能娶到一個好姑娘是不容易的，如果男主角是歷盡千辛萬苦，才終於娶得美人歸的話，那就更值得好好述說一番有關他所「經歷的」千辛萬苦，人們樂於追隨他的腳步再度「神遊」一次。因此，有關「難題求婚」的民間故事，其故事類型不僅繽紛多樣，故事文本亦為數頗多。羅彩珠「中國『難題求婚』型故事研究」，便是以有關「難題求婚」的民間故事為研究對象所完成的碩士論文。文中對何謂「難題求婚」，有如下的論述：

> 　　學者對「難題求婚」型故事所作的定義看法相近，多半是指求婚者必須解決婚姻難題方可成婚。筆者以為難題求婚型故事為：「求婚者必須解決精神或肉體上的難題，以作為結婚的條件或前提」，難題的提

---

[2]　金榮華：《中國民間故事與故事分類》（台北，中國口傳文學會，2007），頁99。

出者可能為女方、女方家長，或者有權勢的惡霸；難題提出的時間可能在婚前，而有的在婚後；難題的內容或為生活難題、或為領袖考驗、或為智力才華的試探等等[3]。

在上列論述的難題內容裡，「生活難題」或「領袖考驗」的內容，可能有時還與一些婚俗或成年禮有關係，與各地的風俗民情有較大的關聯，因此也就會有某種程度上的局限性；相對而言，「智力才華的試探」便是一個較獨立而自由的考驗，是在任何地方與區域都能進行的，因此其普遍性也較高。而「智力才華的試探」，在中國各地區，以「詩對」做為試探的方式，則是非常普遍的，祁連休《中國民間故事史・清代篇》一書裡，在清代的寫實故事裡，便獨立了一節探討「清代的詩對故事[4]」，其中便有許多通俗詼諧，生活氣息濃郁，讀來饒有興味的作品。舉一例如下：

> 有人行一酒令，要三個字同形的兩句，後以二句出意。隨說云：「大丈夫，江湖海，走過江湖海，方為大丈夫。」一人云：「官宦家，綾羅紗，穿的綾羅紗，方為官宦家。」一人云：「屎尿屁，講說話，胡亂講說話，就是屎尿屁。」《笑得好》二集〈三字同形〉

這種以「詩對」三次變換的進行方式，展現個人智力才華的敘述，普遍在中國各地民間故事中出現。即將要論述的【賽詩求婚】這一個故事類型，是屬於上述「智力才華的試探」之這一區塊的故事類型，而其試探的進行方式，也是這種「詩對」三次變換的進行方式。

　　【賽詩求婚[5]】這一故事類型，在丁乃通《中國民間故事索引》的編碼為851C＊，金榮華將其改為851C，類目名稱則仍為【賽詩求婚】，它在AT分

---

[3]　羅彩珠：〈中國『難題求婚』型故事研究〉（靜宜大學，中國文學系碩士論文，2004），頁5-6。

[4]　祁連休：《中國民間故事史・清代篇》（台北，秀威資訊科技，2012.02），頁259-264。

[5]　丁乃通851C＊【賽詩求婚】，其故事大要如下：

類系統裡，是屬於850-869「公主出嫁」（「選女婿和嫁女兒的故事」）這一範圍內的故事類型，故事大要之內容依金榮華之敘述如下：

> 三人同向一位女孩求婚，他們分別是秀才、富家子弟、醫生、農夫或牧童。這女孩要求婚者每人就特定題目作一首詩，結果是農夫或牧童獲勝而娶了她。

在上述內容中，我們可以知道，這類故事的文本，每位求婚者所作的詩，在故事裡大致會以三疊式的表達方式，一次又一次地呈現出每位求婚者所展現的才華，而這個過程也應是故事進行時娛樂性之發揮的所在，但故事的高潮則是在結局的地方——看似最弱勢的求婚者，他達成了最高的要求，這個反差造成了震撼而形成高潮。胡萬川則將【賽詩求婚[6]】的編碼改為851*，其故事大要的內容結構與丁、金大致相同，只是a式的牧羊人，在通過賽詩的考驗後，女方的家長又提出了賽跑的難題，則又讓考驗多了一層，與原來的單純賽詩有些不同。

Ⅰ〔比賽人〕一名（a）年青的學者（b）富人（c）富商之子（d）醫生（e）農民或雇農（g）其它。他們中的三人（偶而為四人）向同一位女孩求婚。（在某些情況下是她的父親答應把她許給了他們每個人）。

Ⅱ〔比賽〕這個女孩要求他們每人都做詩，表現他個人的抱負，或者描寫她的美。

Ⅲ〔結局〕（a）頭兩個（或三個）求婚者受懲罰或者被譏笑（b）那位農民（c）牧童（d）富人獲勝並娶了她。

[6] 胡萬川851*【賽詩求婚】，其故事大要如下：

Ⅰa有個財主，女兒非常美貌。b有個窮人，只有一個女兒。

Ⅱa財主對家中的教書先生、長工、牧牛人（跛腳）開出條件，達到者可娶她的女兒。b無法過日的情況下，他分別收下長工、老師、屠夫的聘金。

Ⅲa三個人都做到了，財主於是作詩讓他對。b年終時三人要來迎娶，女兒只好出對子讓他們對，約定對上者可以娶她。

Ⅳa牧牛人對得最好，財主不想把女兒嫁給他，故意叫他們賽跑，先追到他女兒的可以娶她。b長工對出答案，娶到妻子。

Ⅴa財主女兒躲到樹後休息，另外兩個急忙跑過而未看到她，被牧牛人發現。

Ⅵa財主只好把女兒嫁給牧牛人，牧牛人後來努力考中狀元。

在「中彰民間文學集」裡，屬於這一故事類型的文本，是《彰化民間文學18》的〈求婚作詩〉這一則，其故事內容如下：

> ……那個女子坐著說：「各位早！今天我要唸一首詩，你們誰若是對得上，我就和他訂婚。」那個女子說：「水錦開花白如霜，桃花開花一點紅，石榴開花連連對，樹莓開花暗濛濛。」驕傲的老師立刻說：「有！我先來！」他說：「手拿紙筆白如霜，紅心朱筆一點紅，作詩話語連連對，猜有猜無暗濛濛。」那個小姐說：「驕傲！」不要和他訂婚了。所以這就告訴我們人不能驕傲。
>
> 那個殺豬的說：「我手拿豬刀白如霜，」豬刀就白皙皙的啊，ki⁵一下，「插下豬血一點紅，豬肝豬肚連連對，會賺不賺暗濛濛。」她說：「殘忍！殘忍！」所以這代表我們一個人不能自大！不能殘忍！應該要有慈悲心。
>
> 種田的人抓了抓頭，說：「哦～小姐！你臉抹粉白如霜，」抹得很白，「嘴點胭脂一點紅，若是當我老婆雙連對，十月懷胎暗濛濛。」雖然很好，但是十個月之後會生不會生還不知道。她說：「棒！懂得欣賞、讚美人家！」這個故事就是告訴我們要多欣賞人家的優點，不要自大，要慈悲。

整個故事文本的樂趣，就如前所述——在三疊式的詩文對句上展露，具有中國民間「詩對」故事的傳統。「智力才華」的試探，以詩文對句的方式表達，是一個容易一較高下、並且顯露才華性情的方式，而且詩文的表達也可變化萬千，有相當高的自由度，可以依據主人所處的環境、所設的條件而有不同的表達，所以屬於這一個故事類型的文本，在各地多有流傳，在台灣這樣的故事文本為數不少，在中彰民間故事中也能發現這樣的文本。要懂得詩文仍須相當的知識文化水準，詩文如果太深奧難懂，故事就不容易普遍流傳，也就不符合民間故事的原則，所以，屬於這個類型的故事文本，其詩文表達大都較為淺白。就如上述〈求婚作詩〉的這個文本，其詩文表達甚至有

點「俗」，但這卻符合了民間故事的特質，為廣大群眾所能接受的。除此之外，這個文本的講述者，還在敘述的過程中加入了自己的詮釋及價值判斷，這種情形在民間故事中亦時有所見，只是，他的表達太過直接，對故事文本反而產生了減分的效果。

除了【賽詩求婚】這個故事類型外，胡萬川《台灣民間故事類型》裡又增加了一個新的子類，為853*【為解千金小姐難題而中狀元得嬌妻】，其故事大要如下：

> I 一個（或數個）書生要上京趕考在途中a冒犯一個顯貴的人（員外或大官）b遇到千金小姐（大官之女），a欲教訓他b測驗其才情，出了一個題目讓書生對。
> II 書生對不出來，a藉口離開，在途中遇到一個人（樵夫）又出了一個題目，恰好可和員外的題目對上。b記住了小姐的題目。
> III a書生返回員外家對上題目，其中一個（當初冒犯員外的）被小姐收留，她出了另一道題，他依然對不出。b當次考試為大官出題，正好可跟小姐的題目為上下聯，書生因此考中狀元。
> IV a書生們在途中遇到皇帝，皇帝出對子給三人對，小姐的題目恰好可對上，那個書生便得到皇上的賞識，封為狀元。書生娶得大官之女，
> V 書生又回到員外家，把皇上的題目拿去對小姐的題目，順利娶到了千金小姐。

上述這個故事類型，雖然與前述的【賽詩求婚】都與「詩文」才華有關，然而，這個故事類型更看重的是「運氣」，而不是「才華」，故事大要裡娶得千金小姐的書生，是因為運氣好，正好都可以用別人出的題目去解決另一個問題，並不是因為他真的有才華。

「中彰民間文學集」裡，屬於這一故事類型的文本，是《彰化民間文學9》的〈狀元的故事〉，故事內容中，男主角便是用白相爺所出的題目：「白水如泉日日昌」，去回答樵夫的提問：「此木是柴山山出」，而取得問

路權。然後，再回頭用樵夫的提問去回答白相爺的問題。再來，他又用小姐所出的題目：「鳳啄金盆似敲鐘」，去回答皇帝所出的對子：「馬過竹橋如打鼓」，而取得了新科狀元的身分，之後，又以新科狀元的身分，回到了白相爺家，用皇帝所出的對子回答小姐的提問，最後順利娶得了白小姐。故事裡，男主角所有的詩句對答，確實都不是出自於男主角的「才華」，而是得自於男主角的「好運氣」。故事的娛樂點，除了詩句對答之外，這個「好運」的元素，在故事裡所串起的驚喜，也可能是聽者的另一種期待，也許，在聽的同時，聽眾也期望有朝一日，類似這種「碰巧的好運」，也可以降臨在自己的身上。

二、【巧姑娘巧解公牛奶】及其相關子類
　　——巧女或巧媳婦的智慧

　　AT870-879這個範圍，丁乃通稱為「王子娶親」的故事，金榮華則將其改為「娶親和巧媳婦的故事」。一般中國傳統所謂的「巧女」或「巧媳婦」的故事，便是屬於這個範圍的故事類型。「巧女」或「巧媳婦」的故事類型，是屬於世界性的故事類型，但是這類故事，在東西方卻有著不同的特質，就如同丁乃通與金榮華對這範圍內之次類目的命名一樣，丁乃通之命名以遵循原AT系統之名稱為原則，「王子」便保留了西方的特質；金榮華則調整名稱，以使它能更包容範圍內之故事類型內容的特質，而其中的「巧媳婦」便展露了東方特質。江帆〈女性生活智慧的閃光——「巧媳婦」故事解析〉一文，也曾對東西方的「巧女」或「巧媳婦」故事類型的特色做了如下的論述：

　　　　「巧媳婦」或「巧女」故事是讚美女性智慧的世界性故事類型。也是一個儲量大、異文多、講述頻繁的常見故事類型。從故事的分布狀況檢測，歐洲和西亞等地的這類故事中的主人公多為未婚少女，往往是牧羊女、打漁女、農女等。這些巧女以自己的絕頂聰明解答了來

自強勢階層人物（國王、將軍、官吏、財主等）刁難的各種常人難以回答的難題，最後獲得了幸福美滿的婚姻。所以，稱「巧女」型較為適宜。在中國以至東亞由於家長制的親族關係傳統的深刻影響，這類故事的主人公幾乎無一例外地都是已婚的媳婦。故事中刁難或考驗媳婦的難題，往往就出自封建家族中的「家長」類人物之口。這些常人難以回答的難題，最終都由聰慧的兒媳婦用絕妙的答案破解了。因此，中國的這類故事通稱為「巧媳婦」故事。

在丁乃通編撰的《中國民間故事類型索引》中，按AT分類，巧媳婦故事的編碼為875。丁氏在這一編碼下面，列有20世紀60年代以前中國境內流傳的這類故事的各種文本221例，足見該類型故事在我國民間流傳的廣泛性與代表性[7]。

上列的敘述，有兩個重點。一是有關這類故事之主角人物的身分問題：在西方大多為未婚的女性，但在東方則大多數為已婚的媳婦。二是依據丁乃通的記錄，60年代以前該類型的故事便已在中國廣泛流傳，若以AT分類系統為依據，則有為數頗多的故事類型及文本集中在AT875號及其相關子類。

因其流傳廣、異文多，頗值得關注，因此其相關研究，亦展現其多角度的不同樣態。例如：學位論文，有黃薰慧「巧媳婦故事研究──以中國、台灣為主[8]」、李俐思「中國民間故事的巧女形象[9]」；單篇論文，以婦女研究角度出發的，有洪淑苓〈台灣民間故事中的巧女故事──兼論台灣民間故事的「媳婦」形象[10]〉、康麗〈利益務實與規範折衷──中國巧女故事中的民

[7] 劉守華主編：《中國民間故事類型研究》（江帆〈女性生活智慧的閃光──「巧媳婦」故事解析〉，武漢，華中師範大學出版社，2006.12），頁636。

[8] 黃薰慧：〈巧媳婦故事研究──以中國、台灣為主〉（國立東華大學，中國文學系碩士論文，2010）。

[9] 李俐思：〈中國民間故事的巧女形象〉（國立台東大學，兒童文學研究所碩士論文，2004）

[10] 洪淑苓：〈台灣民間故事中的巧女故事──兼論台灣民間故事的「媳婦」形象〉，《紀念婁子匡先生百歲冥誕之民俗學國際學術研討會論文集》（成功大學中文系、台灣文化研究中心）

間女性德才觀探賾[11]〉、彭勤〈民間敘事中巧女形象的道德意蘊[12]〉；以故事之敘事結構為重心的，有康麗〈隱匿的秩序：論中國巧女故事敘事結構中的故事範型序列[13]〉。另外，還有談及故事來源的，如金榮華〈佛經「毗柰耶雜事」之智童巧女故事及其流傳[14]〉等。各種不同角度的探討，增加了巧女或巧媳婦之研究的豐富性。但在這麼多的研究中，以AT分類系統為主要依據的探討則還稍嫌不足，而這將是本論述的探討重點。

　　丁乃通《中國民間故事類型索引》中之AT875號的類目名稱為【聰明的農家姑娘】，屬於此編號之相關子類為數頗多，包括875B₁【公牛的奶】、875B₅【聰明的姑娘給對方出別的難題】、875D【在旅途終點遇到的聰明姑娘】、875D₁【找一個聰明的姑娘做媳婦】、875D₂【巧媳婦解釋重要的來信】、875F【避諱】；金榮華《民間故事類型索引》大致都沿續使用了丁乃通原來的AT編號，只是把附屬小寫的數字部分改成小數點，例如875D₁改為875D.1，但為了使類目名稱能更清楚地表達故事大要的內容，金榮華對類目名稱則做了許多的更動及調整，其更改情形如下：【聰明的農家姑娘】→【巧女妙解兩難之題】、【公牛的奶】→【姑娘巧解公牛奶（以不合理喻不合理）】、【聰明的姑娘給對方出別的難題】→【巧姑娘以難制難】、【在旅途終點遇到的聰明姑娘】→【巧媳婦妙解隱喻】、【找一個聰明的姑娘做媳婦】→【巧姑娘妙解隱謎】、【巧媳婦解釋重要的來信】→【巧媳婦妙悟或妙寄家書】、【避諱】→【巧媳婦避諱】，並新增了875B.6【巧女妙智解難題】這一新的子類。胡萬川《台灣民間故事類型（含母題索引）》，則大部分仍使用丁乃通原有的編號及類目名稱，包含875、875B₁、875D₁及

---

[11]　康麗：〈利益務實與規範折衷－中國巧女故事中的民間女性德才觀探賾〉，《民俗研究》（2003第一期），頁148-160。

[12]　彭勤：〈民間敘事中巧女形象的道德意蘊〉，《銅仁學院學報》（第一卷，第五期，2007年，9月），頁55-58。

[13]　康麗：〈隱匿的秩序：論中國巧女故事敘事結構中的故事範型序列〉，《民族文學研究》（2006.1），頁28-40。

[14]　金榮華：〈佛經「毗柰耶雜事」之智童巧女故事及其流傳〉，《中國文化大學中文學報》（第十五期，2007.10），頁1-14。

875F，【巧媳婦妙寄家書】的編號則新編為875D**。我們可以說AT875號及其相關的子類，是「巧女」或「巧媳婦」這一故事類型的最大宗，而這一故事類型叢，大多集中於呈現女主角在言語或文字領悟上的機智反應，而這些機智反應則大多在女主角之「應對」上的機敏及得體中充分展現。東西方的民間故事，有大量的文本皆屬這類故事類型，可見民間大眾對於女性在言語應對上的智慧有很高的評價。

AT875號丁乃通將類目稱為【聰明的農家姑娘[15]】，金榮華則改為【巧女妙解兩難之題】，故事大要依金榮華之敘述如下：

> 聰明的姑娘妙解了一些兩難之題，被國王（縣官）娶為妻子，但約定不可介入他的審案。後來有一案，國王審判不當，姑娘幫受屈者出了主意，因此被休。國王允許她帶走一樣她最喜愛的東西作為紀念。於是她把國王勸醉後帶回娘家，因為這是她最心愛的。國王深受感動，收回休書，兩人高高興興地同回王宮。
> 一般常見的兩難之題如下：
> ①既不是走路，也不是騎馬或騎駱駝而來（騎一隻山羊）。
> ②既非走大路，也非穿過田野而來（順著二者之交界處而行）。
> ③既不能穿衣又不能裸體而來（用網子層層圍裹）。
> ④既帶禮物又沒有帶禮物（手握一鳥，給時鬆手，鳥就飛走；或是看水中之影）。
> ⑤到達後既不在我家屋內，也不在我家屋外（跨著門檻）。

胡萬川875【聰明的農家女】，雖使用丁乃通的編號及類目名稱，然其故事

---

[15] 丁乃通875【聰明的農家姑娘】，其故事大要如下：
Ⅰ（f）既不是走路，也不是騎馬或騎駱駝而來（騎一隻山羊）。（g）既非沿大路也非穿過田野而來（順著二者之間的交界處）。（h）騎著一匹雙頭馬而來（騎在一匹在到達時便生小馬的馬上）（i）帶著又不帶著嫁妝來（給他看水中的月影）（j）既不在我家屋內也不在我家屋外（跨著門檻）。

內容大要[16]與丁乃通的875【聰明的農家姑娘】（金榮華875【巧女妙解兩難之題】）並不相同，反而與丁乃通876【聰明的侍女與求婚者們[17]】（金榮華【巧媳婦妙對無理問[18]】）的故事內容大要相同。

　　江帆〈女性生活智慧的閃光——「巧媳婦」故事解析〉一文，將「巧媳婦」故事分為五類，包含：「智解隱喻型」、「巧解兩難型」、「巧妙避諱型」、「反問難題型」及「妙語巧對型[19]」。這五類大致與AT870-879「娶親

---

[16] 胡萬川875【聰明的農家女】，其故事大要如下：

　　Ⅰa一公子騎馬經過田邊，看見兩兄弟在插秧，便以詩問他們可知一天能插多少秧？兄弟倆不知道如何回答。b有個媳婦，她婆婆看她不說話而懷疑她是啞巴。
　　Ⅱa兩兄弟的姐姐經過，便教兩兄弟如何應對。b某天，有個騎馬的人看見媳婦在田裡插秧，便問媳婦可知道她一天能插多少秧？
　　Ⅲa不久，公子又騎馬經過，兩兄弟便又問他騎馬一天能騎多遠？公子很高興遇到一個才女，便要求娶她。B媳婦反問他，知道自己一天能騎多少路嗎？
　　【說明】
　　　　AT分類法中的編號875，講的是農家姑娘因為考驗顯現其聰明而成為國王的妻子；後因國王生氣將她驅逐，她將國王視為是最珍貴的財產帶回家。本索引所列的故事雖然沒有AT875後半的情節，但主要的情節與此類前半相近，因此仍編於此號。

[17] 丁乃通876【聰明的侍女與求婚者們】，其故事大要如下：

　　故事中的角色並非都是來求婚的，有時他們是來非難這個姑娘的。他們的問題往往有關自然現象，有時是涉及漢語中微妙之處。下列是其中一些普通而簡單的問題和她的反問：（a）男人，「我在上馬還是下馬？」（一隻腳踩在馬鐙上）。姑娘：「我在進入屋子還是走出屋子？」（跨著門檻站著）。（b）男人：「你的父親的（或你的）鋤頭今天鋤了多少下？」姑娘：「你的馬今天走了多少步？」（c）男人：「我要將唾液吐出還是嚥下」姑娘：「我要去解小便還是大便？」（d）其它。偶而也有向一個男孩提出這些問題的。

[18] 金榮華876【巧媳婦妙對無理問】，其故事大要如下：

　　巧媳婦的丈夫是個老實人。一天，他在鋤田，有書生騎馬經過，問他：鋤了一天田，揮了多少次鋤頭？他答不出。巧媳婦教他反問書生，騎了一天馬，馬跑了多少步？書生知道是他妻子所教後，便一腳站在地上，一腳踩在馬鐙上，問巧媳婦：我是在上馬還是在下馬？巧媳婦見了，則去跨在門檻上，反問書生：我是在走進屋子還是在走出屋子？書生佔不了上風，表示巧媳嫁拙夫，猶如花朵插牛糞。巧媳婦因此一氣回了娘家。書生得知後，自知不該，就故意在巧媳婦面前把竹製馬鞭掉在泥田裡，然後不顧衣裳弄髒，跳下泥田去拾取，並表示使用竹鞭多年，深有感情，金鞭銀鞭也不如它，以喻夫妻有情不要嫌。巧媳婦聽了，想想有理，便回到丈夫那裡去了。

[19] 劉守華主編：《中國民間故事類型研究》（江帆〈女性生活智慧的閃光——「巧媳婦」故事解析〉，武漢，華中師範大學出版社，2006.12），頁636-641。

和巧媳婦的故事」的故事類型都能有所對應。丁乃通及金榮華的875號是屬於「巧解兩難型」，而胡萬川的875號以及丁乃通、金榮華的876號則是屬於「反問難題型」。

如附表5所見，《中縣民間文學集㉖》的〈才女〉一篇，是屬於胡萬川的875號，其故事內容如下：

> 現在說個「才女」的故事。有個有錢的公子爺騎著馬在路上奔馳，經過一畦田地，田裡正巧有兩兄弟在插秧，他停下馬來就問：「上坵水漕漕，上坵水漕漕，小阿哥！你一天插幾千棵秧？」……。兩兄弟就將剛剛的情形說給姊姊聽。
>
> 姊姊聽了就說：「沒關係，你們別生氣了，趕快工作，我教你們，等會兒再把他頂回來！」
>
> 過了一會，那人騎馬回來了，兩兄弟用姊姊教他們的話：「一隻馬兒耳掀掀，小伙子！你一天騎幾千步？」

由上述內容看來，這便是典型的「反問難題型」，巧女解決這一難題的方法並不是直接回答難題，而是提出同類的難題反問對方，是一種以難制難的方式，有一句話說：「以其人之道，還制其人之身。」用在形容這一個故事類型應是非常恰當的。而另外一篇〈臆話題〉，其故事類型的歸屬與〈才女〉相同，而文本裡的問答情形，則與丁乃通AT 876之故事大要完全相同，也是屬於「反問難題型」的文本。所以，以硬碰硬、見招拆招並不是最上等的智慧，有時見招不拆招，再搭另一招予對方拆，反而是更高明的。而這個故事類型，也就在讚美「巧女」或「巧媳婦」在語言應對上這種「以其人之道，還制其人之身。」的高明智慧。

另外，同屬於這種「以其人之道，還制其人之身。」的故事類型則還有875B₁（875B.1），這個故事類型丁乃通及胡萬川稱為【公牛的奶】，而金榮華則稱為【姑娘巧解公牛奶（以不合理喻不合理）】，其故事大要依金榮華的敘述如下：

縣官或財主刁難一老漢，要他在三天之內送去公牛之奶，或公雞之蛋；或是給老漢一公牛，要一年後生一頭小牛送去。老漢之女屆時前往說：父親因生小孩在坐月子，不能來。刁難者一聽大怒，指斥男人怎麼可能生孩子！女孩立即回答說：那麼公牛怎麼可能會有奶，或是公牛怎麼會生小牛，公雞怎麼會生蛋！

　　而胡萬川875B₁【公牛的奶】，依其故事大要[20]所述，內容中的b式，實際上是另一個類型──與丁乃通875B₅【聰明的姑娘給對方出別的難題[21]】（金875B. 5【巧姑娘以難制難】）相同，而並不是原來875B₁的內容。會有這種情形發生，我想是因為875B.1與875B. 5這兩個故事類型，其解決問題的方式，都是上述所謂的「以其人之道，還制其人之身。」的方式，因此，在許多故事文本中，其內容有兩種混用的情形，而在台灣的文本中，其呈現的情形應是875B.1的內容較為清楚，875B. 5的內容較模糊，因而導致胡萬川875B₁【公牛的奶】會包含著875B₅【聰明的姑娘給對方出別的難題】的內容。

　　如附表5所見，「中彰民間文學集」裡，屬於【公牛的奶】（【姑娘巧解公牛奶】）這一故事類型的文本有兩則：一為《台中縣民間文學集⑮》的〈巧心舅（巧媳婦）〉，一為《彰化縣民間文學集5》的〈無事牌〉，這兩篇內容屬於【公牛的奶】的部分，都是較單純的875B₁的內容──是屬於

---

[20]　胡萬川875B₁【公牛的奶】，其故事大要如下：

　　I a一戶有錢人，認為錢可以解決一切。b公公以為討了個聰明的媳婦。所以在家門口貼了一張「萬事不求人」的告示。

　　II官員怒其狂妄，a要求有錢人隔天帶一頭懷孕的公牛b要求公公三天內釀像海一樣多的酒，和路一樣長的布去見他。

　　III有錢人（公公）苦惱，其孫（其媳婦）表示願意代替前往衙門。

　　IV孫子（其媳婦）藉口「爺爺（公公）坐月子」不能來反駁官員無理的要求，智取官員。

[21]　丁乃通875B₅【聰明的姑娘給對方出別的難題】，其故事大要如下：

　　在下列大多數說法中，一個姑娘反過來要求（或者教一個男孩子這樣要求）說，如果她必須製作出像山一般大，像天空一般高，像海一般深的東西的話，她首先須要一個精確的尺度。偶而她也會要求一種不可能有的工具來做一件不可能做到的任務。

胡萬川875B₁【公牛的奶】的a式內容，並沒有與875B.5混用的情形。不過，他們仍舊是複合型的故事文本，〈巧心舅〉那一則與875D₁【找一個聰明的姑娘做媳婦】（875D.1【巧姑娘妙解隱謎】）複合，而〈無事牌〉則與875F【避諱】（金榮華875F【巧媳婦避諱】）的這一個故事類型複合。

875F【避諱】是前述「巧妙避諱型」的故事類型，其故事大要依金榮華的敘述如下：

> 眾人故意要一位聰明的少婦傳話給她的公公，但話中有一些和公公名字的一個字同音，如果依照原話去傳，便犯了諱，在從前，這是對長輩的天大不敬。可是少婦用迂迴的方法和同義詞，巧妙地避開了這些字。例如公公的名字中有個「九」字，她便把九月九日說成重陽節，韭菜稱為扁菜或鐮割菜。

如附表5所見，「中彰民間文學集」裡，屬於這一故事類型的文本有4則之多，在AT875號系列的故事類型中，是文本最多的一個故事類型。可見這類故事在中彰地區為人所津津樂道，而這個故事類型是屬於上述的「巧妙避諱型」，故事除了顯現「巧媳婦」對中國傳統禁忌習俗之規避的聰明機伶之外，更重要的則是表現出巧媳婦對長輩的敬重，而這敬重長輩的元素，是生活教育的重要一環，也應是讓這一故事類型可以廣為流傳的重要因子！

如附表5所見，「中彰民間文學集」裡，屬於AT875號系列的故事類型還有875D₁，這個故事類型丁乃通與胡萬川都稱為【找一個聰明的姑娘做媳婦】，而金榮華則稱為875D.1【巧姑娘妙解隱謎】，故事大要依金榮華的敘述如下：

> 公公讓三個媳婦回娘家探親，第一個去三五天，第二個去七八天，第三個去半個月；並分別要她們帶點東西回來，但說的都是隱謎。三個媳婦聽了都不知是什麼意思，後由巧姑娘為之一一破解：三五天是三乘五天，七八天是七加八天，所以三個都是回娘家半個月。

物件的隱謎常見如下：

①紙包風，或紙裡帶風（扇子）。

②紙包火（燈籠）。

③紙包水（傘）。

④竹籃帶水（竹籃裡放活魚）。

⑤不肥不瘦沒骨頭的肉（豬肚）。

⑥黃心蘿蔔，或紅心蘿蔔（雞蛋或鹹蛋）。

⑦煮不熟的菜（生菜）。

⑧骨包肉（核桃）。

其他謎一般的要求如：用一丈二尺青布做四樣東西：一條汗巾，一個錢裕，一件長衫，一條被子。巧姑娘用它祇做了一件長衫，她的解釋是衣衫的小襟可擦汗，袖筒即錢裕，至於被子，則是「日當衣衫夜當被」。

故事大要裡，重在巧姑娘是如何聰明，解決了什麼困難的隱謎，這個隱謎的本身，便是故事進行時的一大娛樂點——聽故事的人，也可在聽的同時，暗自問一下自己：這個公公給媳婦的考驗，他是否也解得開？所以這類故事的流傳，還具有啟智教育的生活意義，是前述所謂「智解隱喻型」的故事類型。

這一故事類型，丁乃通及胡萬川的故事大要結構與金榮華的大致相同。不過，在故事的最後部分，他們都強調了：這個幫人解決問題的巧姑娘，則被出難題的公公大大讚美，並將其娶回家當小兒子的媳婦，故事大要的內容凸顯了「做媳婦」這一點，與類目稱【找一個聰明的姑娘做媳婦】更為契合。

「中彰民間文學集」裡，有3則屬於這一故事類型的文本，分別為《台中縣民間文學集⑮》、《台中縣民間文學集⑳》的〈巧心舅（巧媳婦）〉及《彰化縣民間文學集4》的〈巧新婦〉。其中，《彰化縣民間文學集4》的那一則內容最為簡單，問的是有關數字意涵的那些問題。《台中縣民間文學⑳》的那一則，屬於單純的875D.1【巧姑娘妙解隱謎】的這一類，故事內容並沒有「做媳婦」的這一部分。而《台中縣民間文學⑮》的那一則，內容就

非常的完整，除了包含「做媳婦」的這一部分，後面還複合了875B₁【公牛的奶】這一故事類型的內容，以更顯現這新娶進之媳婦的機伶與聰明。

在「中彰民間文學集」裡，整個AT875號系列的故事類型，反而沒有看到屬於丁乃通875【聰明的農家姑娘】（金榮華875【巧女妙解兩難之題】）的文本。之所以會有這種情形產生，我想與講故事的時代及環境是有關係的。875【巧女妙解兩難之題】其兩難之題中的難題呈現及反擊，如：「既不是走路，也不是騎馬或騎駱駝而來（騎一隻山羊）。」在中彰地區講故事的年代及現實環境裡，是比較難以看見或實現的（與邊疆塞外相比的話），因此，要引起娛樂的共鳴，或對生活教育產生啟智作用，可能就都比不上前述的那些故事類型的文本，使得這一故事類型的文本，在「中彰民間文學集」裡缺了席。

除此之外，整個AT875號系列的故事類型，在「中彰民間文學集」眾多的文本中，仍保留中國的傳統，那便是主角人物仍以已婚的「巧媳婦」居多。巧媳婦的智慧可以有很多的面向，AT875的相關子類，則特別著重在巧媳婦對語言文字的高度悟性，以及言語應對的機敏反應上。江帆對這樣的特質與意義，做了如下的論述：

> 古有「兒媳人口不可用」的俗語，巧婦的嘴巧，能言善辨，自然是逆反之舉。然而正是在這封建禮教的層層重壓之下，民間文學中卻創作了極其豐富多彩的「巧媳婦」故事，生動形象、痛快淋漓地揭露了男尊女卑的家長制壓制女性的本質，謳歌了婦女的聰明才智，針貶了代表封建宗法勢力的公公、官吏等人歧視婦女的愚蠢、醜惡行徑。從這一點上看，「巧媳婦」故事實是對中國傳統的宗法制社會壓迫婦女的一種精神反叛，是對廣大女性爭取自身權利和解放的一種有力鼓舞。這類故事在民間流傳，對增強婦女克服卑微心理，開啟他們的覺醒意識，是具有積極的社會意義和重要的思想藝術價值的[22]。

---

[22] （江帆〈女性生活智慧的閃光──「巧媳婦」故事解析〉，頁642。

語言應對，是人之精神思想的外顯表徵，江帆從封建宗法勢力的角度，為「巧媳婦」的故事，做了深具民間意義的詮釋──民間故事常是現實生活的反向呈現，而精神的反叛便從言語開始。如附表5所見，中彰民間故事屬於這類的故事有9則之多，由此可見，中彰民間故事多麼樂於謳歌婦女在言語上的聰明才智。而這9則文本，在呈現巧媳婦之言語應對的機敏反應時，其場合或時機，大都與為公公排憂解難或與敬重公公而避其諱有關。反叛的骨子，卻穿上了敬重的外衣，這也是民間故事流傳的巧妙手法與途徑。

三、【聰明的姑娘在賽詩中取勝】──想調戲的男子自取其辱

前述江帆〈女性生活智慧的閃光──「巧媳婦」故事解析〉一文，將「巧媳婦」故事分為五類，包含：「智解隱喻型」、「巧解兩難型」、「巧妙避諱型」、「反問難題型」及「妙語巧對型」等，項目中之前四類，在前述AT875號系列的故事類型裡多有呈現，而「妙語巧對型」，則在這即將要述說的故事類型中會呈現。丁乃通876B*【聰明的姑娘在對歌中取勝】，其故事大要如下：

> 這個聰明的姑娘與一位學者（往往是一位秀才）和一位（有時為兩位）別的人一起參加對歌。另一位往往是和尚。她總是比那兩（三）位高明，羞辱他們並且最後取勝。

金榮華《民間故事類型索引》則將此故事類型的編碼改為876B，類目名稱則改為【姑娘詩歌笑眾人[23]】，故事大要內容的結構與丁乃通相同，只是競賽方式，除了對歌還加上了吟詩這一方式，使類目名稱及故事大要的內容都更具包容性。胡萬川這一故事類型的編碼及名稱則為：876*【聰明的姑娘在賽

---

[23]　金榮華876B【姑娘詩歌笑眾人】，其故事大要如下：
　　一位姑娘在途中遇見秀才、和尚等人，相互對歌或吟詩。秀才等人所作，皆自我誇耀或調笑姑娘；姑娘所作，則把他們都取笑了。

詩中取勝[24]】，故事大要的內容，基本上結構也與前兩者相同，不過其競賽方式則只剩下對詩，這大概與他所蒐集到的台灣文本，內容都是對詩的方式有關。這個故事類型，明顯歌頌了婦女的語言詩文才華，推翻了封建禮教下所謂的「女子無才便是德」的觀點。

另外，胡萬川又增加了一個新的子類，編碼及名稱為：876**【巧女智答令出題者難堪】，其故事大要如下：

> Ⅰ有一個（或數個）男子（或秀才、和尚）在赴某地（趕考）途中，遇到一個單身女子（或學生母親），男子想要調戲（或取笑）她，便出了個問題（謎語或對子的上聯）考她。
>
> Ⅱ女子知道男子的意圖，很快對出了下聯回敬。
>
> Ⅲ女子的下聯顯然比較辛辣，反而讓男子自取其辱而下不了台。

就故事大要的內容看來，此一故事類型，與前述876*【聰明的姑娘在賽詩中取勝】是非常相似的，只不過876*是女子一人對多人，而876**則是採取單挑的一對一方式。

在「中彰民間文學集」裡，屬於876*【聰明的姑娘在賽詩中取勝】這一故事類型的文本有〈過橋題詩〉這一則。故事內容中，女子與其他兩個男人的對詩，是非常精彩的，其內容如下：

> ……「這樣好了，你們先別爭，凡是能以『清和橋』」這三個字拆字題詩的，就讓他先過。」三個人都異口同聲說：「這樣好！好！」說完之後，和尚就先以「清」字拆字題詩，他說：「有水亦清，無水亦青，去水添爭便是『靜』。清清靜靜人喜愛，我去西天當如來。」

---

[24] 胡萬川876*【聰明的姑娘在賽詩中取勝】，其故事大要如下：

Ⅰ一座橋剛完工，三個人（和尚、教育界人士、女人）搶著過橋。

Ⅱ長老提出「凡能以『清和橋』三字拆字題詩者，便可先過橋。」（或得獎賞）

Ⅲ三人各以一字作詩，女人因詩巧而獲勝。

　　大家聽完都稱讚說：「不錯！不錯！」另外，一個教育界的人士聽
到大家稱讚和尚，連忙說：「後面還有呢！後面還有呢！」於是，大
家就回過頭來開始注意他。他以「和」字來拆字題詩，說：「有口亦
和，無口亦禾，去口加斗便是科。科舉人人愛，我去四川當學台。」
說完之後，大家也異口同聲稱讚他：「不錯！不錯！」教育界的人士
說完之後，後面還有一個女人要拆字題詩，她以「橋」字為題，說：
「有木亦橋，無木亦有喬，去木加女便是嬌。嬌嬌滴滴人人愛，娘生
兩兒來，一兒四川當學台，一兒西天當如來。來！來！來！兩兒隨我
來。」沒想到最後題詩的這個女人反應更敏捷，她的詩把前面兩個人
都給包含進去了，很顯然地，她佔了上風，於是另外兩個男人只好心
服口服地讓她先過橋了。

由上述內容看來，整個文本內容的重點便是在「對詩」上，故事中女子的機
智表現，不僅在能拆字題詩、對答如流上，更勝一籌的是，她的詩作意涵更
勝那些自以為是的男子，文本通過「對詩」的方式，不僅大大讚美了女子的
詩文才華，同時，也通過「對詩」的方式，顯現了這個故事文本的啟智教育
作用，同時也達到了娛樂的目的。
　　又「中彰民間文學集」裡，屬於876**【巧女智答令出題者難堪】這個
故事類型的文本，有〈先生先死〉這一則，其故事內容如下：

　　　有一天，有一個秀才在教書時，那小孩子的母親就站在門邊，在
抓癢，一直抓，拼命抓個不停。這個老師就存心想作弄她，便出個題
目，讓學生來對，題目說：「癢癢抓抓，抓抓癢癢，不癢不抓，不抓
不癢，愈癢愈抓，愈抓愈癢。」那個學生想了半天，對不出下句，便
跑去問他母親。
　　　……他母親聽完，便說：「好啊！你這骯髒老師竟然戲弄我。」
於是她就想好答案，並要孩子不用回答老師，她代替回答就好。她便
說：「生生死死，死死生生，不生不死，不死不生，先生先死，先死

　　先生。」老師一聽，當場難堪不已，不下了台！

　　就故事內容看來，其「對詩」的方式與「對詩」後的結果，與前述876*【聰明的姑娘在賽詩中取勝】是相同的，唯獨不同的地方，就是這個文本裡，人物的對抗則是一對一的狀態。

　　AT875的相關子類，其主角身分以已婚的「媳婦」居多，但AT876B*這一故事類型，不管是丁乃通或金榮華所蒐集的文本，多以未婚的「巧女」為主角。不過，中彰民間故事的這兩則，屬於876*【姑娘在賽詩中取勝】的那一則，主角則只說她是女人，屬於876**【巧女智答令出題者難堪】的那一則，卻還是以已婚的婦女為主角。AT875若是對封建家長的反叛，那麼876B*及其相關子類，則是對封建社會中男尊女卑，心存調笑婦女之狂妄男的反擊。

四、【祕密的慈善行為】──路遙知馬力　日久見人心

　　「路遙知馬力，日久見人心。」是大家耳熟能詳的一句俗諺，意謂路途遙遠的試煉，才知道馬的耐力如何；而人心的善惡，也須經時間的考驗才能得知。人心善惡的辨識──朋友的真誠與否，則常是最首要的考驗。

　　江帆〈真假朋友的試金石──「路遙知馬力」故事解析[25]〉一文，將「路遙知馬力，日久見人心。」這類「真假朋友的試金石」之故事分為三型，包含暗報友恩型、洞房誤會型、以計助友型。並認為若依AT分類系統的分類，這類故事似可歸在丁乃通893*【祕密的慈善行為】（金榮華則將此故事類型改為893A【至友報恩不明言[26]】）這一故事類型當中。

25　劉守華主編：《中國民間故事類型研究》（江帆〈真假朋友的試金石──「路遙知馬力」故事解析〉，武漢，華中師範大學出版社，2006.12），頁595-604。

26　金榮華893A【至友報恩不明言】，其故事大要如下：
　　　甲乙兩人是好友。甲富乙窮，所以甲常在經濟上幫助乙。後來乙上京考試，做了大官或是在別處發了大財，而甲則家境敗落。於是甲去向乙求助，不料乙對甲祇是一般朋友相待，一直沒有要幫忙的意思，甲遂憤然離去。回到家中，才知乙已暗中為其購置產業，恢復了家園。

丁乃通893*【秘密的慈善行為】，其故事大要如此敘述：

> 有兩個熟悉的朋友。甲對所有的友人都慷慨，總是在經濟上幫助乙，但是乙顯得對他的好心並不欣賞。當甲陷於困境時，乙好像也不幫忙。當甲的處境確實十分危急時，他才了解到乙一直為他在別的地方暗暗地購置了財產或投資其他生意，並已為他掙了很多財產。

江帆「暗報友恩型」的故事內容則如下：

> 故事講一對好朋友，一個叫路遙，一個叫馬力。路遙有錢，一貫仗義疏財；馬力家窮，却也喜做善事。這一年，馬力出門做生意，向路遙借了幾百兩銀子。不料，路上幾次遇見修橋補路或有人遭難，馬力就以路遙的名義把銀子全捐出去了，自己落得流落他鄉。後來，他偶然獲得一筆財寶，過上富裕的日子。數年後，路遙家遭天火破敗了，去投奔馬力。路遙述說了家中變故，不料，馬力並沒有相助之意，也不提還銀一事。路遙暗恨自己交錯了朋友，住了幾月，只好返鄉。回到家，却見自家已蓋起高院大宅，典當的家產也全都贖回來了。家人告訴他，是馬力派人操辦的。路遙才知錯怪了馬力[27]。

由上述的故事內容看來，與前述丁乃通893*【秘密的慈善行為】（或金榮華的893A【至友報恩不明言】）的故事大要相符。所以，是可以將「暗報友恩型」這一類故事，歸納在丁乃通的893*型或金榮華的893A之故事類型。

而另一型——「以計助友型」，江帆所舉的故事例子及說明如下：

> 商人路遙與員外馬力是無話不說、患難與共的好朋友。這天路遙到馬力家辭行，說他第二天要外出做買賣，三年以後回來，請朋友幫

---

[27] 江帆：〈真假朋友的試金石——「路遙知馬力」故事解析〉，頁596。

忙照顧自己的家。馬力滿口應承：「哥哥放心走吧，一切有我呢！」路遙便放心地出門了。

　　轉眼間，三個月過去了，路家糧食吃光了。女主人就打發老僕去馬家借糧。哪知還沒等聽完老僕的話，馬力就暴跳如雷，喊道：「你們主人剛出去三個月就沒糧了，總共三年呢，叫我怎麼搭得起？沒有！」

　　路家老僕萬沒想到主人的朋友會忘情這麼快，氣得鬍子亂顫，老淚直流，趔趔趄趄地走出馬家正房。到了耳房旁邊，就見馬家老僕追了出來。那老人左右撇目撇目，見沒人注意，就把路家老僕拉進自己住的屋裡。聽了他的哭訴，憤憤不平，說：「知人知面難知心哪！這麼吧，我這些年也攢了點錢，給你們買些線，讓你們女主人帶著女僕們織了布，我再給賣掉，也許能維持生活。」路家老僕止住淚，「那我就替主人謝謝你了！」

　　就這樣，路家成了織布作坊，上上下下忙活著，日子過得還真不錯。加上女主人要爭口志氣，把屋前屋後，院裡院外經營得利利整整，倒比主人在家要好些。

　　接下來，故事講路遙回來，見家裡井井有條，以為是馬力照顧的結果，要登門致謝。路妻一聽嚎啕大哭，訴說了馬力如何絕情。路遙氣憤難消，就去找馬力算賬。經馬家老僕訴說，方知此乃馬力蓄意所為。原來，馬力接受拜托後，認為照顧盟兄家業事小，而此三年中如兄嫂在家耐不住寂寞，紅杏出牆，才是對不起兄長的大事。就想了個可使兄嫂收住心，穩住身的計策。他讓老僕出面，出錢買線；讓路妻帶人織布，他再暗中將布購回。三年下來，買回的布已經堆滿馬家倉庫。由此，路遙知道自己錯怪了朋友[28]。

上述「以計助友型」的故事內容，與丁乃通893*型或金榮華893A之故事大要的定義，其情節發展仍有些差異。金榮華之索引，另外編了893 B【避嫌的

---

[28]　江帆：〈真假朋友的試金石——「路遙知馬力」故事解析〉，頁598-599。

接濟方法】這一子類型，其故事大要的內容[29]，則與上述「以計助友型」的故事內容契合。所以，可以將「以計助友型」的這一類故事，歸在金榮華所設的893 B型。

　　由上述故事內容看來，「以計助友型」也算是另一種「秘密的慈善行為」，只是「暗報友恩型」，其經營的重點在「家業」上；而「以計助友型」的經營重點則在「女主人」身上。兩者都給予朋友「暗中」極大的幫忙，而這個「暗中」的協助，都得經歷一些時日。並且，在給予的方式上，表面上都是無比的絕情，但實際上卻是充滿著無比的義氣，當朋友揭開那無情的面紗時，才恍然自己誤解的愚蠢，甚而因此覺得羞愧，這也就是故事顯現張力之處，而聽眾也就在此時得到了「真心朋友應如是」的滿足，聽故事時情節的張弛及娛樂性也就盡在其中。

　　「暗報友恩型」及「以計助友型」，雖然其報答的方式或手段不同，但其故事內容都是屬於「暗中的幫助」，但江帆所舉的另一型：「洞房誤會型」，則是一種暗中的試探，在上述丁乃通或金榮華的故事大要中則都無法呈現。其文中所舉的故事梗概如下：

　　　　路遙與馬力是同窗共讀的好友。路遙家貧，馬力富有，馬力經常在生活上接濟路遙。這一年，兩人進京趕考。路遙考中狀元，馬力名落孫山。路遙到外地作官後，書信漸少，馬力認為路遙忘恩負義。幾年後，路遙結婚，邀馬力參加婚禮。為試探路遙的誠意，馬力提出一個要求。路遙想到馬力多年資助自己，也沒問就答應了。誰知馬力的

---

[29]　金榮華893B【避嫌的接濟方法】，其故事大要如下：
　　　甲乙兩人為好友，甲因事遠行，託乙代為照顧其妻小。乙當時一口答應，但甲走後他不僅不曾去甲家探視，並且也不曾在經濟上有任何支援。幸好甲妻擅長刺繡，有店舖願以高價收購其作品，一家生活才得無憂。數年後，甲回家得知情形，對乙十分不滿。乙乃邀甲至其家，出示甲妻在這幾年中全部的工作成品。原來乙恐甲不在家而常去探視會惹人閒話；直接送錢糧，則恐甲妻整日閒暇，串門子或多是非，因此託店舖假言收購刺繡，使其自食其力而心無旁騖，甲聽了解釋，恍然大悟，急忙向乙賠禮道歉，友情益厚。

要求卻是：洞房花燭頭三夜由他入宿。路遙十分氣惱，但話已出口，也無可奈何。路遙熬過三天，第四天晚上進了新房就悶頭看書。新娘不高興地說：你已連看三夜書了，今晚還看？路遙一愣，才知道馬力是在試探他。幾年後，馬力家遭天火，到路遙家中求借。馬力說明來意，路遙板著臉沒吭聲，給他安置了住處，每日著人款待，一連數月不再露面。半年過去，馬力執意回家，路遙派人護送，卻沒有錢財相助。到家一看，更加窩火，不知何人占了宅基，新蓋起四合大院。馬力要找這家人算賬，老母笑著迎了出來，告訴他，房子是路遙給蓋的，說是你讓蓋的，還給你留下一封信。馬力拆信一看，上面寫著：你蒙我三夜，我悶你一春。路遙知馬力，日久見人心[30]。

從上述內容看來，不管是丁乃通的893*或金榮華的893A、893B之故事類型，確實都無法完全呈現上述的故事內容。不過，胡萬川新增了一個類型893**【友情的考驗】，這一個故事類型與江帆的「洞房誤會型」則是相符合的，此型之故事大要如下：

Ⅰ 有一對好友，名字各叫路遙與知馬力。

Ⅱ 富有的知馬力很照顧家裡貧窮的路遙，甚至出錢讓路遙娶媳婦，但知馬力要求新婚的前三天，路遙要讓知馬力代替他。

Ⅲ 三天後路遙進新房，才知道事實上知馬力只是要試探路遙與自己的友誼是否經得起考驗，並沒有侵犯路遙的媳婦。

要特別說的是，胡萬川所新增設的這個故事類型，在其故事來源中，只看見《彰化縣民間文學集7》〈路遙知馬力〉這一篇。所以，可以這麼說：893**【友情的考驗】的故事大要，是專為《彰化縣民間文學集7》〈路遙知馬力〉這一文本所寫的。另外，就文本的量而言，893**【友情的考驗】只蒐

---

30 江帆：〈真假朋友的試金石——「路遙知馬力」故事解析〉，頁597。

集了一個文本，並沒有超過三個，這樣的文本數量，其實並不足以形成一個新的子類。不知是否胡萬川看到不少台灣以外的同類故事，但因其索引是專為台灣地區的故事而編，所以他便編了類目及故事大要，但並沒有將台灣以外的文本置於其索引書籍中。江帆在「洞房誤會型」這一部分的論述中，她列舉了山西、吉林、遼寧等各省為數頗多的文本，而這些文本的量確實足以增加一個新的子類。893**【友情的考驗】這一個新增的子類，在台灣的文本量不足，卻在別的省分中看到了同類的文本，是特別值得一說的事。

　　「路遙知馬力，日久見人心」這類的故事，與前述「人為財死，鳥為食亡」的故事一樣，都是將俗諺與故事粘合。對於俗語故事的生成，江帆有如下的論述：

　　　　一般說來，俗語故事的生成有兩種情況：一是故事在先。社會民眾為了表達自己的是非褒貶，喜怒哀樂，而把流傳於民間的神話傳說、歷史掌故、趣聞軼事等高度概括成凝練的「語句」，爾後，再利用口傳心授的方式不斷地發展，豐富其情節，使之日臻完美。一是俗語在先。猶如少數民族民眾在語言交流中喜愛運用諺語比擬一樣，我國漢族民眾在日常生活與社會交往中，也喜歡運用俗語來表達對人生的觀點看法。為了強化俗語使用的有效性，人們便創作出妙趣橫生、引人入勝的故事，以說明這些俗語具有可靠的依據。同時，也滿足了民間社會對事物來歷慣於追根問底的偏愛。

前述表達「人為財死，鳥為食亡」這一俗語的故事──包含【太陽國】或【尋寶者互相謀害】之故事類型的文本，在成語未粘合之前，其本文自身便有很獨立而完整的故事性及傳說性，俗語通常在文本的最後才與故事粘合，粘合之後則增加了故事的說服力及流傳性，較屬於上述之「故事在先」的種類。而「路遙知馬力，日久見人心」這一類的成語故事，不管是893*【秘密的慈善行為】、893B【避嫌的接濟方法】或是893**【友情的考驗】，這類的文本則較屬於「俗語在先」的種類。此類文本，甚至從主角的人名便是一

種有意的設計，俗諺與故事粘合的痕跡則更形明顯，而故事的情節發展，也以主角人物「路遙知馬力」為鈕扣，從而解開「日久知人心」的情節迭宕，確實強化了俗語使用的有效性及可靠性。

所謂「在家靠父母，出外靠朋友。」朋友是人們生命互動中非常重要的對象之一，有關「朋友間真誠的試探與考驗」，便也成為民間故事的焦點。以「路遙知馬力，日久見人心」這一俗語的思維為故事重心的文本，以AT系統的角度觀察，文本量最多的是江帆所謂的「暗報友恩型」，也就是丁乃通893*【秘密的慈善行為】（或金榮華的893A【至友報恩不明言】）的文本最多。但在〈真假朋友的試金石——「路遙知馬力」故事解析〉一文中，江帆則認為「洞房誤會型」是這一俗語故事最為常見的型式[31]，換句話則是893**【友情的考驗】這一文本量最多。在台灣有關「路遙知馬力，日久見人心」這一俗語故事的流傳並不廣泛，在中彰民間故事中只有一則，而檢視胡萬川的索引，台灣地區的文本也只有這一則，而這唯一的文本，則屬江帆所說的「洞房誤會型」的文本。

五、【老人與小孩的對話】——沒心機勝過想佔便宜

AT編號920-929「聰明的言行」，這個範圍內的故事類型講述了各種不同人物的聰明言行，其中AT921【國王與農民的兒子】，講述這個恭順的男孩（農民的兒子）可能是一個獵人、皮匠等。他回答了種種古怪的問題。金榮華依這一個故事類型，編了許多新的子類，都是平凡的人或是你認為沒有勝算的人，他們以高智慧，回答了古怪的問題。

舉例而言，如921A【四塊錢】：

> 工匠告訴國王，他每天賺四元，用四元：一元用於飲食，一元還債
> （供養父母），一元放債（供養子女），還有一元則是白白扔掉（給

---

[31] 江帆：〈真假朋友的試金石——「路遙知馬力」故事解析〉，頁597。

妻子）。

又如921D【哪裡才安全】：

> 一名水手說，他的父親和祖父都是水手，也都在海上遇難喪生。有人問他，為什麼還要做水手，難道不怕也溺斃海中嗎？水手反問那人，他的父親和祖父死在哪裡？那人的回答是在床上，「那麼你會害怕上床睡覺嗎？」水手問。

其它如921E【從來沒聽過的事】、921H【眼睛最大】、921H.1【男人女人何者多】以及921J【小孩問答勝秀才】都有類似的古怪的問題，而故事裡的主角，都能以特別的觀點巧妙地回答了問題。

胡萬川也在編號921下設了一個新的子類，為921*【老人與小孩的對話】，其故事大要為：

> Ｉ有個老人開了一家雜貨店，喜以話語佔人便宜為樂。
> Ⅱ某天他想作弄一孩子，卻因為孩子沒心機，反被他的回答佔了便宜。

而這個故事類型的來源，胡萬川仍如前一個故事類型一樣只有一例，如附表5所見，便是《彰化縣民間文學集7》的〈偏人（佔人便宜）〉，其內容重要橋段如下：

> ……第二次，這個小孩又來買東西，這回老板想：「上一次沒在說話上佔上風，這回沒扳回一城不行。」於是，又問他：「孩子、孩子，你有『令尊』嗎？」這小孩聽不懂，便問他說：「『令尊』是什麼東西？不曾聽過。」老闆就說：「『令尊』就是小弟啦！」老板原想佔了他便宜，一下子就變成這個小孩的爸爸了。不料，小孩子沒聽懂他的意思，接著又說：「哦，原來令尊就是小弟哦，我沒有令尊啦，老

伯，那你有令尊嗎？」老板聽了嚇了一跳，沒想到這個小孩竟會反問他同樣的問題，他只好回答說：「沒有，我沒有『令尊』。」小孩說：「這樣子，我做你的『令尊』好了。」在這個小孩想，給他做弟弟有什麼關係，便隨口問他。老板一聽，當場楞住，要佔人便宜，反倒教人先佔了自己便宜。……

想在言語上佔人便宜的人時有所見，這些人是令人討厭的，如果在這個過程中，他們反被佔了便宜、吃了虧，這是令聽眾感到高興的，尤其讓這個愛佔別人便宜的人吃虧的，竟是一個天真而沒有心機的小孩，這種反差的效應就更為明顯，相對的，就更能令聽眾拍手叫好，更增強了故事的娛樂性。只是很可惜的是，這個簡單但深具「笑果」的故事類型，其故事文本顯然太少，也許，在另一次的田野調查中，能夠再為此類型，找到更多的文本。

六、【為自己命運負責的千金小姐】──女性婚姻自主的爭取

「中國封建社會中儒家對女性的主要道德規範是「三從」，「在家從父，出嫁從夫，夫死從子」。它們不僅嚴重束縛了中國婦女身心，而且「曾經是世界性的傾向」[32]。」因此，在曾經是世界性的父權社會中，女性在未出嫁之前，一切以父親的規則為規則，父親有著像烈日一樣的嚴威，也確實握有關鍵性的決定權柄，就連自己的婚姻大事，女兒也只能聽從父親的決定。若要爭取婚姻自主，對抗像烈日一般的父親，那可得有過人的勇氣。

在AT分類系統裡，丁乃通編號923B【負責主宰自己命運的公主[33]】便是

---

[32] 劉守華：《比較故事學》（上海，上海文藝出版社，1995.09），頁334-335。

[33] 丁乃通923B【負責主宰自己命運的公主】，其故事大要如下：

女主角通常不是一個公主，而是一個高貴人家的少女。

I〔判斷〕故事開頭各有不同：（d）有一天最小的女兒要選擇對象，她向一個窮人家的男子拋繡球（表示選他為丈夫），有時，是由一位神仙叫他那樣做的。或者是（e）她吃了一只動物的蛋，就懷孕了。（f）她騎上一匹馬或牛，讓它載她到命中注定的丈夫的地方去。

屬於這類的故事類型。金榮華則將此一編碼及類目改為943【對自己命運負責的公主】，其故事大要依金榮華的敘述如下：

> 公主騎牛配親，或富商之第三女認為一切靠自己的命，惹惱了父親，把她嫁給一個砍柴燒炭的窮漢。一天，公主或富家千金取出帶來的金子，叫丈夫拿去換錢，窮漢不信這東西值錢，並說此物在他山中燒炭處遍地皆是。妻子叫他拿些回家一看，果然是金子，從此成了鉅富，女方父也認了這門親事。

金榮華認為：「923B是『生活故事』中『聰明的言行』類的號碼，但這則故事並未顯示女主角的聰明，只是顯示了女主角的幸運。今移置於同屬『生活故事』之『命運的故事』類，編號943，類型名稱改為『對自己命運負責的公主』。」從上述之故事大要看來，確實如金榮華所說，內容所顯示的是女主角的幸運而非聰明，因此，他做了更合適的類目調整。胡萬川則大致仍依照丁乃通所設的編號及類目名稱，只做了一點小調整改為923B*【為自己命運負責的千金小姐[34]】。

II（d）她的丈夫從來不懂得使用金銀，當她給了他一些零星的金銀並要他好好利用它時，或者是（d¹）當她看到他把寶貴的金屬在家裡當做石頭看待時，她就勸他不要那樣做。他指出深山裡能找到大量的這種東西。他們就一起到深山去將寶貴的金屬帶回家或者是（d²）他們也帶回家一塊能吸金子的神石板。因此他們變得很富有。（d³）他們找到一隻會下金子的兔子。

III（c）最小的女婿使勢利的丈人和其他親戚們在宴會上丟醜。

[34] 胡萬川923B*【為自己命運負責的千金小姐】

I a富翁的第三女兒不嫁給有錢人，要嫁給窮人。b王家有三個女兒，老三王寶釧要嫁皇帝。c富翁有三個女兒，第三個女兒說她靠自己吃飯。

II a富翁把她嫁給窮人。b王子變成乞丐到王家。

III a窮人發現財寶，但是財寶是給李門鐸。b王寶釧拋繡球給乞丐。c窮人家都是黃金，但窮人並不知道。d窮人家都是黃金，但窮人並不知道。窮人搬了一些，土地公說其他的是「偎門鐸」的。

IV a窮人生的小孩剛好叫李門鐸，因而得到財寶。b王寶釧要嫁給乞丐，父親將她嫁給乞丐。c第三個女兒告訴他之後，變成有錢人。

V a窮人在富翁壽宴上得到其他兩個女婿的家產。b乞丐與二位姊夫去從軍，成為蕃邦

　　從故事大要的內容看來，女主角看似幸運的，然而她的幸運，其實是的她勇氣換來的。在整個婚配的決定過程中，女主角對其父親並沒有進行什麼激烈的抗爭，只是不屑父親的財富及決定。父親可以給她看得見的財富，讓她嫁有錢的夫婿；老天則只能給她未知的命運，以及一個陌生而貧窮的小子。要放棄唾手可得的財富，去豪賭未知如何的命運，這便需要勇氣。但為了逃脫父權對女性婚姻令人窒息的束縛，女主角寧可消極的認了老天給的「命」，也不願接受父「命」的決定。在她消極的作為裡，隱藏著積極的反抗思維。

　　「中彰民間文學集」裡，如附表5所見，屬於這一故事類型的文本有〈李門鋒——水雞土仔的故事〉、〈王寶釧的故事〉、〈嫁分捉蝦蟆个（嫁給捉田雞的）〉及〈食自家（吃自己）〉等4則，為數頗多，算是一個流傳甚為普遍的故事類型。就以〈食自家〉這一篇為例，其主要內容如下：

　　　　有一個人很有錢，生了三個女兒，他就問大女兒說：「你靠誰吃飯？」她說：「我靠自己（的命）。」又問老二、老三說：「你靠誰吃飯？」她們說：「我靠爸爸。」他就說：「好吧！妳們靠我吃飯，我就很疼妳們。那個吃自己的，就找一個很窮的，三天只吃七頓飯的嫁給他。」

　　　　於是他就派他家僕人到河邊到處去找，找到一個在釣魚的人，僕人就說：「喂！喂！喂！來啊！來啊！我跟你說話。」那人說：「說什麼話！我這條魚沒釣到就沒飯好吃。」僕人聽到他說沒飯吃很高興的「哇」一聲，就把他捉起來，帶去見員外。

　　　　僕人說：「員外呀！這個人魚沒釣到就沒飯吃，三天只吃七頓飯，讓你當女婿，值得慶祝哦。」

　　　　這個員外就以逼迫的口氣說：「我這個女兒給你當老婆。」他就想，「冤枉呀！我自己都吃不飽了，你女兒還要給我當老婆。」他就在那兒哀求。可是員外有辦法，強押他的女兒給那人當了老婆。……

駙馬。乞丐回國試妻，成為兩國國王。a複合類型745【命中注定的財寶】。

故事裡的女主角，只是不認父親的強權，就因此惱怒了他的父親，而她的父親為了維護其父權的尊嚴，也不惜對女兒的婚姻做「懲罰」，「特地」找個窮人，以強迫的方式把女兒嫁給他，以宣示父權的不容挑戰。而故事的後半則如故事大要裡所述，這個女兒所嫁的是一個不知道自家所用石塊皆金磚的窮人，卻反而應驗了「吃自己」的好命，故事內容有著諷刺性的意味。

另外一篇〈嫁分捉蝦蟆个（嫁給捉田雞的）〉的，其故事內容則更突顯女主角對婚姻自主的強調，其故事內容主要如下：

> 從前，有個捉田雞賣的人，每天都捉田雞到伙房那邊去賣。那邊有一個員外，這員外有三個女兒。大女兒嫁給有錢人，二女兒也嫁給有錢人，三女兒還未嫁。那捉田雞的，每天到她家裡去賣，她居然要梅香叫住那捉田雞的，叫那捉田雞的帶她去捉田雞。她就中意他，誰做媒她都不要，她就只中意那捉田雞的。
>
> 她的爸媽就說：「哪有人有錢也不要？」那女孩不要有錢人，她就是同那捉田雞的有緣分。她對她爸媽講，她要嫁給那捉田雞的。她爸媽不肯，說：「妳若是愛他，就收拾好包袱跟他走。」她當真就跟那捉田雞的走了。
>
> 那捉田雞的一個人住在茅屋，帶她回去後，常常兩人就捉田雞、釣田雞。那小姐叫做春梅，每天兩夫妻都一起去釣田雞。
>
> 有一天，釣起一隻田雞，哇！可真大隻呀！那田雞死命掙脫後趕緊跳進洞裡去，那捉田雞的說：「這麼大隻啊！一定跳到洞裡去了。」說著就拿鋤頭去挖，挖著掘著，竟挖到金塊，一綑金塊，裡面寫著：「這是田雞兩夫妻應得的金塊。」他們很用力的把金塊給搬回去，賣一賣，蓋了一棟洋房可真大咧。

故事內容有幾點值得一提的，第一是，閩南語俗諺有一句「三女兒吃命」（意是三女兒的命最好，靠自己的命運就可以了。）這雖是一則客語故事，但女主角的身分是三女兒，卻與這句俗諺卻相符，也與金榮華在故事類型的

大要裡所敘述的相同。第二是，更強調女主角對婚姻自主的執行。縱使女主角已向父母秉告，但不能獲得父母的認同，所以並沒有婚禮，女主角幾乎是以「私奔」的方式，與她中意的對象結為夫妻。第三是，這類故事的幸運結局，對女主角的作為是一個正向的支持。

在傳統社會中，女性婚姻自主確實不易，而對這種束縛與壓力的反彈，表現在民間故事中的，卻是對女性婚姻自主的支持，對她們自己所主張的對象，故事內容常會給予「天意」般的幸運結局，而943【對自己命運負責的公主】則是這類故事的典型。

另一則與「私奔」有關的故事類型，則是在「公主出嫁」（850-869）之範圍內，丁乃通編為856【和一個假冒的男人私奔的姑娘】，這一故事類型的故事大要，丁乃通講的非常簡短，內容如下：

Ⅰ（c）由於偶然機會男主角在約會地點等待。
Ⅱ（c）他的唯一的婚姻。

這個故事類型的內容呈現，一般都是與別的故事類型內容做複合型的表現。如附表5所見，「中彰民間文學集」裡有這一故事類型之內容的文本有4則，這4則全部是複合型的文本，最常與之複合的故事類型，則是745A【命中注定的財寶】，或是745B【荒屋得寶】。

在中彰民間故事裡，這個私奔的姑娘是一位有錢人的千金小姐，她原本要私奔的對象是家中戲班子裡的男人，而一個窮小子則因某種因緣際會，在暗夜裡因走累了，剛好站在小姐與人相約私奔的地點休息，小姐便把這個窮小子誤認為是要與她一起私奔的對象，等到她發現時，他們已走了非常遙遠的路程，後來小姐認為這個窮小子與她有緣分，因此也就將錯就錯與他結成夫妻，後來他們在借住的荒屋或是別的地方得到了大量的財寶，窮小子與這私奔的姑娘從此過上了好日子。這一段是「中彰民間文學集」裡，每一個文本都會講的內容，然後再依每個文本不同的故事目的與別的故事類型結合。

故事文本裡有這一故事類型之內容的中彰民間故事，其文本的最大特色

是，大都有宣揚好風水的重要或命運注定的意識。故事裡的窮小子，便是在
祖先的骸骨移置風水寶地之後，他往風水師所指示的方向走，才遇上了這個
要私奔的姑娘，得到了他原本根本都不可能有的老婆。而這個私奔的千金小
姐，也沒有因為私奔而變得命運乖舛，仍然與這半路撿來的丈夫過著幸福的
日子。所有的文本，也都沒有對姑娘的私奔有任何的非議，反而要感謝其私
奔，窮小子的命運才得到了改變。這樣的幸運結局，與前述943【對自己命
運負責的公主】這一故事類型一樣，在傳統社會對女性婚姻自主不易，所面
臨的束縛與壓力，民間故事都傳達了一種對女性婚姻自主的支持。

七、【如何避免命中注定的死亡】
──求仙添壽之鬥所隱含的婚儀意義

　　在AT分類系統之「生活故事」，編號930-949之間的「命運的故事」，
丁乃通編了一個934D$_2$【如何避免命中注定的死亡[35]】的故事類型，金榮華則
將它改置於「宗教神仙故事」的「其他」類（815-849），編號及類目調整
為829A【神仙應請增人壽】，而故事大要依金榮華的敘述如下：

　　　　卜者算出一個年輕人的壽命不長，教他備了酒菜，在某時到某地去看
　　兩位老人下棋。兩位老人一邊下棋，一邊隨手取吃年輕人準備的酒
　　菜。當他們下完棋，才發現旁邊有個年輕人，並且還吃完了他的酒

---

[35]　丁乃通934D$_2$【如何避免命中注定的死亡】，其故事大要如下：
　　　　一位占卜者（或一位女神）告訴一個青年他要活（a）18歲、（a^1）19歲、（b）
　　64歲、（b^1）68或69歲，便要死，（c）青年的父親聽到以後，追趕占者問他怎麼辦，
　　或（d）一位女神教了青年一個辦法，（e）遵循卜者的提示，青年找到一個紅臉的
　　（生神）和一個黑臉的或白臉的（死神）。神在下棋，他在他們的桌子上放了一些酒
　　食，他們毫沒懷疑就吃光了。當棋下完，他便懇求他們延長他的壽命，他們覺得一定
　　得給他點好處，便打開生死簿把他的既定死期改為（e^1）888歲，（e^2）80歲，（e^3）
　　99歲，（e^4）864歲。（e^5）100歲，或（f）告訴他在他注定要死的那一天在某十字路
　　口放一張桌子，躲在桌子下面，死神的使者吃了宴席後，他就出來請求開恩，把他的
　　名字挪到生死簿的邊緣，這樣在裝訂簿子時他的名字便看不見了。

菜，便商議要怎麼酬謝。年輕人則立刻依卜者指示，懇求他們延長他的壽命，原來這兩人是掌管人們生死的大神。他們因為已經吃了年輕人的酒菜，覺得總要給他一點好處，終於同意讓他多活數十年。或是誘使死神使者先吃了他所準備的宴席，然後請求開恩，把他的名字移到生死簿邊緣，這樣在裝釘簿子時他的名字便會被夾住而看不到。

金榮華也說明何以要做調整的原因：「案，934D.2是『生活故事』中『命運』類的號碼，但這是一則神仙和人的故事，今移至『宗教神仙故事』的『其他』類，編號829A，類型名稱改作『神仙應請增人壽[36]』」。胡萬川保留了丁乃通的編法[37]，故事大要中的a式說明，與丁、金之故事大要的內容一致，但故事大要裡b式所呈現的內容，則只有依靠卜算者的幫助並沒有神仙的協助，與丁、金對這一故事類型的述說則有不同。

　　如附表5所見，「中彰民間文學集」裡，屬於這一故事類型的文本有4則，篇名為〈彭祖添壽〉、〈周公鬥桃花女〉、〈周公大戰桃花女〉及〈彭祖的故事〉等，就從篇名看來，故事中的主角人物便不是一般的人群大眾，而是與神仙相關的傳說人物，確實是神仙色彩濃厚，有別於一般的生活故事。

---

[36]　金榮華：《中國民間故事與故事分類》（台北，中國口傳文學學會，2007.09），頁119。

[37]　胡萬川934D^2【如何避免命中注定的死亡】，其故事大要如下：
　Ⅰ彭祖得知自己只能活到二十歲。
　Ⅱa設法讓八仙各幫他添一百歲。b桃花女幫彭祖解圍，得罪周公（因為周公算出彭祖二十歲會死）。
　Ⅲb周公說想娶桃花女，事實上是要害死她，但都沒有成功。
　Ⅳ閻羅王派小鬼抓彭祖。
　Ⅴ小鬼用計讓彭祖承認自己已經八百二十歲，並把他捉回。
　【說明】
　　彭祖添壽的故事大都會提到桃花女、周公和八仙。周公算彭祖必死，桃花女救彭祖求八仙添壽，使得桃花女和周公結下冤仇。
　　又，金榮華教授將此類編為829A【神仙增人壽】，編者認為並不妥當。原因在於AT分類中無829類，參考前一類828類的內容，是屬於「神賜人和動物壽命」神話轉變出來的傳說一類，與本類型的主旨差異甚大，因此本編仍按丁乃通先生所編。

　　有關「桃花女鬥周公」之故事的書面資料至為豐富，最早的書面文本應是元雜劇《桃花女》。其劇目名稱在《錄鬼簿》、《也是園書目》及《曲錄》中均作〈破陰陽八卦桃花女〉，在《太和正音譜》中則略作〈智賺桃花女〉，一般則簡稱為《桃花女》雜劇。該雜劇的故事內容，以周公占卜的靈驗與桃花女禳解的成功之間的鬥爭，貫穿全劇的始終。而民間故事的流傳內容，其重點也在兩者之間的爭鬥。

　　對於「桃花女」所代表的文化意義，〈《桃花女》的民間文化研究略論〉如此論述：

> 「桃木避邪」的民間俗信又表現了它的被褒的一面，被贊揚被依賴。本劇中的桃花女形象顯然是立足於俗文化中對桃文化的褒揚。周公是「《周易》的代表」。周公自言注《周易》，占卜算命排八卦，都是從《周易》中來。歷史上，周公精通占卜之術。《尚書》中記載重臣周公為武王占卜，以決定國家大事。本劇中的「周公」象徵以《周易》為代表的精英文化。「桃花女」以「桃木避邪」為對象，代表下層世俗文化。桃花女的勝利，也就是民俗文化得勝，體現了普通民眾的心聲[38]。

如上所述，桃花女的勝利是民俗文化得勝的象徵，這應該也是這一故事在民間廣為流傳的重要原因之一。另外，值得一提的是，這個故事與「結婚儀式」有著密切的關係。〈元雜劇《桃花女》的婚姻儀式〉一文，便認為元雜劇《桃花女》，可算是一部以女性為主角的儀式劇，其論述如下：

> 以桃花女的對治種種凶煞的神聖能力，反映了民眾除煞祈福的心理祈求，戲劇本身就具有宗教儀式的功能，傳播了生活的價值認知與對應行為。……傳達了女性如何在婚姻的過程中，進行儀式性的除煞祈福

[38] 譚曉娟：〈《桃花女》的民間文化研究略論〉，《四川教育學院學報》（第23卷，2007.10），頁84。

活動，以避免各種潛在的危機與災難[39]。

不只是《桃花女》雜劇的故事內容，重視「如何在婚姻的過程中，進行儀式性的除煞祈福活動」，有關「桃花女鬥周公」的民間故事，這一部分的內容中也是故事敘說的重點。在「中彰民間文學集」裡的這4則文本，除了〈彭祖的故事〉的那一篇外，其餘3則，便都是藉由神仙的故事，來解釋一些結婚禮俗的由來，故事的講述目的充滿著生活性。就以〈彭祖添壽〉為例，其故事內容如下：

> 從前我們在嫁娶的的時候都會用米篩、火爐、豬肉這些東西，這都是在桃花女和周公鬥法時所流傳下來的。
>
> 那個時候，彭祖在周公那裡當佣人，剛滿二十歲的時候，周公就幫他算命，算了之後，周公就對他說：「彭祖啊！你的壽命到此為止了，你可以回家去了，不必再待在這裡了。」
>
> 於是彭祖就回到自己的家中，心想：「老闆既然說我快死了，我就去向親人道別吧！」於是他就去找他的表妹桃花女，告訴桃花女說，周公說他快死了。這時，桃花女就幫他算了一下，發現還有辦法解危，就告訴彭祖說：「某時某日，八仙會打從這裡經過，你去準備一張香案桌，上頭擺放豐盛的四果祭品，然後你就躲到桌子底下等，八仙看你的敬果這麼豐富，就會停下來在那裡休息、吃敬果，等到他們把東西吃完後，你再爬出來跪著向他們哀求添壽的事。」於是彭祖就照著桃花女的指示去做。等到八仙吃完敬果後，彭祖就從供桌下爬出來，跪著向八仙哀求，說他氣數已到，希望八仙能幫他添壽。八仙心想：「哇！這可怎麼辦？敬果已經吃了，該如何是好呢？大家商量看看，不幫他添個壽也不行啊。」商量的結果，八仙就說：「好吧！」一人就幫他添壽一百歲的壽命。所以，彭祖才能活到八百二十歲。

---

[39] 鄭志明：〈元雜劇《桃花女》的婚姻儀式探究〉，《鵝湖月刊》（第24卷，第12期，總號第288），頁15。

上述的文本內容敘述較為簡單，雖然，故事一開頭說了「在嫁娶的的時候都會用米篩、火爐、豬肉這些東西，這都是在桃花女和周公鬥法時所流傳下來的。」但故事看完了，卻不明白這些東西與故事的關係。不過，這個問題在其餘比較長的文本裡得到了答案。比較長的文本裡，通常在上述的內容說完後還會繼續說，周公對桃花女幫人化解他所卜算的結果懷恨在心，便以要娶桃花女為妻的手段，設法在迎娶的過程中置桃花女於死地，而上述的那些米篩、火爐等東西，便是桃花女用來成功化解周公要加害於她的各種寶物。因此，女孩出嫁時便仍使用這些東西以趨吉避凶，故事的述說有增加婚俗用品之神聖性作用。故事內容充滿神仙色彩，但故事的目的則是非常生活性的婚俗解釋。

八、【世情冷暖】——言語的認同及稱呼的玄機

在現實生活裡，當你有錢有勢的時候，家門前便常「門庭若市」；當你落魄時，可能不止「門可羅雀」，人們甚而還可能對你「避之唯恐不及」。對於人們這種勢利眼的行為，許多的故事及俗諺也多所描述。閩南語有句俗諺說：「窮到鬼都怕」，還有另一句說：「無錢人說話沒人聽」。都是述說無權無勢的人們，他們在生活處境上的困窘。

AT分類系統裡，胡萬川新增了一個故事類型，編為935**【世情冷暖】，講述的便是人們所遭遇到的這種勢利眼的作為，其故事大要如下：

Ⅰa有一個貧窮的人，被他人瞧不起，b說實話（老鼠食木頭）都沒人願意信。

Ⅱa他的兒子出外求學b他離鄉經商致富。

Ⅲa過年時，家中只有他一人，要煮肉湯時，肉卻被債主拿走了b他衣錦還鄉時候，許多人跑來祝賀。

Ⅳa正當他在悲歎自己命運時，兒子突然衣錦還鄉，這時身分不同，大家改以尊敬的態度對他。b他故意說了不實的話（石階被曬彎），大家卻同聲附和。

從故事大要裡，可以看見人們對同一個人，會因其處境或身分的不同，而表現出截然不同的態度。如附表5所見，「中彰民間文學集」裡，屬於這一故事類型的文本有兩則，篇名為〈三金狗變三金伯〉及〈上夜阿狗哥下夜阿狗伯〉。從篇名我們便可發現，人們勢利眼的態度改變從「稱呼開始」，就以〈上夜阿狗哥下夜阿狗伯〉為例，其故事內容如下：

> 說到過年，有個人他的兒子到國外求學，家中就僅剩下他一個老人看家而已。因家裡很窮，所以鄰居們都瞧他不起，一開始就是這樣的看不起他。大家都叫他阿狗哥。
>
> 要過年了，有錢的人有吃不完的豬肉好過年；貧窮沒錢的人嘛，過年卻僅有肉湯！雖是肉湯也無所謂啦。因是過年，所以這個人去提了一斤的豬肉回來水煮，誰知卻被債主輾轉提了去，豬肉取走了沒關係，臨走前還抓了一把灶裡灰爐，往鍋中丟下去。
>
> 到此，看在眼中的阿狗哥不禁放聲大哭，哭得好可憐，哭個沒停。
>
> 誰知道僅僅過了半夜；半夜裡他兒子回來了，中了狀元衣錦還鄉呢！這下子，身分真不可同日而語了呢！大家因尊敬他，都來恭喜，並且都聲聲的叫他阿狗伯，這便是上半夜阿狗哥，下半夜阿狗「伯」的故事。

故事裡雖然沒有什麼曲折離奇的情節，但卻平實而貼切地把人們勢利眼的態度和作為，透過人們的嘴表露無遺。中彰民間故事裡，以言語的認同及稱呼的玄機，來呈現人們之勢力眼的故事似乎不多，這兩則文本，算是難得的少數。

九、【為老來做準備】及相關類型──從棄老到奉老

老人問題是個自古以來便有的問題，而且是個世界性的問題，因此有關棄老與奉老的故事類型，也是人類社會對老者之態度或習俗的一種反應與呈現。在AT分類系統裡，金榮華編號980【兒子一言驚父親 從此孝養老祖父】

（胡萬川稱為【為老來做準備】），以及其相關子類980A【半條毯子禦嚴冬】（丁乃通稱為【半條地毯禦寒】）、980B【跌碎飯碗勸婆婆】（胡萬川稱為【給老人的破碗】）便是一連串遺棄老人及不善盡奉養老人之責的故事類型；981【被棄的老人救王國】（丁乃通稱為【隱藏老人智救王國】）則是述說被棄的老者智救王國，因而改變了「老人無用」的觀念，也因此扭轉了棄老的惡習；982【沒有石子　餓死老子】（丁乃通、胡萬川稱為【想要一箱金　子女才孝順父親】），則是述說一個父親如何設法讓他幾個沒有真孝心的子女，仍然對父親盡孝養之責。

　　林繼富〈從「棄老」到「敬老」——「老人是個寶」故事解析[40]〉一文中，將中國「老人是個寶」型故事分為兩個亞型：「老有所用型」及「人都要老型」。林繼富論述「老有所用型」的故事結構中，最具表現力的有兩個方面：

　　　其一，在棄老風俗盛行的國家，國家面臨危難之時，老人獻計獻策，使國家免受恥辱和災難……，國王知道自己錯了，馬上廢除了殺害老人的風俗。
　　　故事將老年人置於國家危難的重要時刻，凸現老年人富於謀略智慧的高大形象。
　　　其二，以突出老年人在挽救鄉民於災難時的巨大力量為中心，從而打動國王自覺廢除棄老風俗。

「老有所用型」最具表現力的內容，與AT981【被棄的老人救王國】是可以相對應的，是「棄老」的主要故事類型之一，而AT981之故事大要依金榮華的敘述如下：

　　　有一個國家，規定年滿六十歲的老人都要被拋棄在荒野。有個大臣不忍拋棄老父，偷偷地把他藏在家中的地窖或山上的洞窟，後來這個國家遇

40　劉守華主編：《中國民間故事類型研究》（林繼富：〈從「棄老」到「敬老」——「老人是個寶」故事解析〉，武漢，華中師範大學出版社，2006.12），頁616-627。

到一些重大的困難，或是強鄰派使者攜來兩隻怪獸，要求辨認和比鬥，認不出或鬥不贏就起兵來攻打。國王和群臣都束手無策，老人知道後告訴兒子應付的辦法，解除了危機，國王因此廢除了棄老的規定。

上述的內容，反應出人類社會在遙遠的年代前，可能曾經有丟棄老人的事實或習俗（雖然講述這類故事時，這種野蠻的行為已不存在）。原始社會，糧食生產不易，常會面臨集體糧食不夠吃的情形，人老了之後，體力衰弱，無法從事費力的勞動生產，活著只會多消耗糧食，應是原始社會中「棄老」習俗最主要的原由，也是上述「老人無用」論之想法的最主要原因。

但隨著人類社會的發展，人類社會的生存競爭變得愈來愈複雜，已不是單純憑靠「力氣」便能取勝，經驗的累積與傳承、智慧的展現與應用，成為致勝的重要關鍵之一，老人便在這方面勝出，而不再是老人無用。上述的故事大要，便是老人以其智慧與經驗，解除了重大的危機，因而改變了「老人無用」的觀念與想法，使國王廢除了棄老的規定。所以，AT981【被棄的老人救王國】這個故事類型，可說是「老有所用型」最典型的代表內容。

「人都要老型」，則以AT980【兒子一言驚父親 從此孝養老祖父】（胡萬川稱為【為老來做準備[41]】）為代表，其故事大要依金榮華的敘述如下：

> 父親叫兒子幫他用籮筐把老祖父抬進深山拋棄，兒子要帶回籮筐，因為將來可抬父親。於是父親覺悟，決定抬回祖父，好好供養。

從上述內容中，依舊可以看到「棄老」的野蠻行為，而主事者會停止這種野蠻行為，則是因為孩子的天真舉動，讓主事者警悟到自己將來也會面臨到的

---

[41] 胡萬川980【為老來做準備】，其故事大要如下：
　Ⅰa父親要兒子b妻子要丈夫，把已經年邁無生產力的祖父（祖母）a抬到河邊，讓他摔死或溺死b棄置山上餓死（或讓老虎吃掉）。
　Ⅱa把祖父抬到河邊後，兒子將綁祖父的工具（竹籠）收好，父親問兒子還留著那些做什麼，兒子回答將來可以給父親用。
　Ⅲ父親一聽驚悟：若現在不孝養父親，將來也會遭子所棄，便打消棄父的念頭。

情況──人終有一天會老，而當老的時候便會被遺棄。當這種情形發生在自己身上的時候，就會成為一種悲慘的事情。讓主事者以「同理心」去反省自己現在所做的事，便會讓主事者驚覺：他應當立刻停止這種殘忍的行為。

　　林繼富認為：「儘管『老人是個寶』型故事以兩種故事形態展現人類社會從棄老到敬老習俗的轉變，但是故事亞型 II 無論是數量還是涵蓋的文化內涵都較亞型 I 要弱，因此該類型故事的核心母題應是亞型 I『老人有用』，亞型中的關鍵是『遺棄老人的智慧拯救王國』[42]。」筆者認為，雖然亞型 II「人都要老型」，其涵蓋的文化內涵可能較弱，內容中也沒有類似「遺棄老人的智慧拯救王國」這種強有力的情節單元，所以整個故事張力就顯得較為軟弱。但是，「人都要老」卻是每個人都要面對的，而「老人有智慧」卻不見得每個老人都是如此。換言之，人類社會的現實情況，「人都要老」是比「老人有智慧」更為普遍的。

　　如附表5所見，「中彰民間文學集」裡，有關棄老的故事類型有兩則。一是《台中縣民間文學集㉜》的〈一代傳一代〉，內容是說，把不能工作又瞎眼的老祖父抬到河邊，要讓他自己掉到河裡自生自滅，孫子留下了綁抬祖父的竹子與繩子，然後告訴父親，說是留著將來可以抬他，使父親警覺自己作為的不是，而將被拋棄的老父抬回好好奉養。另一則是《彰化縣民間文學集2》的〈草繩拖爺就會拖爹〉，文本內容的重點與〈一代傳一代〉相似，只是拋棄的地點則從河邊變成了深山野外。這兩則故事都是屬於「人都要老型」的AT980【兒子一言驚父親　從此孝養老祖父】。

　　「中彰民間文學集」裡，並沒有屬於「老有所用型」的AT981【被棄的老人救王國】這一故事類型的文本。所以，就中彰民間故事而言，其情況與林繼富所言：「故事亞型 II 無論是數量還是涵蓋的文化內涵都較亞型 I 要弱。」並不一致。在「中彰民間文學集」中，反而只有亞型 II「人都要老型」的故事文本，也許中彰地區的民眾，更重視的是「人都要老」的這個現實問題，而在講故事的同時，也希望那些聽故事的小孩或年輕人，能以「同

---

[42]　林繼富：〈從「棄老」到「敬老」──「老人是個寶」故事解析〉，頁622。

理心」好好地對待老人。

隨著人類社會的進步與成熟，「棄老」的行為已被人類社會所不允許。「奉老」更是為人子女所應盡的義務，但子女在盡這義務時，敷衍了事或是推諉責任卻時有所聞，須盡義務的子女與被奉養的父母，他們之間的互動與抗衡，所謂的倫常大防，也成了民間故事裡敘述的重要內容。有關這類的故事，AT編號980B金榮華命名為【跌碎飯碗勸婆婆】（胡萬川則稱為【給老人的破碗[43]】），以及AT982金榮華命名為【沒有石子 餓死老子】（丁乃通、胡萬川則稱為【想要一箱金 子女才孝順父親】），則是這類故事的代表類型。

980B【跌碎飯碗勸婆婆】，其故事大要依金榮華的敘述如下：

> 一位中年婦女給她年老的婆婆一個既髒又破的碗吃飯，經年不洗。新娶的孫媳婦見了，叫祖婆在她端飯去時故意失手，讓碗跌碎，然後他假意抱怨說：這個碗碎了，將來她拿什麼碗給婆婆吃飯呢？中年婦女聽了，立即醒悟，從此便對年老的婆婆好好照顧了。

從上述的內容看來，中年媳婦對待婆婆的方式，甚而比對待貓狗還不如，是一種對長輩「敷衍了事」的應付，毫無敬養之心。但孫媳婦則是賢能善良的巧媳婦，她心疼奶奶的處境，不滿婆婆對待奶奶的方式，但又不能與婆婆產生正面的衝突，因此她以跌碎碗的方式，巧妙地讓婆婆醒悟，不僅達到了護衛奶奶的目的，同時也維持了家庭的和諧氣氛。胡萬川980B【給老人的破碗】，其故事大要的結構，基本上與金榮華所述相同，只是勸諫者有時是孫子而不是孫媳婦。

---

[43] 胡萬川980B【給老人的破碗】，其故事大要如下：
　Ⅰ一個媳婦用破碗（水瓢、沒有洗的碗）給婆婆吃。
　Ⅱ孫子（或媳婦的媳婦）看見祖母用的餐具，便打破碗（或拾起被扔掉的餐具），說要留給母親用。
　Ⅲ不孝的媳婦醒悟，從此對婆婆孝順。

　　如附表5所見，「中彰民間文學集」裡，屬於980B【跌碎飯碗勸婆婆】（【給老人的破碗】）的文本有5則，可見這類的故事，在中彰地區是相當普遍的。其中勸諫者是孫子的有3則，包含《台中縣民間文學集⑪、⑳》及《彰化縣民間文學集5》；而勸諫者是孫媳婦的，則有《台中市民間文學采錄集》及《台中縣民間文學集⑱》這兩則。就以《台中市民間文學采錄集》之〈不孝新婦〉為例，其故事內容如下：

　　　　有一個不孝媳婦都用破碗給她婆婆吃，另外自己都是住瓦房子。而卻讓她婆婆住在田裡的破草屋，然後每天用破碗裝飯去給她婆婆吃。哇！後來，自己也娶媳婦了。她的媳婦娶過來就聽說有祖母。她問她的婆婆說：「奇怪！不是有奶奶嗎？怎麼沒見過奶奶？」後來被問久了，不得已才說奶奶住在田裡。

　　　　她就去看奶奶，因為還是新婚期，卻看到每天怎麼用破碗裝飯。她就問她婆婆：「那個破碗是要給誰用的？」說要給她奶奶用的。

　　　　有一天，換那個新娘子說：「不然我來裝飯給奶奶吃。」於是就換她盛飯，盛飯的時候，就故意將碗打破，然後就哭，一直哭說：「唉喲！這個碗被我打破了。」她婆婆說：「不用哭啦。」她說：「好可惜啊！這個碗應該留著，以後放著好給媽媽，給你吃啊！」說放著給她婆婆吃，哭說碗打破很可惜，那個碗留著，她奶奶如果老了，死了，好換她婆婆吃。後來她婆婆自己才想說：「嗯！我們如果這麼做。幼輩也會照著做。」後來才不敢這樣，為了那個孫媳婦卻變得很孝順。

故事裡的孫媳婦，真是善良而聰慧，為老奶奶不幸的處境帶來轉變，可以說孫媳婦真是老奶奶的天使，使她悲涼的晚境得到了改善，這可說是老奶奶不幸中的大幸。故事內容中，孫媳婦以哭說要將破碗留給婆婆用，讓婆婆警悟自己的不對，這不僅讚美了孫媳婦在處事上的機伶與聰明，也撻伐了婆婆「上樑不正」會導致「下樑歪」的作為，民間故事的生活教育作用也就在此展現。

　　上述的情況，是晚輩中還有敢伸張倫理、捍衛孝養義務的天使，所以情況還不是最悲慘的。如果晚輩全是一丘之貉的不孝子孫，相互推諉責任，要棄長輩於不顧，那老人的處境就勢必更加險峻。如果情況是這樣，那長輩可能就得自己想方設法，以求得自己繼續生存時所能擁有的保障。AT分類系統裡，金榮華編號982【沒有石子　餓死老子】（丁乃通、胡萬川則稱為【想要一箱金　子女才孝順父親[44]】），便是屬於這一類的故事類型。其故事大要，依金榮華的敘述如下：

> 　　一名老人，在妻子去世後，便把財產分給三個兒子。不料三個兒子分得財產後便不顧老父生活。於是老父神秘地珍藏了一個沉重的箱子，不讓任何人窺視。三個兒子認為老父還有銀子藏在箱中，就爭著照顧老人，希望得到老父的好感而多得銀子。老人死後，三個兒子打開箱子一看，原來祇是一箱石子，還有一張紙，上面寫著：「沒有石子，餓死老子。」

前述「老有所用型」裡的老者，在AT981【被棄的老人救王國】裡，是以其老者的智慧解決了國家的危難，而這一故事類型，則是老者以其智慧解決自己所面臨的困境，並且給了兒子們充滿諷刺的教訓。如附表5所見，「中彰民間文學集」裡，屬於982【沒有石子　餓死老子】，只有《台中縣民間文學集⑳》之〈三兄弟同三百兩銀〉這一則。故事裡被三兄弟排拒在門外，沒辦法有飯吃的則是他們的母親。不過，想辦法解決的並不是母親自己，而是三兄弟們的大伯。

　　「以人類社會普遍關心的老人問題為中心結構故事，在展現老年人不應被社會遺棄時，故事的敘述依托於人類特殊風俗的變遷，從而使該類型故事

---

[44]　胡萬川982【想要一箱金，子女才孝順父親（母親）】，其故事大要如下：
　Ⅰ老人（父或母）分完財產後，要輪流到三個兒子家吃飯。
　Ⅱ兒子們都把老人排拒在門外，老人的朋友（或親人）想了一個辦法，讓兒子們以為老人的財產還未分完，便爭相孝順老人。
　Ⅲ老人死後，大家才發現所謂的財產（或裝在箱子裡的金子），原來只是石頭。

具有厚重的歷史感[45]。」而由上述那些與老人相關的故事類型看來，該類型的故事不僅具有厚重的歷史感，更重要的是它們還是人類社會求生存的過程中，與親人間產生負面拉扯的縮影。

這個縮影，在中彰民間故事的文本中所呈現的，則都較偏重於現實生活之感受的同理心認同，並且看重民間故事在生活教育上的開啟。不管是「人都要老型」的AT980【兒子一言驚父親 從此孝養老祖父】，還是980B【跌碎飯碗勸婆婆】，文本內容中，「孫子將綁爺爺抬到山上拋棄的繩子留下，說以後可以用來綁父親」或是「孫媳婦哭跌踤的破碗，說要留著給婆婆用」，都是這種運用同理認同敘說故事的典型代表。而982【沒有石子 餓死老子】，則以更激烈的諷刺方式，訓斥不盡奉養之道的子女。

中彰民間故事屬於這類故事的文本為數不少，換言之，這類故事在中彰地區是普遍的。這除了讓聽眾更能體會長者的處境之外，同時也教育持家者自身要做榜樣、教育做晚輩的要敬養老者，應該也是重要的目的之一。就這個面向而言，我們藉由故事文本，也瞭解到中彰地區的民眾，對生活教育的務實。

十、【不孝子欲孝鑄大錯】——孝之醒思與寄託

民間故事常不只是故事而已，它常是民間大眾生活的反射。故事裡常隱含著人們的生活光影、文化傳統、風俗習慣或認知思維等。就如上一系列的故事類型，讓我們瞭解到，人類社會在求生存的過程裡曾經有棄老的習俗，之後才由棄老轉為奉老。但故事類型又告訴我們，雖然人類社會已進步為奉養老人的社會，但子孫奉養家中的長輩若敷衍了事，其行徑則已接近棄老，是會被會被撻伐的，大多數善良的群眾並不希望這種情況發生，但是很遺憾的，這種惡劣的情形卻時有所聞。因此，民間故事裡便有許多有關這類的故事，用以在娛樂的當下教育民眾應有的良善態度。

---

[45]　林繼富：〈從「棄老」到「敬老」——「老人是個寶」故事解析〉，頁622。

　　上述棄老的故事類型，反映出人類社會現已不存在但卻曾經有過的習俗或制度，而有些民間故事則是用來解釋一些仍保留的習俗或制度。接下來要論述的這兩個故事類型，便是屬於這類的故事類型。

　　「百善孝為先」，孝為人倫之首，傳統中國社會有許多講述有關孝行的故事，最有名的代表便是「二十四孝的故事」。在AT分類系統裡，金榮華編為980C.2【不孝子欲孝鑄大錯】的故事類型，便是與此有關的故事類型，其故事大要金榮華如此敘述：

> 逆子懶惰好賭，吃飯還嫌熱嫌冷。母親勸他，或是沒有錢給他去賭，就時時被毆。後來逆子感悟，決心改過，要好好種田，也要好好孝敬母親。第二天，他下田耕作，母親中午替他送飯去，他遠遠看見，趕緊跑過去接飯，匆忙中沒有放下手中的牛鞭。他母親見他拿著鞭子急急朝自己迎來，以為她送飯遲了，兒子逆性又發，心裡一害怕，放下飯籃就往回跑，但腳下一滑，摔下田埂，頭撞到石塊，竟跌死了。逆子既悔恨，又傷心，安葬母親後，刻像供奉，或是哭死在母親的墳前。

從故事大要看來，這是個不孝子悔悟要當孝子的當下，不幸的悲劇便發生，不給他任何盡孝的機會，不孝子唯一能做的是「安葬母親後，刻像供奉」。這個看來不甚重要的舉動，反而是後來許多故事文本最看重的地方。「中彰民間文學」裡，如附表5所見，屬於這一故事類型的文本有兩則。就以《台中縣民間文學集㉑》之〈公媽牌（神主牌）的由來〉為例，其故事內容如下：

> 　　丁蘭這個人，是個很暴躁的人，常常打他母親，很不孝的人。
> 　　有一天，他去園裡工作時，看見小羊跪在地上吃奶，又看見烏鴉飼育孩子，小鳥的嘴要伸進母鳥的嘴裡，才吃得到東西，這母鴉才將他肚子裡的食物吐出來，給她的孩子吃，十分的辛苦。
> 　　丁蘭看見了，就在想，小羊就有感恩的心，跪著吃奶，看了很感動，就回心轉意，覺得自己很對不起母親，心裡想著：「以後，我要

加倍來孝順母親才對。」

　　剛剛好這時候，他的母親正好送飯過來，他很高興，就很快地、跑很大步，要跑去迎接他的母親，誰知道這樣的動作，他母親看到他跑那麼快，心裡就想：「糟了糟了！」她趕緊跑去湖邊，哪知道這河水非常深，她的兒子又追過來，沒有辦法了，就跳進河裡去。

　　丁蘭看到了，於是跪在河邊大哭一場，心想：「母親啊，我正想要孝順妳，妳卻死了。可是妳的屍體我是要搬回去，將妳揹回去埋葬。」他就跳進河裡去找。可是怎麼找就是沒有找到他母親的屍體，最後摸到一塊木頭，他想，這可能是母親化身的，就帶回去，刻成一塊板子，寫上他母親的名字，把它供奉在神桌上，早晚燒香拜拜。

　　街坊鄰居，看見他這麼孝順，大家就照他的榜樣，去弄個神主牌來，拜他們的祖先，這樣一代一代傳下來，傳到現在，我們也是這樣在拜。

　　這故事就是丁蘭刻木為爹娘的故事。

從文本內容看來，這顯然是一則解釋習俗的民間故事，而這個習俗至今仍然存在，那便是在家中安置牌位祭拜祖先的習俗。故事所要展現與強調的便是一種態度與精神，所謂「祭神如神在」，當然也要「祭父母如父母在」，祭拜時就如父母在場一樣，是要以最孝順及至誠的態度來祭拜，應是這類故事文本所要傳達的精神及教育作用。這樣，早晚所燒的每一柱香也才有意義。

　　孝為人倫之首，除了「百善孝為先」之外，中國傳統社會又有所謂「不孝有三，無後為大」的觀念。而藉由民間故事，我們也可以瞭解到，傳統社會的民間大眾是如何看待「無後」這件事，以及因為「無後」所衍生出來的相關問題。在AT分類系統裡，丁乃通編號980A*【智服伯母】（胡萬川[46]編

---

[46]　胡萬川980**【智服伯母】，其故事大要如下：
　Ⅰ 某個人過了中年還未有兒子，很想納妾，妻子一直不應允。
　Ⅱ 他很苦惱，向姪兒訴苦，姪兒答應幫他解決問題。
　Ⅲ 某天姪兒趁其外出，故意至叔父家丈量房子。嬸嬸見狀問他量什麼？

號為980**、金榮華[47]則將其改為980G）的這個故事類型，便是與此相關的故事類型，其故事大要依丁乃通的敘述如下：

> 一位年紀很大的男人因為沒有兒子想要納妾，但是他的妻子忌妒心重不肯答應，他和任子（聰明人）商量，任子答應幫助。有一天他的妻子看見任子不斷尺量他們的地和房子，問是何緣故。任子答道：你們沒有小孩，這房子當然有一天是我的。我希望知道將來怎麼用這房子和地。伯母因此改變了主張。

從故事大要中我們可以看到，在傳統社會中「因無兒而娶妾」的情形，並且傳統社會對這種做法是採取認可的態度，甚而還可以說這是一種習俗。從內容中，我們還可以看到傳統社會的家產繼承制度——父族的兄弟、甚而是兄弟的兒子們，比自己的妻女有更大的優先繼承權。

　　台灣繼承的舊慣與中國相似，都是違反男女平等的——女子（含妻與女）無繼承權。所以，若夫妻無子嗣，第一個解決的方法，便是上述的「娶妾生子」。再其次，才按繼承的舊慣，通常會選定兄弟的某一兒子為其繼承人，縱使夫尚未 指定便已死亡，其妻也非當然的繼承人，只能為其代立繼承的子嗣而已。這就是上述故事發生的社會背景。一直到民國三十四年台灣光復，現行的民法繼承在台灣實施，女子才開始有法定繼承權，上述的情形才漸有改變。

　　在「中彰民間文學集」裡，只有一則家喻戶曉的複合型故事——〈邱罔舍的故事〉講述到這一故事類型的內容。所以就流傳的情形看來，似乎並不

Ⅳ姪兒表示在量自己的屋子，因叔嬸沒有兒子，所以死後房子就歸他了。

Ⅴ嬸嬸聽了很生氣，就要丈夫納妾。

[47] 金榮華980G【智服伯母】，其故事大要如下：

　　一個年齡很大的男人，因為沒有孩子想納妾，妻子不允。他的任兒答應幫忙。有一天，他的妻子看見任兒拿著皮尺在丈量他們的地和房子，便問緣故。任子說，你們沒有孩子，這房子將來會是我的，所以先來量一量，規劃以後的用途。這人的妻子聽了很生氣，因此就答應丈夫娶妾。

是非常普遍，應與講述的當時，現行的民法繼承在這一區域的執行已有相當的時日，因此，故事內容與當時的社會繼承制度已有所不同，較不能引起共鳴，所以也就不那麼廣為流傳了。

　　但無論如何，藉由這兩個故事類型的內容，已幫助我們瞭解到在傳統的社會中，過去的人們所曾有的習俗、制度及觀念思想。

十一、【逆子弒親誤砍瓜】──父母溺愛的警惕

　　上述的故事類型，以生活教育的觀點而言，以教育為人子女者多。首先，有空閒聽故事者以孩童居多，再者，教育是從小便要立根基的事。因此，這類的故事類型，相對而言也比較多。

　　這即將述說的故事類型──金榮華編為996A【逆子弒親誤砍瓜】，除了對為人子女者有教育的意義外，同時也對為人父母者提出了警告，其故事大要依金榮華的敘述如下：

> 父親溺愛兒子，外出飲宴都帶著他。後來兒子年長，父親就獨自赴宴。兒子怨恨，磨斧要殺父親，父親在床上做一假人，以冬瓜放在枕上作人頭。兒子半夜去砍，一斧頭砍在冬瓜上，黑暗中好像頭被砍碎了。這時兒子知已闖了大禍，匆匆逃往外地。多年之後，兒子在外改過自新，並且成家立業（或是應試中舉）。一日，偶然聽落魄老人訴說對自己在外兒子的懷念，說的竟然就是他，那老人就是他父親，當年並未被砍死，於是流涕相認，父子團聚。

「弒親」不僅不孝，更可說是天大的罪惡。但從大要的內容便可以看出，孩子會犯這種天大的罪惡，父親的溺愛是重要的原因。我們可以說，孩子做這樣泯滅倫常的事，父親也得負起一半的責任。

　　如附表5所見，「中彰民間文學集」裡，屬於這一故事類型的文本有兩則，包含〈一个囝仔的話（一個孩子的話）〉及〈教育个的故事〉。而這兩

則文本的特點,是故事的內容與前述的故事大要大抵相同,只是這兩則文本,都於後半的內容以竹子為比喻對象,述說孩子如竹子一樣,如不從小拗折,成型了便難以更改。以強調孩子的教育須從小開始,父母絕不能對小孩溺愛,以免日後發生不可挽回的悲劇。就故事的功能性而言,這個故事類型所承擔的教育功能,遠大於它的娛樂功能。

結語

　　「生活故事」包括九大次類:「公主出嫁」(「選女婿與嫁女兒的故事」)、「王子娶親」(「娶親和巧媳婦的故事」)、「忠貞與清白」、「改造潑婦」、「好的箴言」、「聰明的言行」、「命運的故事」、「強盜和兇手」及「其它」等九類。在這九類中,從上述的類型探討裡我們可以發現:「中彰民間文學集」裡的故事類型,大量集中在「娶親和巧媳婦的故事」、「選女婿與嫁女兒的故事」、「命運的故事」及「其它」等四類。

　　尤其「娶親和巧媳婦的故事」拔得頭籌,在中彰民間故事裡,屬於這類的故事類型,以AT875巧女或巧媳婦系列的故事類型為主軸,包含【巧姑娘巧解公牛奶】、【巧媳婦避諱】、【巧姑娘妙解隱謎】;以及876系列的【巧媳婦妙對無理問】、【姑娘詩歌笑眾人】、【巧女智答令出題者難堪】等。在中彰民間故事裡,AT875系列的文本,在呈現巧媳之言語應對的機敏反應時,其場合或時機,大都與為公公排憂解難或敬重公公而避其諱有關;AT 876系列的文本,則主要在對那些想戲謔女子的狂妄之徒,予以言語上的反擊及羞辱。這些故事類型,在中彰民間故事中,其主角以已婚婦女居多,呈現的內容,大多集中在表現女主角之「應對」上的機敏及得體,而其應對的智慧,不是以硬碰硬、見招拆招,而常是以其人之道,反制其人之身。這些故事類型藉由詩文隱語、無理問題及難境處理等,以各種不同的面向或講述女主角的聰明機智、或講述女主角的妙語巧對或講述女主角的處事伶俐,文本內容大都流露著俏皮而有趣的色彩。

　　而「選女婿與嫁女兒的故事」,則包含了【賽詩求婚】、【為解千金小

姐難題而中狀元得嬌妻】以及【和一個假冒的男人私奔的姑娘】。在中彰民間故事裡，【賽詩求婚】這一故事類型，較能呈現文本內容中求婚男子的才情或品性，是屬於對求婚男子之「智力才華的試探」，而試探的進行方式，通常以三疊式的「詩對」方式作呈現，詩文表達則淺白而通俗。另外【為解千金小姐難題而中狀元得嬌妻】以及【和一個假冒的男人私奔的姑娘】這兩個故事類型，其文本所呈現的特色，則較側重在男主角在娶妻過程中所擁有的好運氣，好運氣有時只是單純的好運氣，但有時則是風水或命運說的張揚，這是要特別說明的。

　　「命運的故事」以【為自己命運負責的千金小姐】及【如何避免命中注定的死亡】這兩個故事類型的文本最多。在中彰民間故事裡，【為自己命運負責的千金小姐】，文本中的女主角，或以消極的反抗、或以積極的爭取，要為自己未來的婚姻求得不一樣的天空，內容中常隱含著女主角對父權的否定、或對婚姻自主的追求；【如何避免命中注定的死亡】，這一故事類型則充滿濃厚的神仙色彩，在求仙添壽的爭鬥故事背後，卻是在解釋女子婚儀時之用品的意義，與除煞祈福活動及婚俗有著密切的關係。

　　「其它」類，則以AT980系列包含【為老來做準備】、【給老人的破碗】等有關「棄老與奉老」為主的文本，這些故事可說是人類社會求生存的過程中，兩代親人間負面拉扯的縮影，是倫常大防的真實反映。這個縮影，在中彰民間故事的文本中所呈現的，則較偏重於現實生活之感受的同理心認同，並且看重民間故事在生活教育上的開　　。另外，【不孝子欲孝鑄大錯】、【想要一箱金，子女才孝順父親】及【逆子弒親誤砍瓜】等故事類型，則都是與孝養或教養議題相關的文本。【不孝子欲孝鑄大錯】除了表達不孝子的悔悟之外，更重要的，是在解釋家中祖先牌位之祭拜的由來，及強調「祭神如神在」、「祭父母如父母在」之至誠的孝順精神。【想要一箱金，子女才孝順父親】，則是對不孝子女之作為的諷刺；而【逆子弒親誤砍瓜】，則是對溺愛子女之父母的一種警惕。這些故事文本中，有的有著過往習俗的留存痕跡、有的則是現今習俗的解釋，有的則是教養認知的導正。這些都顯現出中彰民間故事，非常重視故事對生活教育的開啟作用。

附表5

一般民間故事──生活故事（850-999）類型編目

中彰民間文學集之冊數及頁數號碼	篇目名稱	故事類型之名稱及編號（胡萬川編著）
彰化縣民間文學集18 P.130-135	求婚做詩（民間故事）	丁851С*【賽詩求婚】（金851C）
彰化縣民間文學集9 P.46-65	狀元的故事（民間故事）	853*【為解千金小姐難題而中狀元得嬌妻】
中縣⑬沙鹿鎮閩南語故事集二p.104-134	風水仙	丁856【和一個假冒的男人私奔的姑娘】+金745B【荒屋得寶】。
中縣㉝大安鄉閩南語故事三P.86-93	只恨枝無葉莫怨太陽偏	841A*【乞丐不知有黃金】＋丁856【和一個假冒的男人私奔的姑娘】＋745A【命中注定的財寶】
彰化縣民間文學集2 p.70-105	自恨枝無葉莫怨太陽偏（民間故事）	丁856【和一個假冒的男人私奔的姑娘】＋丁745A【命中注定的財寶】＋金745B【荒屋得寶】＋841A*【乞丐不知有黃金】
中縣㉓梧棲鎮閩南語故事一P.142-167	黃文黃武的故事	745A【命中注定的財寶】＋丁856【和一個假冒的男人私奔的姑娘】。
中縣㉖東勢鎮客語故事集四p.56-61	才女	胡875【聰明的農家女】、丁876【聰明的侍女與求婚者們】、金876【巧媳婦妙對無理問】。
台中市民間文學采錄集④P.117-120	臆話題	胡875【聰明的農家女】、丁876【聰明的侍女與求婚者們】、金876【巧媳婦妙對無理問】。
彰化縣民間文學集5 P.156-162	無事牌（民間故事）	丁、胡875F【避諱】（金875F【巧媳婦避諱】）＋丁、胡875B₁【公牛的奶】（金875D.1【巧姑娘巧解公牛奶】）
中縣㊴東勢鎮客語故事集七p.76	才女	丁、胡875F【避諱】（金875F【巧媳婦避諱】）
台中市民間文學采錄集④P.7-12	巧新婦	丁、胡875F【避諱】（金875F【巧媳婦避諱】）
彰化縣民間文學集5 P.76-79	巧新婦（民間故事）	丁、胡875F【避諱】（金875F【巧媳婦避諱】）

中縣⑮東勢鎮客語故事集二p.98-104	巧心舅（巧媳婦）	丁、胡875D₁【找聰明的姑娘做媳婦】（875D.1【巧姑娘妙解隱謎】）＋875B₁【公牛的奶】
中縣⑳東勢鎮客語故事集三p.78-82	巧心舅（巧媳婦）	丁、胡875D₁【找聰明的姑娘做媳婦】（875D.1【巧姑娘妙解隱謎】）
彰化縣民間文學集4 P.106-109	巧新婦	丁、胡875D₁【找聰明的姑娘做媳婦】（875D.1【巧姑娘妙解隱謎】）
中縣㉕清水鎮閩南語故事二P.96-100	過橋題詩	丁876B*【聰明的姑娘在對歌中取勝】（胡876*【聰明的姑娘在賽詩中取勝】、金876B【姑娘詩歌笑眾人】）
彰化縣民間文學集7 P.12-15	先生先死（民間故事）	胡876**【巧女智答令出題者難堪】
彰化縣民間文學集7 P.66-73	路遙知馬力（民間故事）	胡893**【路遙知馬力】
彰化縣民間文學集7 P.108-113	偏人（佔人便宜）	胡921*【老人與小孩的對話】
中縣③石岡鄉閩南語故事p.64-73	李門鏵──水雞土仔的故事	胡923B*【為自己命運負責的千金小姐】（金943【對自己命運負責的公主】）
中縣③石岡鄉閩南語故事p.88-104	王寶釧的故事	胡923B*【為自己命運負責的千金小姐】（金943【對自己命運負責的公主】）
中縣⑪東勢鎮客語故事集p.92-97	嫁分捉蝦蟆个	胡923B*【為自己命運負責的千金小姐】（金943【對自己命運負責的公主】）
中縣⑪東勢鎮客語故事集p.62-69	食自家	胡923B*【為自己命運負責的千金小姐】（金943【對自己命運負責的公主】）
中縣㉙大安鄉閩南語故事二P.152-157	彭祖添壽	胡934D②【如何避免命中注定的死亡】（丁934D₂）、（金829A【神仙應請增人壽】）
台中市民間文學采錄集P.117-128	周公鬥桃花女（結婚禮俗的由來）	胡934D②【如何避免命中注定的死亡】（丁934D₂）、（金829A【神仙應請增人壽】）
台中市民間文學采錄集④P.162	周公大戰桃花女	胡934D②【如何避免命中注定的死亡】（丁934D₂）、（金829A【神仙應請增人壽】）
彰化縣民間文學集2 p.156-167	彭祖的故事（民間故事）	胡934D②【如何避免命中注定的死亡】（丁934D₂）、（金829A【神仙應請增人壽】）
彰化縣民間文學集5 P.94-125	周公鬥法桃花女（民間故事）	胡934D②【如何避免命中注定的死亡】（丁934D₂）、（金829A【神仙應請增人壽】）

中縣⑪東勢鎮客語故事集p.26-31	三金狗變三金伯	935**【世情冷暖】
中縣㉖東勢鎮客語故事集四p.52-55	上夜阿狗哥下夜阿狗伯	935**【世情冷暖】
中縣㉜東勢鎮客語故事集五p.70-72	一代傳一代	金980【兒子一言驚醒父親 從此孝養老祖父 】（胡980【為老來做準備】）
彰化縣民間文學集2 p.136-151	草繩拖爺就會拖爹	金980【兒子一言驚醒父親 從此孝養老祖父 】（胡980【為老來做準備】）
中縣⑪東勢鎮客語故事集p.36-41	不孝心舅	胡980B【給老人的破碗】
中縣⑱大甲鎮閩南語故事一p.130-132	大家合新婦	胡980B【給老人的破碗】（金980B【跌碎破碗勸婆婆】）
中縣⑳東勢鎮客語故事集三p.68-71	不孝心舅	胡980B【給老人的破碗】
台中市民間文學采錄集P.129-133	不孝新婦	胡980B【給老人的破碗】（金980B【跌碎破碗勸婆婆】）
彰化縣民間文學集5 P.34-37	不孝新婦（民間故事）	胡980B【給老人的破碗】
彰化縣民間文學集19 P.78-105	邱岡舍的故事	761**【前世因緣今世親人】＋980**【智服嬸嬸】＋1563**【向陌生婦女動手動腳】
中縣⑬沙鹿鎮閩南語故事集二p.2-8	公媽牌的由來	金980C.2【不孝子欲孝鑄大錯】
中縣㉑新社鄉閩南語故事一p.6-10	公媽牌的由來	金980C.2【不孝子欲孝鑄大錯】
中縣⑳東勢鎮客語故事集三p.56-67	三兄弟同三百兩銀	丁、胡982【想要一箱金，子女才孝順父親（母親）】（金982【沒有石子餓死老子】）
中縣⑱大甲鎮閩南語故事一p.116-120	一個囝仔的話	金996A【逆子弒親誤砍瓜】
中縣㉜東勢鎮客語故事集五p.106-114	教育個故事	金996A【逆子弒親誤砍瓜】

第六章　笑話

引言

在介紹「笑話」之前，我們先對「笑話」下個定義，楊成忠〈試論民間笑話的審美意義〉一文，曾引用了魯迅及鍾敬文等人的說法，做了如下的論述：

> 笑話是以「笑」為題材的故事，魯迅對笑話從小說的角度進行了研究，肯定其「為詼諧文學之一」，而特別重視其「嘲諷世情」的作用。也有人把笑話歸入戲劇研究的範疇，認為「他不是一種純粹的完備的藝術表現形式，而更近似即興的，片段的藝術雛形，更貼近民間性和口頭性。因而也就更具有民俗學文化意義。」鍾敬文曾指出：「笑話是和生活故事接近而篇幅特別短小的一種故事題材。他大多數取材於生活的一個片段，是口頭敘事文學中專門進行諷刺和嘲笑否定性言行和現象的故事。」民間笑話也叫「民間趣事」或「滑稽故事」是一種短小形式的民間故事。可見他把民間笑話歸入民間文學當中是恰當的。由此可知民間笑話具有如下特徵：一、強烈的喜劇性，笑是笑話最突出的表現特徵；二、高度凝練的語言，短小精悍，三言兩語進入高潮又以笑嘎然而止；三、嘲諷世情的作用，意味深長[1]。

---

[1]　楊成忠：〈試論民間笑話的審美意義〉，《青海師範大學民族師範學院學報》（第20卷第1期，2009年5月），頁35。

在上列的敘述中，以各種不同的角度來論述「笑話」，有幾點是值得肯定的。就功能論而言，嘲諷是笑話的重要功能之一；就題材而言，笑話是一種短小形式的、口頭敘事性的民間故事；就藝術特徵而言，即興的、片段的、凝鍊的喜劇性特徵，是笑話的重要藝術特質。

而在AT分類系統裡，民間故事先被分成五大類，包含「動物故事」、「一般民間故事」、「笑話」、「程式故事」和「難以分類的故事」。這五大類中，以量而言，「一般民間故事」拔得頭籌，遙遙領先其它類別的故事，最主要的原因，當然是因為它最貼近民間大眾的生活領域，最容易與民間大眾的情感與認知取得共鳴或得到回響。再其次者，便是這一章節即將要論述的「笑話」。在原分類系統裡，「笑話」類的故事，編號在1200-1999之間，其下又分為「傻瓜的故事」（1200-1349）、「夫妻間的故事」（1350-1439）、「女人的故事」（1440-1524）、「男人的故事」（1525-1874）、「說大話的故事」（1875-1999）等五個次類，從其所使用的編號看來，便能得知「笑話」類的故事類型，確實數量眾多，廣受民眾喜愛。

笑話的內容性質與一般民間故事的最大不同，便在於它「常有悖常理」，但在失調的矛盾之中又與民眾的感知達到謀種契合，因而達成了「笑果」，也受到了民眾的喜愛，甚而講笑話也成為民眾之間的一種交際方式，使笑話在廣大的群眾間普遍流傳，因而笑話也與一般民間故事一樣，可以做為觀察群體大眾的一種重要憑藉。陳傳媚〈笑話的生成機制與文化功用〉一文中也如此說道：

> 笑話簡練而富有機趣，表達上常有悖常理，多采用迂迴曲折等高度藝術化的方式，是一定時期一個民族總體思維方式、審美情趣、表達習慣及社會主要矛盾的集中反映[2]。

由此看來，「笑話」作為一定時期一個民族的觀察憑藉時，在許多方面都能

---

[2] 陳傳媚：〈笑話的生成機制與文化功用〉，《語文教學與研究・教師版》（2009卷3，2009.03），頁70。

展現它的獨特貢獻。在「中彰民間文學集」裡，「笑話」類的故事類型及文本數量亦呈現豐富而多樣的態勢，很值得觀察與論述。如附表6所見，本章將論述的類型包含「傻瓜的故事」、「夫妻間的故事」、「女人的故事」及部分「男人的故事」。

一、【長竿進城】──不知變通與好為人師

在AT分類系統裡，編號1200-1349為「傻瓜的故事」，如附表6所見，「中彰民間文學集」裡屬於這個範圍內的故事類型為數不多，只有《彰化縣民間文學集5》的〈橫柴舉入竈〉是屬於1248A【長竿進城】這一故事類型，在「傻瓜的故事」的範圍之內。

1248A【長竿進城】，其故事大要依金榮華的敘述如下：

> 一人拿著長竿進城，橫著拿，城門不夠寬；豎著拿，城門不夠高。有個自認聰明的人勸他把竹竿截為兩半，或願意幫他把竹竿拉上城牆，再扔進城裡。

三國魏‧邯鄲淳《笑林‧長竿入城》之內容如此敘述：「魯有執長竿入城者，初豎執之，不可入；橫執之，亦不可入。計無所出。俄有老父至，曰：『吾非聖人，但凡事多矣。何不鋸中截入。』遂依而中截之。」其故事內容便是屬於1248A【長竿進城】這一故事類型，由此看來，這一類型的故事在中國有著悠久的歷史。就笑話而言，邯鄲淳《笑林‧長竿入城》的內容，不僅取笑了執竿者的不知變通，同時也譏笑了老父的迂腐卻又好為人師，是一則充滿諷刺意味的寓言笑話。

〈笑話的生成機制與文化功用〉一文中，對笑話的生成機制，如此論述：

> 正如本尼迪克特所認為：「人不是由本能，而是由習慣塑造的。人受制於其生活其間的文化……社會對正常行為和異常行為的判斷也是由

文化背景決定的。」因為形成了相似的文化心理，一方面，人會對故事中不合常態的現象頓感「失調」，而揭露和諷刺這種這種「失調」又恰好與自己的內心體悟達到「契合」後便會報之以笑。另一方面，只有在社會具有心理文化主流傾向情況之下，笑話的創作者才能把握當時主流的「正常的事情」和「可笑的事情」，更好地找到「矛盾」和「突破」之處，創作笑話[3]。

〈長竿入城〉中之執竿者橫豎都不入的情況，便是上述所謂的「失調」，而聽者或讀者會投之以笑，便是站在與心理文化主流相「契合」的立場，慶幸自己不是那個失調者而投之以笑；而老父的迂腐又好為人師，在聽眾的主流文化心理又是另一種荒謬。因此，整個寓言笑話裡便表達了兩層有悖常理的笑點，確實展現了笑話簡練而富有機趣的特質。

《彰化縣民間文學集5》的〈橫柴舉入竈〉，與具中國傳統悠久歷史的《笑林·長竿入城》屬於同一故事類型，其文本內容如此敘述：

> 有一個人，他老婆叫他進城去買竹竿。他買好了之後，就扛著要回來，經過城門的時候，竹竿太長，過不過去，無論怎麼拿，就是過不過去。後來，他的親家來了，就對他說：「這樣好了，我爬到城樓上，把你的竹竿接過去，這樣你就可以過去。」他的親家就真的這樣做，果然幫他把竹竿接過去了。回去之後，他老婆就問他：「你怎麼一支竹竿買了這麼久才回來？」他說：「哦～，我竹竿買好要過城門的時候過不去，多虧親家爬上城樓幫我把竹竿接過去我才過得了城門。」
>
> 這就叫「橫柴舉入竈」，不論拿橫、拿直，怎麼拿都塞不進去。

上述的故事內容，其後半段是執竿者的親家爬到城樓上幫他把竹竿接過去，與金榮華1248A【長竿進城】裡所說的故事大要內容相同。〈橫柴舉入竈〉

---

[3] 陳傳媚：〈笑話的生成機制與文化功用〉，頁71。

這一文本內容，較重執竿者橫豎不知變通的部分，而「橫柴舉入竈」也成了台語裡有名的一句俗諺，用以形容不知變通的蠻幹傻子。中彰民間故事，有關這一類笑話的內容，在深具中國文化的傳統中，結合了「橫柴舉入竈」這樣的台語俗諺，又讓它展現了台灣的本土味。

二、【節省日曆】及其相關子類──愚婦的有樣學樣

在一般民間故事的「生活故事」，屬於AT875的巧媳婦故事類型，在民間故事中深受歡迎；而在笑話裡，屬於AT1382愚婦系列的笑話，則與其形成了有趣的對比。

AT1382A之類目丁乃通稱為【節省日曆[4]】、金榮華則稱為【傻媳婦儲存日曆】，胡萬川則將編碼改為1387*₁仍稱為【節省日曆[5]】。故事大要依金榮華的敘述如下：

賣油小販的妻子，每天從油販挑賣的油桶裡舀一些油存起來，當丈夫

---

[4]　丁乃通1382A【節省日曆】，其故事大要如下：

賣油小販的妻子從每個瓶子裡倒出一點油存起來換成錢，當他丈夫年底需要錢時，她便把積存的錢給他，受到他誇獎。一個賣日曆小販的妻子如法炮製，到年底時，她積存了一大批日曆，可是她丈夫那時賣不出去了，反而對她發火。

[5]　胡萬川1387*₁【節省日曆】，其故事大要如下：

Ⅰa婆婆對小嬸說：「你伯母每到過年都會留下些東西明年用，你怎麼都沒留？」b某個生意人的妻子，每天暗中積下一點貨（錢）。

Ⅱ到了年底生意人缺錢時，她就把貨（錢）拿出來，受到誇贊。

Ⅲa小嬸聽了就藏了一本今年的月曆，打算明年留著再用。b一個賣日曆的妻子如法炮製，存了一些日曆，結果反被責罵。

【說明】

原AT1382【市場裡的農婦】，描述一個農婦去賣牛，卻因為喝醉，不醒人事。後來，他的丈夫在街上尋找，才發現到牛的買主。與【節省日（月）曆】一類故事似無相關，故丁乃通將此類故事編為1382A並不妥。而AT1387*為【女人做什麼都像她的鄰居】，結果都很荒謬。按本索引的編輯凡例，於英文字母或*號後加「下標」數字為亞型。因此，將本故事修正為1387*₁。

在金榮華本中，類型名稱為【傻媳婦儲日曆】。

年底需錢時，她把每日累積存儲的油賣了不少錢，全家過了個好年。一個賣日曆者的妻子知道後，有樣學樣，每天從丈夫販賣的日曆堆中取出一本存儲，可是那些日曆到了年底已是沒有人要的東西了。

這個故事類型的笑點，在於愚婦的「有樣學樣」可是卻學得完全不像樣。而不像樣的原因，是由於他對不同物品與時間性的關聯無法掌握，致使他做出貯存了會喪失時效之「日曆」的荒謬行為，而這個荒謬便是嘲諷的笑點。

如附表6所見，「中彰民間文學集」裡屬於這個故事類型的文本有兩則，就以《彰化縣民間文學集4》〈賣日曆〉那一則為例，其文本內容如此述說：

> 有一個有點神經質的人，家裡不太有錢。這個人聽說有人在開雜貨店，每次賣糖他太太都會舀一點存起來，到過年沒錢過年時，他太太就對他說：「我每次賣糖都會舀一點存起來，現在也積了不少，你拿去賣，就有錢過年了。」他就拿去賣，果真賺了一些錢，過了一個很充裕的年。
>
> 這個人聽了這件事，就跑回去跟他太太說：「某某人他老婆真能幹！知道賣糖的時候要舀一點存起來，這樣存到過年時就可以拿去賣，發一筆小財。用這些錢來過年就很充裕了。」他太太一聽他稱讚別人的太太，很不服氣地說：「這個道理誰不知道啊！我也會做。」他家在賣日曆，於是她就每賣一次留一本起來。到了過年沒錢辦年貨時，她就對她先生說：「我存一些日曆，你拿去賣，不就有錢了嗎？」可是這時的日曆有誰要呢？當然一本也賣不出來。

上述的文本內容，與金榮華的故事大要一致，只不過能幹的太太存的是糖不是油而已。而這個故事，在台灣也有相對與其粘合的俗諺——「過時賣臘曆（日曆）」，它是閩南語具諷刺性的一句俗諺，當人們去做一件使時效喪失、或已失去時效的蠢事時，便可用「過時賣臘曆」這一句俗諺去諷諷他。

　　丁乃通在AT 1382B又編了一個愚婦的類型，名為【愚婦學巧婦[6]】，金榮華將其類目改為更具體的【傻媳婦濫用客氣話】，而胡萬川則保留了【愚婦學巧婦[7]】的類目，但將編碼改為1387*₂。故事大要依金榮華的敘述如下：

　　　　丈夫稱讚友人之妻聰明善言詞，妻子認為自己也會。但是因為時間不一樣，或所說的東西不同，同樣的言詞便成了笑話。如：

　　　　①甲在除夕訪乙，深夜回家，乙妻對他說：你今年睡到明年，起來就可賺錢。第二天元旦，乙於傍晚訪甲，回家時，甲妻也對他說：你今年睡到明年，起來就可賺錢。

　　　　②理髮師夫妻買了布，請裁縫做衣服，裁縫不在家，他妻子說：你們把布留下，我給你們量好尺寸，他回來定給你們做好。過了幾天，裁縫來理髮，理髮師不在家，他妻子說：你把頭留下，他回來後定給你理好。

　　　　＊丁氏此碼作1696D，丁書中譯本誤作1696C（男人的笑話和趣事類）。

傳統社會中，「應對進退」便是一種智慧的展現，「巧媳婦」的機伶與聰明，就表現在巧媳婦之「應對進退」的合宜，知道什麼時候該說什麼話，什麼時候不該說什麼話（或者字詞），甚而連長輩都無法應對的難題，巧媳婦也都能輕易解決。合宜的應對進退，是生活教育的重要一環，這也是大量的巧媳婦類型及文本，被廣泛流傳的重要原因。相對而言，愚婦的笑話就為數

---

[6]　丁乃通1382B【愚婦學巧婦】，其故事大要如下：
　　　妻子聽到丈夫稱讚另一個女人，因為她（a）準確地猜出來客的姓名，（b）顯示出聰明才智。（c）很機智地掩飾了困境，她相自己也能那樣做，可是非但沒做好，反而（d）成為笑柄（e）引起憤怒。

[7]　胡萬川1387*₂【愚婦學巧婦】，其故事大要如下：
　　Ⅰ某人的老婆很聰明能幹（或很會說話）。
　　Ⅱ一天朋友去他家，見識到了他老婆的優點，回去後便數落自己的老婆。
　　Ⅲ被數落的老婆很不服氣，有一次客人到她家時，就模仿聰明太太做的事（或說的話）回答客人，但因為情境不一樣，反而得罪了客人或鬧了笑話。

較少，若依金榮華所述，AT1382A【節省日曆】（【傻媳婦貯存日曆】）嘲諷的重點在「做事的不合時宜」；而AT1382B這一類型的嘲諷重點則在「說話的不合時宜」，自認聰明的愚婦，不知道同一句話在不同的時機裡會有不同的意義，因而產生了語意與場合之不協調的矛盾，這矛盾就非常鮮明地突現愚婦之拙於「應對進退」，而這矛盾也成為了嘲諷的對象。人們在嘲諷的一笑之後，也慶幸自己不是那個愚婦，笑話就在此時產生共鳴，而笑話的娛樂性也在此時生發。

不過，AT1382B若依丁乃通及胡萬川的類目是【愚婦學巧婦】，而就其故事大要的敘述，愚婦所做的蠢事並不局限在說話，還包含做事。如附表6所見，「中彰民間文學集」裡屬於這個故事類型的文本，只有《彰化縣民間文學集7》〈芎蕉葉尚大椏（香蕉葉最大片）〉這一則，而這則的故事內容則接近胡萬川的故事大要，愚婦被嘲諷的重點是在她的做事（自認可以跟巧婦一樣煮一桌的好菜）而並不是在他的言語，這是要特別說明的地方。

上述這兩個故事類型的內容，可說是對愚婦形象的嘲諷，以幽默又帶有扁損的手法，對愚婦自認聰慧的愚蠢行為，進行了深刻的批判，而與之粘合的俗諺，又對故事內容進行了高度的濃縮，能貼切傳達笑話的精神意蘊，顯現笑話與俗諺在相互交錯的影響下，都使自身有更清晰而深刻的傳達力。只是與其相對內容的AT875「巧媳婦」系列的故事相比，就文本量而言，中彰地區的民眾，更愛謳歌巧媳婦的機靈與智慧，而少揶揄愚婦的笨拙與愚蠢。

三、【公公佔媳婦便宜】──反邏輯的葷笑話

所謂「葷笑話」，就是關於兩性性關係的笑話。它講述的是性的經歷。葷笑話的講述是在講述者與聽眾之間連續性的、互動性的交流活動中得以完成的，這種交流活動本身呈現了社會不同群體的不同層次

的性意識及性觀念[8]。

在上述的論述中，談論到「葷笑話」講述的是「性的經歷」，它呈現社會不同群體的不同層次的性意識及性觀念。但是，葷笑話在講述的交流過程中能否激發出「笑果」，理解笑話內容中所包含的性意識、性理念是理解與欣賞笑話的前提，也是講述活動是否成功的先決條件。因此，如果某一「葷笑話」在某一區域廣泛地流傳，那麼代表著這一笑話內容裡的性意識及性觀念是這一區域的群眾所共同擁有的。

　　「葷笑話」在AT分類系統之「笑話」的每一次類範圍裡幾乎都有，屬於「女人的故事」（1440-1524）之範圍內的類型，又在中彰民間故事中出現的，有兩個類型，這兩個故事類型都是胡萬川後來新增的。一為1441C**₁【巧揭母姦情】，另一則是1441C***【公公佔媳婦便宜】。1441C**₁【巧揭母姦情】，其故事大要依胡萬川之敘述如下：

　　Ⅰ一個婦人若要和情夫幽會時，就支使兒子去a買東西（鹽）b放牛。
　　Ⅱ某天兒子故意不出門，躲在屋旁偷聽母親和情夫的對話。
　　Ⅲ兒子將他們私密的對話學起來：「a乳姑排b乳房排（胸部）、ab肚臍崗（肚臍）、a窩湖在b凹槽窪（陰部）、a不急b多可惜！讓它浸（交合）久一些」。
　　Ⅳ兒子很快就回到家，母問他：a買的鹽呢？把牛牽到哪兒？
　　Ⅴ兒子回答：a「一到乳姑排，雞未啼；到了肚臍崗，天未亮；來到窩湖在，整條街無鹽可買。」b「牽到乳房排，雞未啼；走到肚臍崗，天未亮；行到凹槽窪，沒遇到半個宰豬客。」
　　Ⅵ母親氣得打他巴掌，帽子掉進尿桶，要兒子撿起時，他答到：「a不急b多可惜！讓它浸久一些。」

---

[8]　王杰文：〈中國古代葷笑話中的模式化人物——以《笑林廣記》為例〉，《青海師範大學學報（哲學社會科學版）》（2005年第5期，總112期），頁92。

類型名稱雖為【巧揭母姦情】，但列入「笑話」中，其故事內容的重點並不在兒子揭發姦情的「機巧」，實際上是在「姦情」的本身，說得更明白一點是在「性事歷程」的本身，這一笑話的表達手法，是以許多具關聯性的「代稱」，去描述性事的歷程，讓聽笑話者透過與之關聯的憑藉，發揮想像，而達到理解笑話的意含。

「對於聽笑話的人來說，要想真正理解「笑話」的含義，實現講笑話人的真正意圖，就必須尋求一種符合最佳關聯性的理解，以取得足夠的語境效果。這樣，講笑話這一交際形式才能成功。[9]。」如果說講述方式有所謂的「明說」與「暗含」，那麼「葷笑話」表達的手法「暗含」更勝於「明說」。而「暗含」的表達手法，就要有更佳的關聯性憑藉，才能使聽者透過語境，瞭解其中的意含，而達到享受聽笑話的樂趣。

就【巧揭母姦情】這一故事類型而言，內容裡的「乳姑排」、「肚臍崗」、「窩湖在」、「凹槽窪」所提供的關聯憑藉，是聽者可以想像的，而「多可惜」、「浸久一些」的暗含，則更讓聽者會心一笑，這應是它可以廣泛流傳，並成為類型的重要原因。

另外，還必須說明的是，「中彰民間文學集」裡，屬於這一故事類型的文本：《台中縣民間文學集㉜》之〈多浸一下〉，故事裡發生姦情的女主角是一個寡婦。不僅是這一則，在其它「葷笑話」裡，寡婦也是常常出現的模式人物，而且故事裡的寡婦形象，通常是性慾高張者。這也顯現出群眾對寡婦之性意識的想像，尤其是男性群眾對寡婦的想像與認知，因為聽葷笑話者以男性為主要族群。

另一故事類型，1441C***【公公佔媳婦便宜】，其故事大要依胡萬川的說明如下：

> Ⅰa一個媳婦在給嬰兒哺乳時，一邊哺乳，一邊也跟著流出乳汁。b一
> 個公公扣子掉了，直接穿著衣服要媳婦幫他縫。

9　李紅英：〈關聯理論對「笑話」的解釋力〉，《科技信息，2011年第31期》，頁147。

Ⅱa公公見了覺得可惜，要求媳婦給他吸另一邊。b公公在媳婦縫釦子
　　時，趁機摸了她的胸部，媳婦很生氣，告訴丈夫被公公摸的事。

Ⅲ兒子回來a見狀b聽了妻子投訴，生氣得責備父親。

Ⅳ公公不高興地回應：a「我老婆的奶讓你吃了那麼多年，我都沒說
　　什麼，現在你老婆的奶才給我吃一下，你就那麼不高興！」b「從
　　前我老婆被你摸更多，我都沒說了，你還敢說！」

這一故事類型置於「女人的故事」的範圍，是因為站在媳婦的角度，以媳婦為敘述的主角。但實際上，整個故事的笑點，是在公公最後嘎然而止的回答。所以，實際上公公在笑話裡所產生之效果的重要性更甚於媳婦。

〈中國古代葷笑話中的模式化人物──以《笑林廣記》為例〉一文中這樣論述：

> 中國傳統葷笑話中的男性模式化人物主要有：老翁、和尚或道
> 士、丈夫。
>
> 老翁：其中大部分老翁年老體衰，對於性生活心有餘而力不足，
> 因此常常懊惱不堪；相反，另一部分作為公公的老翁則有著超凡的性
> 能力，對於媳婦垂涎已久並在不光彩的性生活中表現出色[10]。

由此可見，在中國傳統的葷笑話中，「公公垂涎媳婦」是一個普遍的模式。會有這樣的模式，隱含著群眾性意識中承認「色」公公的存在。公公是不該對媳婦有非分之想的，「公公垂涎媳婦」這個「垂涎」便是個禁忌。但「葷笑話之所以能激發出笑聲，是因為它違背了社會中存在的禁忌，「不違背禁忌是不會有笑話產生的」，這便是笑話（包含葷笑話）的體裁特點、形式特點。這樣一來，笑話便與現實生活聯繫在一起了，但是，笑話又不是對現實生活邏輯的直接表現，相反，「笑話是反邏輯的，誇張的，因此，解讀

---

[10]　王杰文：〈中國古代葷笑話中的模式化人物──以《笑林廣記》為例〉，頁93-94。

葷笑話中的性理念與性意識，即是從被打破的禁忌中，從反邏輯的逆向思維中去發現[11]」。」

「中彰民間文學集」裡，如附表6所見，屬於這個故事類型的文本有2則，一是〈家倌食乳〉、另一是〈吾哺娘分你摸還卡多〉，就以〈家倌食乳〉這一則為例，其故事內容如此敘述：

> 從前哪，有一個家庭，婆婆去世了，只剩下公公和兒子、媳婦住在一起。沒多久，這個媳婦就懷孕、大肚子，後來就坐月子了，結果生了一個孫子。因為這個媳婦的奶很多。有一天，媳婦在客廳那裡餵奶。因為她工作回來時，小孩哭了，就趕快在客廳裡把乳房掏出來，就讓小孩在哪裡吃奶。那孩子吸一邊的奶，另一邊乳房的乳汁一直流下來，剛好她公公回來看見了，看見媳婦的乳汁一直流，覺得很可惜的樣子。因為他曾聽人說母乳很有營養，就跟他媳婦說：「你另一邊的奶一直隨它流，真是可惜，給我吃啦！」就趴了下去，他孫子吸一邊，他就吸另一邊的奶。正在吸的時候，剛剛好他兒子回來了。回來正巧看到他父親在吸他老婆的奶，就很不高興地說：「你當人家公公的人怎麼這麼沒有規矩，連媳婦的奶也吃。」他父親被他兒子這麼責備之後，也很不高興回應說：「我老婆的奶，給你吃了好幾年，我從沒罵過你，現在你老婆的奶只給我吃一下，你就那麼不高興。」他老婆就是他兒子的媽媽。他就這樣說，我老婆的奶給你吃這麼多年。他兒子聽了就無話可說。

上述內容中，公公：「我老婆的奶讓你吃了那麼多年，我都沒說什麼，現在你老婆的奶才給我吃一下，你就那麼不高興！」這看似有理其實荒誕的回答，便是從誇張的、反邏輯的逆向思維去激發笑點，而不是從現實生活的邏輯去直接思考。

---

[11]　王杰文：〈中國古代葷笑話中的模式化人物——以《笑林廣記》為例〉，頁96。

　　這兩則笑話中的模式化人物有著不諧調性的性言行，講述的歷程脫鉤於傳統的倫理道德觀念，因而都能產生「葷笑話」的效果。《台中縣民間文學集⑱》有一篇〈乳水的故事〉，實際上也應該是屬於這一類型的笑話文本，但轉述者可能有太強的倫理道德思維，所以把前半部分的內容，改成是媳婦主動擠奶放在碗中給公公喝，後來嫌麻煩就直接給公公吸，後半才再接上兒子看自己的父親吸自己太太的奶而感到不高興等的情節內容。但這樣的修改，明顯是要降低公公在倫理道德上的瑕疵性，然而這種從現實生活的邏輯去直接思考的修改，卻損傷了葷笑話的機能，也就讓這一則文本不成為笑話了。

四、【媒婆巧計妙安排】及其相關子類
——語言信息選擇相背所造成的笑果

　　對於媒婆，台語有句俗諺如此形容——「媒人嘴，唬累累。」意為媒人所說的話，多吹噓而不實在，不可盡信。在笑話中，也有許多故事便是屬於有關媒人巧言設計的類型及文本。在AT分類系統裡，AT1457號系列的故事類型，便是與「媒人嘴，唬累累。」相關的笑話，而媒婆何以言語要吹噓而不實在，最主要則是因為其要撮合的對象有殘疾。這些故事類型，主要有1457A丁乃通稱為【畸形的夫婦和媒人[12]】，金榮華將其類目名稱改為【媒婆巧計妙安排】，胡萬川則將類目編碼及類目名稱改為1457**【三人共五目[13]】；另外，金榮華還設有1457C【媒婆巧言施詭詐】。1457B的類目丁乃通稱為【三個有殘疾的新郎】，胡萬川則將其編號改為1457***。

---

[12]　丁乃通1457A【畸形的夫婦和媒人】
　　　　姑娘和少年都是殘廢（豁嘴、一隻眼、駝背等）。媒人先讓他們見了一面，設法使誰也沒發現對方的缺陷。（有時僅一方身體上有缺陷）。
[13]　胡萬川1457**【三人共五目】
　　　　Ⅰ男女二人身體皆有殘疾（駝背男與豁唇子女）。
　　　　Ⅱ媒人設法使他們看不到對方的缺陷，兩人當下沒聽出話中玄機而結婚。
　　　　Ⅲ新婚當天新人才發現彼此的缺點，已經結婚了也無法怪罪，只好勉強接受。（或覺得被騙而告上官府，官府以懲罰兩人愛慕虛榮為由，判媒婆贏得官司。）

AT1457A若依金榮華的說法【媒婆巧計妙安排】，其故事大要如下：

> 議親的雙方或一方有身體上的缺陷，如豁嘴、獨眼、駝背等。媒婆安
> 排他們見面，設法使他們沒發現對方的殘缺。

這個類型的笑話重點，是在媒人「設法」讓雙方在相親過程中，如何不讓兩
者發現對方的缺陷，並且在雙方發現後，又可自圓其說。

　　這一故事類型的內容，看來似乎不怎麼好笑，對於初分類者而言，有
些人應該會向「民間故事」去尋求它的類目。但故事與笑話之間，仍然有差
別。王杰文〈民間笑話三論——對西方民間笑話研究成果的譯介〉一文，這
樣論述到：

> 故事長而笑話短；故事中創造的是一個強調正常、典型、理性的世
> 界，而笑話激發的是反常的、古怪的、非理性的世界；故事傾向於清
> 晰的道德說教，而笑話避免任何公開的道德說教；故事多是過去時
> 的，而笑話多是現在時的；故事多聚焦於人物的行為與其結果，而笑
> 話則依賴於話語與語言的特性；故事經常是作為插話並且趨向於成為
> 對某種敘述疑問的解答，笑話則限於單一的情境與場景並以一個形成
> 高潮的語句收尾[14]。

這段論述，以更多面向的觀察，為「故事」與「笑話」做出分別。而依這些
原則，可以知道1457A【媒婆巧計妙安排】放在「笑話」裡是合宜的。因為
類型內容的重點，就在於媒人巧設雙方相親的這一單一的情境與場景，而笑
話結束時的話語——「三人共五目，無長短腳話。」也是內容發展的重要依
賴。這些都是使其成為笑話的重要特點。

　　至於1457B丁乃通及胡萬川，都將類目稱為【三個有殘疾的新郎】，其

---

[14] 王杰文：〈民間笑話三論——對西方民間笑話研究成果的譯介〉，《民族文學研究》
（2003年第3期），頁22。

故事大要依丁乃通的敘述如下：

> 三個女婿都有殘疾或可笑的習慣。最大的一個（a）兩腿蹲下來走
> 路。（b）駝背；第二個（c）頭不停地搖（d）跛行；最小的（e）走
> 路時曳步而行，（f）獨眼龍。當他們同在岳家聚會的時候，大女婿
> 假裝在地上用粉筆和木炭寫字或畫畫。二女婿假用一隻腳在地上擦
> 去字畫迹，或表示不贊成。最小的或是用足擦去字畫迹或閉著眼表示
> 不贊成。

由上述內容所述，可以發現：這一笑話的呈現，較重在是「單一的情境與場
景」的展現，而這一情境與場景是「反常的、古怪的的世界」，但主人翁卻
成功地偽裝了這反常的、古怪的情境。

　　1457C【媒婆巧言施詭詐】，其依賴話語與語言的特性的情況就更為明
顯，其故事大要依金榮華之敘述如下：

> 媒婆為有殘疾的雙方或一方說親，故意用可以兩解的句子介紹情況，
> 使聽者誤會。如說聾子是「敲鑼打鼓都不聽，罵他三句都不吱聲」的
> 人，讓聽者以為是說那人做事專心、脾氣很好；講唇缺者乃是在道盡
> 優點後說：「祇是有點口破。」聞者以為指有點胡言亂語。待成親
> 後，發現真相，媒婆便推說事前已經說明，並未欺瞞。

由此看來，媒婆系列的故事類型，會在「笑話」中呈現，「依賴話語與語言
的特性」是很重要的一點，因為它在笑話內容的單一情境與場景中扮演著重
要的角色。「語言表達是基於人們對事物或事件的感知。按照認知語言學原
理，信息的選擇並非任意，而是由情景中某些成分的突顯程度決定，由人觀
察和認知某一事物或情景的角度、過程和注意力決定[15]。」所以，當笑話內

---

[15] 涂靖：〈突顯和抑制：玩笑話語的認知〉，《外語學刊》（2009年第6期，總第151
　　期），頁122。

容中的兩肇，對語言信息選擇的角度、過程和注意力是相背的，「笑話」的生命力便就此激發。上述之媒婆類型的笑話，其生發的依據大至在此。

　　「中彰民間文學集」裡，如附表6所見，屬於這一系列的文本有2則，它們都是屬於AT1457A【媒婆巧計妙安排】的這一故事類型，篇名都是〈三人共五目，（以後）無長短腳話〉，一篇是在《台中縣民間文學集⑱》，另一則是在《台中縣民間文學集㉑》。就以《台中縣民間文學集㉑》為例，媒人的「設計」過程如下：

　　　　到了相親那一天，媒人事先已想好對策，設計好了。她交代女的要躲在房間裡從門簾後偷看，且手上拿一條手巾假裝因害羞而遮住看不到的那隻眼睛；另外也交代男的要進去女方家時，要裝做提著很重的禮物，如此走路時一拐一拐才不會讓女的懷疑。至於奉茶請客就免了，男的坐在沙發裡，正面對女的房間，是媒人早就安排好的，可讓彼此看個仔細。看了一陣子之後，媒人就直接問兩人的意見，沒有意見就表示兩人都中意對方。這時媒人開口了：「現在在此地，我們三人共五目，以後就不要有長短腳的話喲，你們可要聽清楚了。」於是就完成了兩人的相親。

當然，成親之後夫妻發現了對方的殘疾，便找媒人婆理論，而媒人便以「三人共五目，無長短腳話。」為依據，告訴新婚夫妻，她早在相親時便已告訴他們：「其中有一人是瞎子，而有一人是跛腳的。」兩夫妻也只好認了，認為這是天命而認分地成為夫妻。

　　很顯然地，這兩則文本的講述，都與「三人共五目，無長短腳話。」的這一句俗諺有關。而笑話的內容重點，也就在相親者與媒人，對這一句話在信息選擇的角度和注意力是相背的。而這一句俗諺，也因為笑話文本的傳述，有了更經典的使用時機與意義，其意涵有兩層，一是「雙方都有些缺陷（差錯），就不要計較了。」二是「事先已講明了，日後就不該反悔。」又讓我們再次看見：俗諺與故事或笑話之間的相互影響與緊密結合，及其交錯

互動之後所產生的良好化學反應——笑話或故事的內容使俗諺的使用更顯生動與形象化；而俗諺則使笑話或故事內容更富含哲理與寓意。

五、【放響屁】——身體缺陷的誇張性表達

笑話有著「進行諷刺和嘲笑否定性言行和現象」的特質，因此身體上一些否定性的缺陷也會成為笑話所嘲諷的對象，如聾子、瞎子、瘸子、駝背、口吃、放屁等。在AT分類系統，有關這一類的故事類型，應屬【放響屁】這一故事類型最為誇張，這一故事類型丁乃通 [16] 及胡萬川都將其編為AT1520號，兩者都偏重於敘述屁之氣大的威力，而不在氣臭的噁心。故事大要依胡萬川的敘述如下：

> Ⅰ有個女孩很會放響屁，母親要她忍住，不然嫁不出去，但她因為忍屁，臉色漸漸臘黃。
>
> Ⅱ結婚後，丈夫問她臉色臘黃的原因，她講出原由後，丈夫鼓勵她把屁放出來。
>
> Ⅲ女孩因放屁打破水缸等事，被婆婆趕出門，只給她一頭牛。
>
> Ⅳ女孩在路上遇到一個和尚，和尚聽了女孩的哭訴後，叫女孩放屁讓

---

[16] AT1520【放響屁】，其故事大要依丁乃通的敘述如下：
  Ⅰ〔開始〕（a）一新娘聽了她母親的話在結婚後忍住不放響屁。不久，他的身體開始忍不住，她丈夫（或婆婆）告訴她自行方便。另一種開頭：（b）她在結婚前認為她的屁是香的，因此她在婚後不久便開始放屁。
  Ⅱ〔傷人鬧事〕（a）婆婆給了她間空房，裡面只放了一只竹斗，讓她在裡面盡量放屁，她把竹斗彈得滿屋飛，她的公公，婆婆在門縫偷看，兩人的眼全給彈瞎了。（b）她的屁使爐頭倒塌，砸死了婆婆。（c）她把她叔父的眼弄瞎後逃跑了。
  Ⅲ〔在衙門和回家的路上〕夫家告她，她遭逮捕。（a）在法庭上卻把法官（b）彈到另一個房間或地上。（c）連續三次彈上天。（d）她在路上和人打賭贏了幾個，但最後沒有能彈走一個補鍋人的一只寶鍋，受了罰。
  Ⅳ〔別的表演〕（a）離開衙門後，她將一個銅匠師傅崩上了天。（b）不信的鐵匠和她打賭，輸給她。或者（c）一男放屁手向一女放屁手挑戰，互相比賽。（d）他們將一老僧崩上了天。結果仍是女放屁手贏。（e）一個獵手把他們的屁全部射下來。

他見識，並建議女孩把牛綁在他的脖子上，女孩一放屁，牛就受驚
嚇而狂奔，讓和尚差點沒命。

笑話的關鍵是要有奇特巧妙的構思，因此，為達到笑的目的，笑話也常使用
誇張的手段。而【放響屁】這一故事類型，便是以誇張的手法去建構一奇特
巧妙的構思，而這個構思是充滿視覺想像的。所以，聽著笑話，眼前卻出現
了誇張的荒謬畫面，因而激發了你忍不住的笑聲。

　　「中彰民間文學集」裡，屬於這一故事類型的文本有3則，〈新娘忍屁〉
那一則，文本內容與胡萬川的故事大要一致；而《台中縣民間文學集⑱》的
那兩篇〈忍嘴當做忍屁〉，這兩則文本的主角也是新娘，一是新娘最後忍不
住到廁所去放屁，結果把糞坑的糞便都濺滿了廁所，連蛆蟲到處都是；而另
一則，則是新娘回娘家到屋後放屁，把屋後的土礱、風鼓都震得一直響。

　　「笑話的娛樂性有別於音樂、舞蹈等其它娛樂形式，它引出的笑是一種
有意味的笑，是人的理性與社會性的統一，常常涉及生活中悖理性的東西，
說出來也許有傷雅性，却不至於招致傷害，與人類的美感經驗相聯繫[17]。」
【放響屁】這一類型的故事，便是屬於這種有傷雅性，但仍有著巧妙構思及
娛樂性的笑話。

六、【捧好一堆雞蛋】及其相關類型
──邱罔舍、白賊七的惡作劇

　　惡作劇的基本模式是故意使他人陷入窘境，並在旁觀賞他人尷尬、吃
驚、惶恐等等尋常難以見到的情緒表現，藉此得到樂趣。行為人常使用的手
段是作弄、冒犯或者是欺騙。

　　在真實世界中，惡作劇是很具爭議性的，因為惡作劇的人覺得有趣，但
被惡作劇的人可能不覺得有趣，甚而還會感到憎惡並且引起紛爭。因此，能

---

[17]　陳傳媚：〈笑話的生成機制與文化功用〉，頁72。

對什麼人？能在什麼時候？製造什麼窘境？惡作劇者的行為必須拿捏得當，才能得到他所要的樂趣，又不至於引起與當事者之間的糾紛。因此，在真實世界中，優越的惡作劇者，還得有某種程度的聰明，才能順利實現他那帶有著戲謔性質的樂趣。但欣賞惡作劇的笑話，就不必承擔這種風險，就能夠得到樂趣，這應該是有關惡作劇的笑話會廣為流傳的原因了。

在AT分類系統，有關惡作劇的故事類型，又在「中彰民間文學集」裡出現的，依據丁乃通的編碼有下列幾個類型：1530A*【捧好一堆雞蛋】、1563B【向陌生婦女動手動腳】以及1635A*【虛驚】。相關論述如下：

首先，值得一提的是：這幾個類型的文本，大量集中在敘說「邱罔舍」或「白賊七」這兩個傳說人物的故事裡，而且它常是複合型的文本。所以，首先我們可以知道的是：在民間故事的流傳中，「邱罔舍」與「白賊七」的形象，與愛惡作劇是密切相關的。

第一個要論述的類型，是丁乃通所編1530A*的【捧好一堆雞蛋[18]】。這

---

[18]　丁乃通1530A*【捧好一堆雞蛋】，其故事大要如下：

Ⅰ〔相會〕惡作劇者在街上遇見了一個賣雞蛋的小販。（a）在他們討價還價時，小販嘲笑他出的價錢那麼低不夠買雞蛋殼。（b）小販堅持如果他要買，就得成百個買。（b¹）小販沒有任何錯，但這壞人心想偷雞蛋。（c）小販不認識他，只提起他的名字，說這是一個臭名昭著的壞人。（c¹）小販對他很不客氣。（d）小販要價過高，但他沒有還價。（d¹）小販說他的雞蛋是雙黃蛋。（e）他打破了許多雞蛋，只拿走了蛋殼，也只付了他出的低價。

Ⅱ〔詭計〕他假裝要買籃子裡的雞蛋，要小販跟到他家去。然後，他開始挑揀雞蛋，並把雞蛋放在（a）椅子或桌子上，（b）石桌或上面光滑的岩石上。（c）小販的衣兜裡，雞蛋數量增多後，小販不得不用兩臂圍著雞蛋，免得它們掉下去，當雞蛋越堆越高，小販動也動不了啦。（d）惡作劇者走了，推說要去拿錢或拿自己的籃子，（d¹）他偷了幾個大雞蛋。（e）小販抗議說太累了，（f）他乘機給了一個很低的價錢，小販不肯時，他走開了，（g）他使小販在他的院子裡等。

Ⅲ〔懲罰〕（a）他讓一條大狗恐嚇或咬小販，（b）小販非常害怕或者給咬傷了，所有的雞蛋都掉在地上摔碎了。（c）小販筋疲力盡，不能抱牢雞蛋了，只能讓它們掉到地上，（d）惡作劇者很久之後才回來，（或在樓梯窗口出現），小販知道一定是得罪了他，抱歉之後，他才幫小販解圍。（e）他等許多小頑童來取笑了小販後，裝做醉醺醺地回來，他沒有肯買雞蛋，不過幫助小販把雞蛋放回籃子，（f）後來他回來了，按他自己出的低價買蛋殼或買了蛋白不給錢。（g）他把小販打罵了一頓。（h）他沒回來，因為他領小販去的地方並不是他的家。（i）幾小時後，

一類型，胡萬川[19]仍使用了丁乃通的類目，但將編號改為1530A**；金榮華則將其改為1530A【賣蛋小販上了當】，其故事大要依金榮華的敘述如下：

> 賣雞蛋的小販說話得罪了一個無賴，無賴便假稱要買許多蛋，叫小販跟到他家去，然後他挑選雞蛋，將蛋一一放在桌上。蛋的數量增多後，他叫小販用手圍住，免得掉下桌去。雞蛋愈堆愈高，小販雙手不能動了，無賴開始殺價，殺價不成便離開那裡，久久不回；小販筋疲力盡，祇好抽手讓蛋跌碎。或是他離開後叫頑童去偷蛋，小販眼睜睜看著頑童拿蛋而不能去抓。在有些故事裡，他祇是教訓一下小販，後來仍替小販把蛋放回籃子裡。

這一故事類型，在丁乃通的故事大要裡，稱故事的主角為「惡作劇者」，但金榮華則稱故事的主角是個「無賴」。而在「中彰民間文學集」裡，有這個類型之內容的文本有3則，包含《台中縣民間文學集⑫》之〈邱罔舍買鴨卵〉、《彰化縣民間文學集19》之〈邱罔舍的故事〉、《彰化縣民間文學集21》之〈邱罔舍〉，由上述之資料顯示，文本內容的主角都叫做「邱罔舍」。由此可見，民間傳說裡，邱罔舍的形象是被塑造成一個愛「惡作劇」的人，或者說他是個「無賴」。

邱罔舍是台灣有名的傳說人物之一，也是個箭垛型人物，很多類型的故事內容，都會加諸在他的身上，《彰化縣民間文學集19》（78-105頁）之〈邱罔舍的故事[20]〉，便是個典型的代表，文本內容裡包含了四個故事類

另外一個人走過這裡，幫助小販重新裝好籃子。（j）惡作劇者大笑，但買了的東西都付了錢，有時是按照他自出的價格。（k）許多有惡意的頑童等等，從小販那裡偷雞蛋。

[19] 胡萬川1530A**【捧好一堆雞蛋】，其故事大要如下：
Ⅰ向小販買雙黃蛋。
Ⅱ要小販到他家，把蛋拿起來放在小販衣服上數。
Ⅲ衣服上放滿蛋後，放狗咬小販。
Ⅳ蛋破了，惡作劇者以雙黃蛋為由，二個蛋算一個蛋的錢給小販。

[20] 《彰化縣民間文學集19》在130-133頁間，還有另外一篇也叫〈邱罔舍故事〉，內容則

型，其中包含了同為惡作劇性質的兩個類型，一個就是上述的【捧好一堆雞蛋】，另一個是丁乃通編號為1563B的【向陌生婦女動手動腳[21]】。這一類型，胡萬川[22]仍使用了丁乃通的類目，但編號改為1563**；金榮華則改為1563B【讓人誤認在親吻】，其故事大要，依金榮華之敘述如下：

> 一個男孩在婦女前做出了像是吻她們的動作，讓別人誤以為他真的在吻她們，因此贏了打賭。他的方法是指控婦女們偷吃了他的香柑或羊肉等氣味較強的蔬果或肉類，讓他聞一下她們的氣息就可知道誰是賊了。或是假意告訴一位婦女某些秘密而咬耳低語。

前一個類型裡，被惡作劇的對象是賣雞蛋的小販，而這個類型裡，被惡作劇的對象則是陌生的婦女。但這兩個故事類型裡的惡作劇者，在做這些行為時，確實都還得耍點小聰明，才能達成他的目的。在「中彰民間文學集」裡，如附表6所見，屬於這個故事類型的文本，除了少了〈邱罔舍買鴨卵〉

十分簡略，重點是說邱罔舍不信豬頭的重量，小販則要剁邱的頭來秤一秤，與其它的文本都不相關。胡萬川的索引裡，把這一篇也放進了【捧好一堆蛋】的這個故事類型裡，應該是一個誤置。

[21] 丁乃通1563B【向陌生婦女動手動腳】，其故事大要如下：
有時為了打賭，惡作劇者必須顯示他能親吻。（a）許多在廟裡和船上的女人們；（b）在街上一個他從沒有遇見過的年輕姑娘。他做出像是親吻她們的樣子，因為他（c）指控她們偷吃了他的（c^1）香甜橘柑（c^2）洋蔥（c^3）糕餅（c^4）蘋果。她們否認做過上述的事。他說只要聞一下她們的呼氣，就可以知道誰是賊了。其他詭計：（d）他假裝成一個深度近視眼，到劇院裡找母親。於是湊近坐在他那一排的女人臉上看。（e）他告訴一個買了豬肉的女子，他知道那塊豬肉好些，可以將秘密告訴她，於是姑娘准許他咬耳低語。（f）他說眼睛迷了要求姑娘幫他除去眼裡的塵埃，這樣，姑娘就接觸到他的臉。

[22] 胡萬川1563**【向陌生婦女動手動腳】，其故事大要如下：
Ⅰa看到採茶（除草）b賣東西的女孩，惡作劇者和人打賭他能a親吻她b讓她幫他拉褲帶。
Ⅱ此時褲子掉了。
Ⅲ惡作劇者a故意聞女孩的嘴，遠看如親吻。b表示因為不能放手，所以要女孩幫他拉起褲子。

那一則之外，其餘與上一個故事類型的文本則是重疊的。由此可見，邱岡舍雖然是個箭垛型的傳說人物，但這些附會在他身上的事情，仍有某種特定的性質，就好比都是好「惡作劇」的，而且這些「惡作劇」，看來都「戲謔」性質濃厚，惡作劇者透過某些特意的肢體設計，達到教訓或是看似佔便宜的目的。

　　另外，在「中彰民間文學集」裡，也屬於是惡作劇之故事類型的，還有丁乃通編為1635A*的【虛驚[23]】，這一故事類型，金榮華則將其改為1635A【惡作劇者兩頭騙 受騙者虛驚一場】，其故事大要依金榮華之敘述如下：

> 惡作劇者騙婦人說，她的丈夫在外受了傷，或跌入河中淹死了，他先來拿門板去抬人。然後又去河邊對婦人的丈夫說，家中失火了，他祇搶到一塊門板。結果夫婦兩人哭哭啼啼地在半途中相遇，才知受人作弄，虛驚一場。

由上述類型內容看來，主角惡作劇的目的，是在製造一個讓被惡作劇者陷入情緒惶恐的窘境，而他就藉以觀賞別人的惶恐而得到樂趣。

　　「中彰民間文學集」裡，如附表6所見，屬於這一故事類型的文本有3則，包含《台中縣民間文學集㉘》之〈白賊七仔〉、《台中縣民間文學集㉙》之〈白賊七的故事〉以及《彰化縣民間文學集20》之〈白賊七的故

---

[23] 丁乃通1635A*【虛驚】，其故事大要如下：

Ⅰ〔哄人〕小丑告訴（a^1）一位母親（a^2）他的伯母（a^3）他的雇主（a^4）他的岳父（母）（a^5）他朋友的妻子（a^6）他的妻，說（b^1）她的兒子或丈夫落到河裡淹死了。或（b^2）墜下山崖或受傷死了。（c）她母親或父親死了或得急病（d）她的兒子或丈夫當捉大魚時受了重傷。被作弄者悲懼交集，一路哭哭啼啼到了出事地點。

Ⅱ〔哄騙另外的人〕然後惡作劇者又去找到（a^1）兒子（a^2）他的伯父（a^3）他雇主的妻子（a^4）他的岳父（母）（a^5）他的朋友那裡，並且說（b）他的母親從樓梯上摔下來摔死了。（c）他的或她的房子著火了，（d）他的妻子生了神經病，第二個被作弄者也哭哭諦啼回家或到出事地點。

Ⅲ〔虛驚〕（a）被作弄者雙方在路上碰到，方知受了騙（b）一方看見對方以為是鬼來了，而另一方看見他妻子戴了孝，以為他妻子當真得神經病。

事〉。從上述資料看來，在「中彰民間文學集」裡，這一類型的文本內容，故事裡的主角是台灣另一個知名的傳說人物「白賊七」。而且這個類型常與1920B的【我沒空說謊[24]】相結合，成為複合型的故事類型。這樣看來，「邱罔舍」與「白賊七」這兩個傳說人物，雖然都是屬於愛「惡作劇」者，但透過故事類型，仍可發覺兩者之間有所區別。

　　「白賊七」依閩南語發音便是「說謊七」的意思，正如其名，「白賊七」的惡作劇便大多是透過「說謊」來施展。【虛驚】這一故事類型，被惡作劇者在聽了那一些謊話後，頓時陷入窘境，惶恐悲傷不已；另一故事類型【我沒空說謊】，被惡作劇者，則在聽了他的謊話後，趕快跑去海邊，才發現白跑一趟。前述與「邱罔舍」有關的那兩個故事類型，惡作劇者是透過某些有意的肢體設計或安排，以達成其戲謔的目的，似乎較無傷大雅。而與白賊七相關的這兩個故事類型，以真實世界中生活處世的標準而言，其「惡搞」的性質更甚於「戲謔」。

七、【萬能博士（好鼻師）】──歪打正著的驚奇

　　在AT分類系統裡，丁乃通在編號1641設了一個類型，名為【萬能醫生[25]】；金榮華將其類型名稱改為【假占卜歪打正著（萬能博士）】；而胡

---

[24] 1920B【我沒空說謊】，其故事大要依金榮華敘述如下：
一個人說：我沒空說謊，魚汛來了，要快去捕魚；或是：運黃豆的船翻了，要快去撈豆子。事實上這就是在說謊。

[25] 丁乃通1641【萬能醫生（可能是翻譯上的錯誤，應稱為「萬能博士」）】，其故事大要如下：
I 一個農民，一個鞋匠，等等，自稱（a）能預言未來（或算命）（b）有一個極其敏銳的鼻，聞一聞就能知道遠處的東西（b¹）敏銳的耳朵和手指頭（c）在夢中能預知未來。他的話果然不錯，因為他（d）已經偷看了，或偷聽了他妻子（母親）在爐子上燒的菜（d）得到了她的合作（d²）常常是偶然看到了失去的物品（e）在他和他的顧客同行的時候，故意讓他的妻子放火燒自己的屋子，或把他們的孩子扔到井裡等等。（f）他因看燻肉、鹽和亞麻布等東西反潮的情況能預測將要下雨。
II 他說的是：（a）「第一，第二，第三」（b）「在前面的一個，或者在後面的一個」，「右邊和左邊」，「上邊的一個」等等。（d）小偷已經被嚇跑了。（e）他自

萬川則改為1641*【好鼻師[26]】，其如此更改最主要的原因，應是在突顯主角瞎說能找到東西，都是因為他學會一種「鼻術」，只要聞一聞，便能知道東西在哪裡。

如果以類型名稱與故事大要的契合度而言，應以金榮華的【假占卜歪打正著】最為適合，故事大要的內容依金榮華之敘述如下：

> 一人因為看鹽缽是否發潮變濕而正確預測天氣的雨晴，或是先將別人的牛偷藏山中，然後假意卜算，找出失牛，因此神卜之名遠播。後來皇帝

己把東西放在那兒的。（f）小偷的名字和他的名字相似（g）偶然碰巧做對了手勢。
III有的時候，被偷走的是一隻公牛，水牛或豬（c）他偷聽小偷們談這事。（d）他自己經歷到或他自己發現了的。
IV續篇（a）他聲稱由於摔得太厲害，所以失去了法力。（b）他想用一個龍蝦鬚或類似的東西做成的梯子爬上天去，或者由信徒扔上去。他摔到地上變成了螞蟻。（c）他娶了一位公主（小姐）（d）有一天他喝醉酒，說出真情，從此以後，誰也不信他了。

[26] 胡萬川1641*【好鼻師】，其故事大要如下：
I一個人，a名叫好鼻獅（師）或白賊七。b傻子。c有錢的傻子。
IIa自稱聞一聞就知道東西在哪裡。b老婆陪嫁一個鹽甕是個寶物。c精明的老婆要他出去學聰明。
IIIa其實是先拿別人的東西去藏。b老婆看到鹽甕反潮告訴傻子會下雨。c被騙反過來騙老婆學到鼻術。
IVa偷拿王爺的印信（玉璽）去藏，再幫王爺找出來。b皇帝的龍鳳帕不見。c皇帝的手巾不見。
Vb偷的人剛好名叫「鹽甕」。c轎夫名叫「蝦子」、「螃蟹」，東西正是他們偷的。c複合類型1691*【猛吃的新郎】岳父壽宴拼命吃菜而丟臉。
VI獎勵，a要求一件麻糬衣、糖帽子。b被封狀元。一件麻糬衣，一頂麻糬帽子。
VIIac去看打鐵，麻糬衣、糖帽子被打鐵匠吃了。b戲弄老婆後相會。
VIIIa要求一百人、一百支水杓去舀海水。c鐵匠賠他一支到水裡的寶物。
IXa向海龍王要求一百根龍蝦鬚。c要海龍王的鬚上天庭。
Xa只有99根無法接上天，大喊相添（與燒天同音）。只有半支上不去，大喊火燒天。
XI摔死變成螞蟻，螞蟻是好鼻獅（師）變的。皇帝封他為「鼻師」，螞蟻的鬚是龍王的鬚。

在這一故事類型【說明】欄中的最後，如此敘述：「丁乃通本類型名稱為【萬能醫生】；在金榮華本中，名為【假占卜歪打正著（萬能博士）】」。表示胡萬川1641*【好鼻師】，與丁乃通及金榮華的1641是同一類型。

失去了玉璽，要他去占卜尋找。他自知無此能耐，死期將臨，不禁感嘆。不料接待他的侍從就是偷璽之人，誤聽他的感嘆之言，以為卜者已算出是他所偷，便說出藏璽所在，請他不要向皇帝揭發。後來皇后要他占算盒中藏物，也誤會了他絕望的自嘆，以為他的確猜中而給予重賞。

由故事大要看來，主角自認將死或絕望之時的感嘆之詞，竟是他的救命或成功之鑰，這也就是他「歪打正著」之處。著意渲染、出現反轉，讓結局與預期有落差，是製造笑話之效果的重要手段之一，而這一類型的內容構思便使用了這樣的手法。

「中彰民間文學集」裡，屬於這個故事類型的文本有兩則，一是《台中縣民間文學集⑪》之〈蟻公个祖先〉；另一則是《台中縣民間文學集13》之〈傻女婿〉。後者篇名雖為〈傻女婿〉，但實際上，其內容與下個單元即將要論述的「傻女婿」故事類型一點關聯也沒有。〈傻女婿〉的文本內容，內容重點是：傻子去揭告示，表示自己能預測下雨時間，也因為鹽缽的關係，下雨時間與其預測相差不遠，後來又被皇帝叫去找他丟失的龍鳳帕，就在他絕望抱怨之時，抱怨之辭卻成為救命與成功之鑰，因為聽到抱怨的人就是偷拿者，他誤會了他的抱怨之辭，嚇得主動告知他手帕置於何處。所以，傻子不僅得到了獎賞，還被封為「天下國師狀元」。回家後還先戲弄了老婆，才與老婆相會，看起來似乎一點都不傻。

另一篇〈蟻公个祖先（螞蟻的由來）〉，比較有意思的是，這個文本也與上個文本一樣，它的主角也是個傻女婿。文本內容，在得到皇帝的獎賞之前，除了多加入了一小段1691*【猛吃的新郎】之內容外，大抵與前述的故事大要相同，但內容後半，則附上主角從天上摔下，碎成了螞蟻的事，後半的內容則較近於解釋螞蟻之由來的傳說。

另外，《台中縣民間文學集㉜》有一篇〈好鼻獅的故事〉，文本內容與〈蟻公个祖先（螞蟻的由來）〉非常類似，而故事的結局也是說主角從天上摔了下來碎成了螞蟻。但這一則文本，我並沒有把它歸入1641的這一故事類型，最主要的原因是：前半內容敘述裡，主角所找到的東西，全部都是他事先藏

起來的，並沒有最關鍵之「歪打正著」的部分，因此我就沒有把它歸入。

　　整體而言，這一故事類型的笑話，笑話效果的產生，重在事情發生時機的「歪打正著」，或是話語內容的「歪打正著」。而「歪打正著」便是一種與預期結果相背的結局，這個結局在突兀中卻得到了和諧，這正是笑話之所以能發生效果的重要關鍵，而這一故事類型的笑話，便是把握了這一和諧中的突兀關鍵所產生的文本。

八、【呆女婿】及其相關類型──傻女婿的各種面向

　　在民間故事裡，有關傻女婿的故事，是一個很大的故事族群──故事類型多，文本也多。〈傻女婿故事研究〉一文，做了這樣的論述：

> 根據筆者已查閱的現有傻女婿故事，結合前人總結，認為它可以分為三類，一類是對人情世故的不了解、不諳世事所造成的呆傻故事；一類是對於性行為的不了解和了解後的痴迷；一類是三個女婿拜壽和選女婿[27]。

就上述所分的三類故事，在AT分類系統裡，也有相對應的故事類型。屬於第一類，不諳世事的傻女婿故事類型，有丁乃通的1685A【呆女婿】、1691*【猛吃的新郎】、1696 A【總是晚一步】；屬於第二類，不了解性事的傻女婿故事類型，有丁乃通1685B【不懂房事的傻新郎】；屬於第三類，傻女婿向岳父拜壽的故事類型，有丁乃通的1681C【呆女婿向岳父拜壽】、1681C₁【呆女婿送禮，沿途吃光】等。

　　傻女婿的故事，一直在中國各地民間廣為流傳，傳播時間久遠、影響力廣大。而它在台灣其實也有相類似的狀況，如附表6所見，中彰民間故事裡，屬於上述傻女婿系列之故事類型的文本為數不少，而且有的文本還是上

---

[27] 馬驍、張志芹：〈傻女婿故事研究〉，《劍南文學（經典閱讀）》（2011年5期），頁98。

列之故事類型的複合型文本。相關論述如下：

　　屬於上述的第一類，不諳世事的傻女婿故事類型，如附表6所見，在「中彰民間文學集」裡，以1696A【總是晚一步】的文本數較多，有兩則；1691*【猛吃的新郎】也有兩則（其中1則，與上個故事類型【好鼻師】複合）。丁乃通1696A【總是晚一步[28]】，金榮華將其類目名稱改為【傻瓜行事總出錯】，故事大要依金榮華的說法如下：

　　　　一個傻子依照他母親或妻子教他的話去說，或教他的原則去做，

---

[28]　丁乃通1696A【總是晚一步】，其故事大要如下：
　　　　一個傻孩子（有時候是丈夫）總是按照他母親（妻子）教他的話去說，但總是把話用錯了地方。
　　Ⅰ〔喪禮〕一個傻孩子（丈夫）在人家出殯的時候糾纏不休，因為（a）他丟了一匹白布，認為是這些戴孝的人偷走的。（b）他想跟他們借水車（c）他向他們祝賀，或是大笑（d）他在找馬、兔子等等，或是（e）一個孩子（傻子）從他爸爸那裡只學了一句「多多來」以及諸如此類的話。結果挨到一頓痛打。
　　Ⅱ〔婚禮〕他媽媽（a）說他應該表示哀悼，或者（b）教他說這類的話。或者（c）這孩子學會說「不要這樣」（d）他仍在找馬等等。但是當下一次正碰到人家在迎娶新娘，或是去參加婚禮時，他還是這樣說，就受到懲罰。
　　Ⅲ〔失火〕他媽媽（a）說他應該稱讚真好看，或者（b）教他碰到這種場合時應當說祝賀的話。當他碰到人家房子失火時，他說了這話，結果又受了一頓懲罰。
　　Ⅳ〔鐵匠〕他媽媽說他應該往火上潑水，結果他在鐵匠鋪這樣做了，於是（a）又挨了一頓打（b）鐵匠告訴他應該幫他拉風箱。
　　Ⅴ〔兩個打架的人〕他媽媽說他應該（a）幫著打或者（b）稱讚鐵匠「打得好」。他看到兩個人扭在一起打架，就如此照辦，結果反而挨了打。
　　Ⅵ〔正在博鬥的動物〕（a）他媽媽告訴他應該盡量把打架的人拉開。他碰到兩條公牛打架時，就去拉架，結果受了傷或者被撞死。（b）他媽媽說，碰到博鬥的動物時，他應該噴水或是就躲遠點兒，結果，在碰到兩隻公雞打架時，他把熱水潑了過去，把兩隻公雞都燙死了，或是遠遠地躲開了。
　　Ⅶ〔宴會〕他媽媽說他應該用草餵那兩隻打架的牛才對，結果當客人在宴會中和主人謙讓時，他把草拿給他們吃，以致於被打得要死。
　　Ⅷ〔洗衣婦〕別人告訴這孩子應當「匍匐而行」，他就這麼做了，結果正在河邊洗衣服的婦女們把他當成了小偷打死了。
　　Ⅸ〔揚麥子的農民〕孩子們說：「別刮風」，挨了頓打。
　　Ⅹ〔紙扎店〕孩子這次換了句話，「風刮大點吧！」結果又受了懲罰。

但是因為他弄不清事情的性質，只見到部分的表面現象，因此總是出錯。如：他把兩匹白布賒給廟裡菩薩而弄失了（1319N），見到出喪隊伍裡的人都穿白衣服，以為是他們拿了他的布，前去索回，被打了一頓。母親說，那是出喪，應表示哀悼。於是當他遇見一支結婚迎親的隊伍時便去表示哀悼，又被打了一頓。母親告訴他，那些人抬著箱子等東西是在辦喜事，應該說恭喜。後來他看見人家失火，忙著搶搬箱子，他就去說恭喜，當然又挨了一頓打。他母親說，人家失火應該幫忙救火，往火上潑水。結果在鐵匠店裡把鐵匠的爐子澆熄了。

又如：他母親告訴他，遇見別人打架，應該儘量把打架的人拉開。他碰到兩頭公牛打架時就去拉架，結果受了傷。他母親說，碰到動物搏鬥時，應該向他們噴水，後他看到兩隻公雞在打架，就把熱水潑了過去，結果兩隻雞都燙死了。

或是：他領了十個銅錢的工資，拿在手裡跑回家。到家一看，銅錢已經滑落了一大半。他的母親告訴他，工資應該放在口袋裡。後來他幫一個送牛奶的人做事，那人送他一桶牛奶作報酬，他就把牛奶放在口袋，結果全部漏掉。

依照金榮華的敘述，上述類型裡的主角，有可能是個孩子或丈夫，而他的行為不管做了什麼樣的修正，最後總還是錯得離譜。因此，金榮華便將其改為【傻瓜行事總出錯】，並將編碼[29]改為1696。在「中彰民間文學集」裡，屬於這一故事類型的有《台中縣民間文學集⑪》的〈戇婿郎〉、《彰化縣民間文學集5》的〈戇子婿〉。這兩則文本有一些共同特點：一是，故事的主角

---

[29]　丁乃通原1696號的類目為【「我應該說什麼」】，大意是傻子不知話語的意義，老是說錯話。1696A【總是晚一步】，則重在傻子不管怎麼修正他的行為，他仍舊總是出錯。金榮華則將兩者結合成1696【傻瓜行事總出錯】。丁乃通1696【「我應該說什麼」】項下之故事大要則如此敘述：

一個傻（a）孩子（b）女婿是在某些場合中說錯話，造成可笑的場面。以下絕大部分的說法都需要有中文的知識才能理解他們的幽默之處及其效果。因為沒有依辭句不同詳細分析，或分成不同的次類型。

都是丈夫；二是，敘述中所發生的錯誤，都是發生在回女方娘家的路上，因而便與「傻女婿」有了關係；三是，這兩則本文，都還與屬於第三類：傻女婿向岳父拜壽之故事類型的1681C【呆女婿向岳父拜壽】的內容結合，所以這兩則都是複合型文本。

　　丁乃通1681C【呆女婿向岳父拜壽】（胡萬川[30]用此類目名稱，但編碼改為1681**），其故事大要如下：

　　Ⅰ〔準備祝壽〕傻子的妻子離家去娘家之前，要他赴岳父壽筵，並帶上禮物，例如（a）麵條，（b）饅頭，（c）雞蛋，（d）鴨，（e）鵝，（f）魚、蟹，（g）紅綢屏，（h）棗子，並且（i）還要穿上整潔的禮服（j）或者買一頂好看的高帽子。

　　Ⅱ〔在路上〕他在家裡找不到好衣服，便買了（a）一套喪用的紙衣服，（b）一個尿壺。穿帶上這些東西，他就去祝壽了。在路上（c）鵝或鴨子叫喚起來（d）魚或螃蟹掙扎起來。為了給它們喝點水，讓它們游個泳或洗個澡，他就把它們放進了小河裡（參看1310D）當鴨、鵝、魚、蟹不肯回來時，他不斷地把麵條、饅頭等扔進河裡當餌來引它們，隨後他就跳進水裡去抓它們，他的紙衣服全部溼透脫落下來，（c）他的紙衣服在雨中淋破等等。

　　Ⅲ〔到達〕當他到岳父家的時候，既沒有禮物又一絲不掛。他的妻子把他藏進了（a）一口枯井裡或是（b）屋外廁所的溝裡，並答應，或當真給他送來一碗麵條。當一個親戚（c）撒尿或（d）潑髒水的時候，他就大聲喊叫他已經喝夠了（e）醬油（f）醋（d）麻油，（h）「別把湯都倒下來」。

---

[30] 胡萬川1681**【呆女婿向岳父拜壽】，其故事大要與丁乃通同一名稱的類型，故事大要的內容有相當的差異，其故事大要如下：

Ⅰ有一對夫妻，妻子漂亮賢淑，丈夫愚笨醜陋。

Ⅱ某天，丈夫要去參加岳父的壽宴，妻子怕他鬧笑話，便在出門前預先教他一些應對的話。

Ⅲ到了現場，問題都出乎妻子意料之外，丈夫依舊鬧了一堆笑話。

如上之內容所述，我們可以發現：1681C【呆女婿向岳父拜壽】這一故事類型，呆女婿的愚蠢行為，也大都發生在回女方娘家的路上。因此，如果是這兩個故事類型結合的複合型文本，結合內容大都是把路上發生的呆傻行為串連起來。前述的那兩個複合型文本，便都是前半部分是敘述1681C【呆女婿向岳父拜壽】中〔在路上〕的內容，而後半部分，則與丁乃通1696 A【總是晚一步】中Ⅰ至Ⅵ的某幾個橋段相結合。

「中彰民間文學集」裡，如附表6所見，屬於上述丁乃通1681C【呆女婿向岳父拜壽】這一故事類型的文本，除了上述的那兩則複合型文本外，還有兩則，而這兩則都在《台中縣民間文學20》，一篇名為〈戇婿郎〉是1681C的單一類型故事文本。另一篇為〈狗徑索〉，這一篇則是複合型的文本，其複合的內容，則為1691*【猛吃的新郎[31]】，這兩個相結合的故事類型都同屬於第一類：不諳世事的傻女婿。文本內容的前半段，是敘述傻女婿在前往岳父家的半途上，把要向丈人祝壽的麵線拿去套溝裡的鴨子，結果鴨子沒套上岸，而麵線卻都化了；後半則敘述傻女婿，在壽宴上因狗絆繩，而導致他快速猛吃的可笑樣子。

屬於第二類，不了解性事的傻女婿故事類型，則為1685*【不懂房事的傻新郎】（丁乃通編號為1685B），其故事大要依胡萬川敘述如下：

Ⅰ一對夫妻幫傻兒子娶了媳婦。

Ⅱ結婚後因傻子未諳世事，不懂如何和妻子圓房，a母親發現過很久媳婦都沒有懷孕，以為是媳婦的問題。b新婚之夜時，傻兒子的母

---

[31] 丁乃通1691*【猛吃的新郎】（金榮華改為1691A.1【憨丈夫遵囑猛吃】），其故事大要如下：

Ⅰ〔妻子的禁令〕妻子在和丈夫一起回娘家探親或赴宴時，對丈夫說要懂規矩一些。每當她覺得他可以夾菜或可以吃的時候，她就（a）拉一下桌子底拴在腿上的繩子（b）敲一下鼓（c）找一下他的辮子。

Ⅱ〔飯桌上丟臉〕丈夫有一段時間吃的很合禮貌，但由於某種原因，不是他的妻子，而是（a）一個小孩（b）一隻雞（c）一條狗或（d）一隻貓代替了她，不斷加快暗示動作，狼狽的新郎越吃越快，直到宴席上所有的人都笑得前仰後合。

親躲在門外窺視（聽）。c新娘過了一段時間，才知自己嫁了一個不懂房事的傻丈夫。

Ⅲ媳婦作了首詩表明是因為兒子沒有與她圓房。b新娘不讓傻子上床一起睡，母親便叫兒子把鼻涕甩過去，新娘生氣而出手打了傻子，c新娘想盡辦法，都無法讓傻子開竅。

Ⅳ母親設法讓兒子懂事後，又教了他一首應答媳婦的詩，成就了一樁美事。b傻兒子被新娘打得流鼻血，便喊著「流血了」，門外的母親會錯意而大喜。新娘最後藉著跟傻子玩遊戲，順勢教會了他。

「中彰民間文學集」裡，如附表6所見，屬於上述1685*【不懂房事的傻新郎】這一故事類型的文本有兩則，一為《台中縣民文學集⑱》之〈戀子婿〉、另一為《台中市民間文學采錄集④》之〈娶某後幾落暗攏無眠（娶太太後好幾天都沒睡）〉，故事內容與胡萬川的故事大要極為相近。對於笑話以及有關「性的」笑話，精神分析學的攻擊理論，其主要觀點是：

> 笑話背後的動機不可避免的是「攻擊性的」與「性的」，然而，「性的」也會因為特殊的情境或社會環境的阻扼變成「攻擊性的」。弗洛依德所強調的攻擊性的理論與早期的笑話觀念相對應，即笑是基於一種優越感或是一種惡意，比如霍布斯的突然榮耀說。柏格森也把笑視作一種侮辱或糾正他人的嘲諷的無意識的形式[32]。

我不盡然認為，笑話都是攻擊性的；當然，所有攻擊性的敘述，也並非都是笑話。不過，以負面形象展現的笑話，倒是很符合攻擊論的敘述。如上述【不懂房事的傻新郎】這一故事類型，把它當作是對「傻女婿」的一種侮辱，或糾正「傻女婿」的一種嘲諷，卻是甚為恰當的。

上述的故事類型與文本，不管是屬於哪一類，「傻女婿」的形象都是負

---

[32]　王杰文：〈民間笑話三論——對西方民間笑話研究成果的譯介〉，頁21。

面的，他的行為特徵便是呆、傻、愚、蠢。而這類故事的產生與存在，到底
有什麼樣的意義？〈傻女婿故事研究〉一文，做了這樣的論述：

> 故事的存在時間大多是從封建時代開始，整個封建時代，男女地位是
> 很不平等的，男權在各個方面壓倒性的戰勝了女權，這種持續幾千年
> 的失意和悵然，使很多女性心中充滿了壓抑或不平，但是她們却不能
> 明顯地去抱怨，也無力去反抗，只能被動地去適應，因此，筆者大膽
> 的猜測，傻子形象的出現和女性故事講述和傳承人有密切關係，她們
> 正是把自身內心對男女不平等的忿恨和壓抑，轉嫁到男性身上，在故
> 事中，把男性變成傻子，然後用一系列傻人的行為特點去描述傻男人的
> 可笑，從而達到讓眾人捧腹大笑，間接地達成一種內心的補償機制[33]。

文學或故事裡的世界，是真實世界的補償，是常有的情況。例如：「灰姑
娘」的故事，故事裡的灰姑娘所獲得的結局是幸福的、幸運的。然而，真實
世界中，能獲得這樣結局的姑娘，真如鳳毛麟爪般的稀少；現實世界中，一
般姑娘的現實狀況則是真的「灰」，她們的日子辛苦而黯淡。但民間敘述，
卻透過曲折的故事情節，表現了現實世界中幾乎不可能實現的夢想與盼望，
但這類故事的創造者與講述者，則沒有什麼明顯證據可以證明與性別有關。
就好比「中彰民間文學集」所收錄的田野調查，講述「巧媳婦」與「傻女
婿」這類明顯褒女貶男的故事，講述者的身分並沒有顯現女性居多的情形。
　　某一類故事能否在民間流傳，聽眾是否能接受是一個重要的指標，講述
者是一個居中的引子，如果他所述說的故事得不到聽眾的認同，那麼他就得
改變或放棄；如果受到聽眾的喜愛，那麼他就會保持甚至更加強聽眾所喜愛
的部分，所以重點還是在講述內容與聽眾之間的聯結是什麼？內容對聽眾所
造成的內心激盪是什麼？講述者的性別與聽眾之間的關係反而沒有多大的影
響。所以，「傻女婿」的故事會這麼流傳久遠，與其說與女性故事講述和

傳承人有密切關係；倒不如說這類的故事，能博得女性聽眾群的認同更為恰當。

　　上述類型與文本，所表現的大都是傻女婿負面的形象，但民間故事裡，傻女婿也有其可愛的一面。這可愛的一面，通常顯現在因他的善良、不具心機，看來似乎就要吃虧的樣子，卻因其好運，反而呈現出傻子有智慧，那種「大智若愚」的效果。如果說，上述負面形象的傻女婿，是女性對男性之憤恨與壓抑的補償機制；那麼，這具正面可愛素質的傻女婿，則應該是對機巧者的一種有意嘲諷。〈淺談民間敘事中傻女婿藝術形象的可愛因子〉一文，這樣論述到：

> 民間敘事中的傻女婿藝術形象，不僅蘊含了令人捧腹大笑、消遣娛樂的因子，更重要的是，傻女婿這個藝術形象還蘊含著民間基層老百姓樸素的世界觀。……中國民間經常說「吃虧是福」、「傻人有傻福」，也蘊含了民間基層老百姓樸素的哲學觀。……傻女婿的行為折射出處於社會上等階層擁有話語權的「聰明人」所欠缺的人格素質，具有強烈而深刻的社會意義。傻女婿這個藝術形象蘊含著許多飽讀詩書的士大夫們、精明過頭的正常人本應該具有的、但在實際行動中又缺失了的可愛因子：真誠、善良、天真[34]。

具上列論述這種正面形象的「傻女婿」故事，在AT分類系統裡，以丁乃通1696C【呆人呆福[35]】（金榮華改為【傻女婿學話　句句派用場】，胡萬川則改為1696**【傻人傻福】）最具代表。其故事大要，依金榮華的敘述如下：

---

[34]　向沁：〈淺談民間敘事中傻女婿藝術形象的可愛因子〉，《重慶科技學院學報（社會科學版）》（2008年第2期），頁141。

[35]　丁乃通1696C【呆人呆福】，其故事大要如下：
　　　呆女婿買了三（四）句詩，並不知道詩裡講什麼，可是碰運氣剛好用得恰當其時，結果他得到（a）錢財為報酬（b）岳父母把女兒許嫁給他。最後兩句常是（獨木橋難行）（他只有一隻筷子），或是「到公堂相見」（岳家慢待了他）。或者（c）他一直運氣很好，但最後終於露出馬腳。

一個傻子在不同場所聽到別人說話，並不知道真正的意思，但覺得很好，就記了下來。後來去丈人家拜壽，在各種情形下分別說出那些句子，竟然很恰當，讓人覺得他並不傻。或者是最後才露出馬腳。如：

①在壽宴上，別人故意只給他一根筷子，他說了在經過獨木橋時學到的「獨木橋難行」。

②別人替他斟酒，他說出在小溪旁學到的「細水長流」。

③別人故意給他不好的酒，他說的是在兩河交會處聽來的「流水相通，水色不同」。

故事大要裡，傻瓜不經意所學的句子，卻都能運用在合適的時機，是故事內容經營的重點，也是娛樂性的生發之處，更是故事對聰明人之機巧的反向嘲諷，人們在為傻瓜拍手叫好的同時，也就鞭打了那些聰明過頭的機巧者。「中彰民間文學集」裡，屬於這一故事類型的文本有2則，是《台中縣民間文學集㉑》的〈戇人有戇福〉、《大墩民間文學采錄集》之〈戇囝婿趁大錢〉。其中，以〈戇囝婿趁大錢〉這一則文本的內容，與金榮華的故事大要最為接近。故事內容敘述女婿外出學了一些話語後，在丈人的壽宴上，卻能適時地把那些不相干的話語用上，因此他意外地獲得了丈人所給予的財寶。這便呈現了前述所謂「傻人有傻福」的樸素生活哲學。

另外，還有與1696A【傻瓜行事總出錯】相同，主角範圍不限於「傻女婿」的傻子故事，那是1696*【家裡出事別怪我[36]】（金榮華改1696A.1）這一故事類型，內容是敘述愛說不吉利話的傻子，故事大要依金榮華的敘述如下：

---

[36] 丁乃通1696*【家裡出事別怪我】

一個傻孩子有個愛說不吉利話的習慣。這在舊中國喜慶的日子裡被認為是不祥之兆，尤其為人厭惡。他的母親因此總是囑咐他在他們去祝賀人家（a）搬家（b）嬰兒滿月（b¹）婚禮（c）新年時不要說話。這孩子在整個宴會期間一直沒有說話，直到他們快要離開時，他卻說，（d）如果這房子失火燒掉了（e）如果這嬰孩或其它人不久死去，他可不能負責任，（f）因為「娶親不比送殯」。

一個傻子常講些不吉利的話，大家很討厭他。有一次，他去參加友人的新屋落成宴會，或是去吃小孩的滿月酒，他母親叮囑他在酒席上不要說話，以免招怨。他在酒席上也真的一言不發，但臨走時卻說，我今天一句話也沒有說，如果房子失火（或小孩生病），可不要怪我的口彩不好。

「中彰民間文學集」裡，如附表6所見，屬於這一故事類型的文本有兩則，一為《台中縣民間文學集③》的〈歹嘴歹舌〉；一是《台中縣民間文學集㉑》的〈屎箆嘴（烏鴉嘴）〉。故事內容中，一整個酒席上的一言不發，與臨去時的一句不吉利話，形成了不協調的情境，而笑話就在這樣的情境中對傻子進行了嘲諷。

在這一系列傻女婿與傻子類型的故事內容中，我們可以發現：故事主人翁的形象，所處的虛擬情景就是摹擬了一種性格與環境的不協調、動機與效果相悖的生活情景。而這種虛擬的生活情景具有娛樂的元素。處於其中，我們讀者、聽眾可以忘記任何有形無形的社會規則，而只是體驗、陶冶和分享此情景所給予我們的精神快樂。

九、【聾子和他們愚蠢的回答】及其相關類型
——聽錯與讀錯所造成的樂趣

中國語文，有一字多音、一詞多義、一音多字的狀況，因為這些情形，使得語詞與語詞的結合變化多樣，因而，話語被誤解的情形也因而大增。加上台灣早期（民國初年），不僅族群多樣又曾被日本長期統治，民國38年後又有一批新移民從大陸遷台，所以語言的使用情況交錯而多樣，有閩南語、客語、日語、國語、原住民語，這些不同語言同時出現時，所產生的誤解狀況就比單一語文更為複雜了。而這些誤解，在真實的生活裡，確實造成了一些摩擦與齟齬，但有時卻也為平淡的日常生活，增添了許多令人為之莞爾、甚而是前仰後合的笑料，而後者便是笑話的來源，他們不僅豐富多樣，也俯首可得。

　　從附表6便可發現，因語文的誤解而產生的笑話，在「中彰民間文學集」裡，它們是笑話的最大宗。「故事多聚焦於人物的行為與其結果，而笑話則依賴於話語與語言的特性。」屬於聽錯與讀錯這一系列的笑話，對「話語與語言的特性」所造成的效果其依賴性就更高。

　　這一系列的故事類型包含：1698【聾子和他們愚蠢的回答[37]】、1698G【聽錯話而引起滑稽後果[38]】、1699【不懂外語鬧笑話[39]】、1699A.1【不懂方言引起誤解[40]】、1699A$_2$【方言諧音鬧笑話[41]】以及1699C【錯讀沒有標點的文句[42]】。聽錯最主要的造成原因在於「語音」，而讀錯最主要的造成原

---

[37] 1698【聾子和他們愚蠢的回答】，其故事大要依胡萬川敘述如下：

　　全都是重聽者，彼此互相誤會對方的語意而引起的笑話。

[38] 1698G【聽錯話而引起滑稽後果】，其故事大要依金榮華敘述如下：

　　各種因聽錯話而引起的滑稽後果，如把中藥「白吉」聽成「白雞」而急去市場搜購；或如把問路人的話聽成「要借驢」，轉述又被聽成「菜太鹹」，再轉述又被聽成是「偷破鞋」等。

[39] 1699【不懂外語鬧笑話】，其故事大要依金榮華敘述如下：

　　本地人和外國人交談，彼此不懂對方的語言，所說的話有些音在另一人聽來是另一種意義，於是展開了荒謬而有趣的對話。

[40] 1699A.1【不懂方言引起誤解】，其故事大要依金榮華敘述如下：

　　一個人或兩人彼此以自己家鄉的語言去解釋對方所說的字句，於是便因為音近但意義不同而鬧出了種種笑話。

[41] 1699A$_2$【方言諧音鬧笑話】，其故事大要依胡萬川敘述如下：

　　因各種方言（客語及閩語）發音相似（但意義不同），而發生的誤會或笑話。

[42] 1699C【錯讀沒有標點的文句】，這一笑話類型的編碼與類目為丁乃通所設，金榮華則將其改為1619【可以兩讀的文句（錯讀沒有標點的文句）】，其故事大要依丁乃通的敘述如下：

　　一段未加標點的文字引起了一場爭論或嘲弄。句子的意思所以會因人而異，是因為（a）一個惡作劇的人故意這樣寫或讀的（b）呆子讀錯了。

　　1619【可以兩讀的文句（錯讀沒有標點的文句）】，其故事大要依金榮華的敘述則如下：

　　一人寫的文句沒有標點，另一人加上標點，竟把原意轉反了。或是故意把文句寫成可以因不同的標點方法而產生不同的意義，使對方朝對自己有利的方式解讀，但作者堅持是另一種讀法。如：

　　①一人作客於友人家，日久不去，主人生厭。時值陰雨連綿，客人題字牆上云：下雨天留客。主人見而續曰：天留我不留。客人則加標點為：下雨天，留客天，留我不留？主人無奈，祇能留他待到天晴。

因則在於「句法」。

　　就上述那些故事類型，最後一項【錯讀沒有標點的文句】，這一故事類型是漢字才有的專屬的笑話，因為不同的句讀，會產生不同的文意，如果「錯讀」了，意思便可能完全不同，這是漢字才會有的現象。而前五項，則是屬於「錯聽」的部分，錯聽情況的產生，常是聲調有誤、或語音相近所導致的可笑結果。因此，只要是聲音相近的語詞，都可能成為笑話的來源，這也就是這些類型的故事會有大量文本的原因。而這五項中，【聾子和他們愚蠢的回答】以及【聽錯話而引起滑稽後果】的這兩個故事類型，其笑話內容，大都是使用單一語文的笑話。例如：是閩南人講給閩南人聽的笑話，或是客家人講給客家人聽的笑話，所以，如果你只對閩南語嫻熟，你就可以完全體會閩南語笑話的妙處何在，但你很可能就完全沒有辦法理解客語笑話的笑點為何，反之亦然。至於後三者，則還必須同時具備另一種方言，或另一國家語言的能力，才能享受聽笑話的樂趣。

> 　　語言是一種社會現象，也是一種文化現象。如果兩種語言截然不同，那麼語言文化內涵和外延也必然受到制約，文化的差異無疑會導致理解受阻。而這種差異不僅體現在兩國語言表達方式的不同，還體現在兩國人民的價值觀念、行為模式和生活方式等方面的諸多不同[43]。

文化的差異無疑會導致理解受阻，而語言便是最大的障礙。就像我自身是一個完全不懂日文的人，因此，在「中彰民間文學集」裡，許多有關日文與閩南語間之會話的笑話，雖然我懂閩南語，但因不懂日文，我還是不能理解與體會這些笑話的妙處何在。有時，縱使你懂某一種語言，但因了解不夠深

---

　　②雇工對雇主說，他吃的伙食條件不高，無雞鴨也可，無魚肉也可，小菜一碟足矣。雇主欣然雇用，還寫在雇用契約中。但上工後雇工的解讀是：無雞，鴨也可；無魚，肉也可。小菜，一碟足矣。

　　＊丁氏此碼作1699C。遺囑上可以兩讀的文句屬926M.1。

[43]　劉玉琴：〈從跨文化交際角度理解法語笑話〉，《嘉應學院學報（哲學社會科學版）》（28卷第4期，2010年4月），頁83。

入,也可能不能夠體會笑話的笑點在那裡,這也就是當來自不同文化背景的人齊聚在一起,即使語言能夠溝通,人們還是常常覺得對方講的笑話並不好笑,甚而不知從何笑起的最主原因。

> 笑話的問題與答案之間有著短暫的延續,但是這種問題與答案之間的恰當的不和諧需要即時的認同,一經解釋就毫無可笑性可言;如果聽眾具備理解笑話的不和諧所需要的背景知識,如語言學的、音韻學的、形態學的、句法學的,這則笑話將是成功的。因此,在笑話所虛構的世界裡,任何事情都是可能的,任何東西都可以出現在笑話的節目單上。所以,<u>文化知識的廣度與深度在笑話的欣賞裡是必須的,這種知識的共享是笑話共享的前提,只需通過暗示,就能把握其中不言自明的信息</u>[44]。

在聽錯與讀錯這一系列類型的笑話裡,比其它的笑話更在意所謂「語言學、音韻學、句法學」等背景知識的瞭解。因為,它們是享受這一系列話的鑰匙與前提,而這一系列笑話的樂趣,便在笑話講完的當下,語言所透露的不言自明的信息,如果它還須再進一步的解釋,那麼,這個笑話也就不好笑了。這也就是這一系列的故事類型這麼多個,文本這麼多,卻不做一一解釋的最重要原因了。

十、【說謊比賽】──誇張性對話所引起的娛樂效果

在AT分類系統裡的1920號,丁乃通將其稱為【說謊比賽】;金榮華及胡萬川的索引裡也都有這個型號及類目。其故事大要依金榮華的敘述如下:

> 幾個來自各地的人在一塊兒聊天,各自吹噓自己家鄉的東西有多大多稀奇,或自己的經歷有多奇特,一個比一個荒謬。最後一人說的,則

---

[44]　王杰文:〈民間笑話三論──對西方民間笑話研究成果的譯介〉,頁21。

　　　　把大家都比了下去。

按故事大要所述，其實類型名稱叫作【吹牛比賽】可能更為合宜。而胡萬川此一類型的故事大要[45]，基本上與金榮華一致，只是他敘述的更為具體，把他們荒謬的說法也記了下來。「中彰民間文學集」裡，如附表6所見，屬於這一故事類型的文本有2則，包含《台中縣民間文學集15》之〈膨風〉以及《彰化縣民間文學集7》之〈諏古〉。

　　「對話特別適於製造笑話的高潮句：首先，對話在具有連續性特徵的因果敘述中，顯得突兀，具有野性與爆發性，可被用以打破聽眾的傳統類屬觀念與先在預期。其次，對話創造了即時的與現在的場景，在對話中，講述者的聲音及其他的一切消逝，只留下聽眾自己去運用自己解釋的資源理解笑話的意義，他必須竭力去理解這一虛構的世界，正是聽眾的參與創造了笑話成功[46]。」【說謊比賽】這一故事類型，便是屬於這種在對話過程中開展的笑話。笑話內容少運用語詞技巧，卻充分運用了對話的高潮句。就以《台中縣

---

[45] 胡萬川1920【說謊比賽】，其故事大要如下：

　Ⅰ 幾個人聚在一起比賽吹牛。

　Ⅱ 第一個人說：曾經看過一面大鼓，ad初一打一下能響到十五日。c打的時候，十三個省的人都聽到。e家門前樹下的螞蟻，每隻都有八千斤。f前晚聽到廣東傳來的鑼鼓聲，今早去看戲了。

　Ⅲ 第二個人說：曾經看過一頭大牛。a一伸頭便可以吃到廣東的稻子b尾在台灣北部，頭在台灣南端，可以伸到海外吃甘蔗芽，鵝鑾鼻是它的鼻子c一口可吃掉五萬株稻苗d在廣東，伸頭即可吃掉台灣一半的稻子。被牠影子遮到而無法收成稻米的數量，足夠全台灣的人吃三年。d家裡有一個大秧盆，兩千個士兵坐在裡面只佔一小角而已。旁人質疑他，怎麼可能有那麼大的牛？他回答：ac若沒那麼大的牛，哪來的皮做那麼大個鼓？

　Ⅳ 第三個人說：曾看過很高的竹子，a長到天上b把天戳破一個洞，九天玄女才要補天c被竹影遮到的土地收成減少，那些數量足夠台灣人吃三年。d爬一根很長的竹子到了天上。e祖母嘴巴大到上唇可頂天，下唇著地，嘴巴一合可吃掉全台灣的人。f有一棵砍下來的檜木，能在它的切面上演戲，四個角還可以擺桌宴客。別人質疑他，他說：a如果沒有這麼長的竹子，怎麼支撐那面大鼓？d若沒那麼長的竹子，如何把大秧盆圈起來？

[46] 王杰文：〈民間笑話三論──對西方民間笑話研究成果的譯介〉，頁23。

民間文學集⑮》之〈膨風〉為例，其內容敘述如下：

> 　　第一個在那兒就說：「唉！我呀！我曾經看過一面鼓，好大！好大！初一打一下，可以一直響到十五哪！」其它兩個就說：「好會吹牛喔！怎麼可能說初一打一下，能夠響到十五的！」他說：「既然這樣，那我就是最會吹牛的人囉？」

> 　　第二個說：「哎！慢著！慢著！我還要說呢！我說呀！我曾經看過一條牛啊！哦！多大你知道嗎？牠啊！待在台灣，牛頭一伸，就探到廣東吃人家的稻子，廣東人還過來台灣告狀呢！」第一個就說：「好會吹牛呀！那會有那麼大隻的牛？」第二個說：「沒那麼大隻的牛，你這面鼓的牛皮要到那裏取呀！」他說：「哎喲！是呀！有道理喲。」

> 　　第三個人站起來說：「啊！這不算什麼，我還曾經看過兩枝竹子，那竹子啊！好大！好高哦！一直長到玉皇大帝那裏去。」其它兩個說：「那有竹子長到天上，頂到玉皇大帝那兒的。」他說：「沒這麼長的竹子，你這面鼓要怎麼箍起來？」

上述笑話內容的對話中，一個荒謬敘述的高潮句結束時，卻是另一個高潮句的開啟，而最精彩的部分就在最後的結束句。這個結束有著不拖泥帶水的特性及突然轉變的力道，並在嘎然而止的反問中展現其驚奇的元素。顯現出「對話」的應用，在笑話中所展現的功能。就如前所述：「對話」特別適於製造笑話的高潮句，在具有連續性特徵的因果敘述中，顯得突兀，具有野性與爆發性。而上述的笑話，便是運用了「對話」，得以讓虛構的世界在突兀中卻能得到充分的瞭解，並在意料之外的結果中得到了令人驚喜的笑話效果。

結語

　　「笑話」類的故事，編號在1200-1999之間，其下又分為「傻瓜的故事」（1200-1349）、「夫妻間的故事」（1350-1439）、「女人的故事」

（1440-1524）、「男人的故事」（1525-1874）、「說大話的故事」（1875-1999）等五個次類。從上述的類型探討裡我們可以發現：在這五類中，「中彰民間文學集」裡的「笑話」，大量集中在「男人的故事」這一個次類。其中的故事類型，在上列論述的10個單元中佔了4個單元，包含了：以1530 A*【捧好一堆雞蛋】、1563B【向陌生婦女動手動腳】及1635A*【虛驚】等為主與「惡作劇」相關的笑話；另外，則是以1681C【呆女婿向岳父拜壽】、1685A【呆女婿】、1691*【猛吃的新郎】及1696A【總是晚一步】為主的「傻女婿」系列笑話；還有，以1698【聾子和他們愚蠢的回答】與1699【不懂外語鬧笑話】及其相關子類為主的「聽錯與讀錯系列」；最後則是1641【萬能博士（好鼻師）】的這個故事類型。

　　如果以文本量而言，在「男人的故事」這一次類當中，當以「聽錯與讀錯系列」的故事類型拔得頭籌，這一類型的文本內容意涵顯得較單純，大多是單純的「娛樂性」性質，少有諷刺或寓義，又因為笑話效果的生發與語音相關，而中國語文，原本音同與音近的語詞就多，再加上方言與外語的交錯使用，誤會產生的情況就更為多樣，而這些都是這一笑話類型的文本資料來源與材料，也因此，這一笑話類型與其它類型最大的不同是：文本內容變化多樣少有相似，其相似點只是誤會的情形相似：如「方言諧音鬧笑話」的情形相同，但鬧笑話的方言語詞卻不相同。再其次，文本量居第二的，則是在娛樂中有著「諷刺」功能的「傻女婿系列」。而「惡作劇系列」的故事類型，則多數用在台灣有名的兩個傳說人物「邱罔舍」及「白賊七」的身上。至於【萬能博士（好鼻師）】，則會與螞蟻之由來的傳說相關。

　　「女人的故事」這一次類，是類型數排行第二的次類。屬於這一次類的故事類型有：以1441C**及1441C***為主的「葷笑話」系列；以1457A及1457**為主的「媒婆與有殘疾的新郎新娘」系列；還有1520的【放響屁】。「葷笑話」系列的故事類型，除了具有笑話基本功能的「娛樂性」之外，也具有對公公之形象的「嘲諷性」，另外，在性知識缺乏傳播途徑的傳統年代裡，「葷笑話」也具備了性知識或性意識的「文化傳播性」。而「媒婆與有殘疾的新郎新娘」系列，除了展現語言信息選擇相背，在笑話中所生發的

「笑果」，同時也顯現了俗諺與笑話結合的生命力。最後，【放響屁】這一類型，則是在誇張的嘲諷中，產生笑話的娛樂效果。

另外，還有三個故事類型，分別屬於三個次類。一是屬於「傻瓜的故事」的【長竿入城】；一是屬於「夫妻間的故事」的1382 A【節省日曆】及1382B【愚婦學巧婦】的愚婦系列笑話；最後則是屬於「說大話的故事」的【說謊比賽】。【長竿入城】這一故事類型，有著悠久的歷史傳統及深刻嘲諷寓意，對人們的行事作為有著濃烈的批判意味。愚婦系列的笑話類型，則與前述的【巧媳婦】故事形成了有趣的對比，對於「應對進退」的行事作為有著深刻的嘲諷與引導。【說謊比賽】這個故事類型，則展現了語言及對話本身，在「笑話」這個題材上的本質優勢。

綜觀而言，「中彰民間文學集」裡的「笑話」，以「男人的故事」和「女人的故事」居多，但故事類型仍顯得多姿多采，在「中彰民間文學集」裡的「笑話」中，不難發現各式各樣或具娛樂性、或具嘲諷性、或具文化傳播特質的「笑話」，它們是中彰民間故事裡的重要瑰寶。

附表6

笑話、趣事（1200-1999）類型編目

中彰民間文學集之冊數及頁數號碼	篇目名稱	故事類型之名稱及編號（胡萬川編著）
彰化縣民間文學集5 P.182-185	橫柴舉入竈（笑話）	金1248A【長竿進城】
中縣㉟東勢鎮客語故事集六p.114-116	過時个月曆	138A【節省日（月）曆】
彰化縣民間文學集4 P.176-179	賣臘曆（笑話）	138A【節省日（月）曆】
彰化縣民間文學集7 P.158-167	芎蕉葉尚大梳（民間故事）	1387*₂【愚婦學巧婦】
中縣㉜東勢鎮客語故事集五p.122-128	多浸一下	1444C**₁【巧揭母姦情】
中縣⑳東勢鎮客語故事集三p.198-203	家倌食乳	1441C***【公公佔媳婦便宜】
中縣㉖東勢鎮客語故事集四p.158-161	吾哺娘分你摸還卡多	1441C***【公公佔媳婦便宜】
中縣⑱大甲鎮閩南語故事一p.122-128	三人共五目，無長短腳話	胡1457**【三人共五目】（金1457A【媒婆巧計安排】）
中縣㉑新社鄉閩南語故事一p.92-101	三人共五目，以後無長短腳話	胡1457**【三人共五目】（金1457A【媒婆巧計安排】）
中縣㉑新社鄉閩南語故事一p.190-194	無漏氣	1457***【三個有殘疾的新郎】
中縣⑱大甲鎮閩南語故事一p.224-226	忍嘴當做忍屁	1520【放響屁】
中縣⑱大甲鎮閩南語故事一p.228-230	忍嘴當做忍屁	1520【放響屁】
中縣㉖東勢鎮客語故事集四p.178-184	新娘忍屁	1520【放響屁】
中縣⑫沙鹿鎮閩南語故事p.112-115	邱罔舍買鴨卵	丁1530A*【捧好一堆雞蛋】
彰化縣民間文學集19 P.78-105	邱罔舍的故事	胡761**【前世因緣今世親人】＋丁980A*【智服孅孅】＋丁1563B【向陌生婦女動手動腳】＋丁1530A*【捧好一堆雞蛋】

彰化縣民間文學集21 P.174-178	邱罔舍	丁1530A*【捧好一堆雞蛋】＋丁1563B【向陌生婦女動手動腳】
中縣⑫沙鹿鎮閩南語故事p.106-111	邱罔舍噯查某囝仔	丁1563B【向陌生婦女動手動腳】
中縣㉘外埔鄉閩南語故事集P.70-74	白賊七仔	1920B【我沒空說謊】＋丁1635A*【虛驚】
中縣㉙大安鄉閩南語故事二P.122-126	白賊七的故事	1920B【我沒空說謊】＋丁1635A*【虛驚】
彰化縣民間文學集20 P.8-11	白賊七的故事	1635A*【虛驚】
中縣⑪東勢鎮客語故事集p.110-127	蟻公个祖先（螞蟻的祖先）	1641*【好鼻師】＋1691【猛吃的新郎】
中縣⑬沙鹿鎮閩南語故事集二p.156-165	戇子婿	1641*【好鼻師】
中縣⑳東勢鎮客語故事集三p.108-113	狗徑索	丁1681C【呆女婿向岳父拜壽】+1691*【猛吃的新郎】
中縣⑱大甲鎮閩南語故事一p.240-245	戇子婿	丁1685B【不懂房事的傻新郎】（胡1685*）
台中市民間文學採錄集④P.90-94	娶某後幾落暗攏無眠（娶太太後好幾天都沒睡）	丁1685B【不懂房事的傻新郎】（胡1685*）
中縣⑳東勢鎮客語故事集三p.146-154	戇婿郎	丁1681C【呆女婿向岳父拜壽】
中縣⑪東勢鎮客語故事集p.128-137	戇婿郎	丁1681C【呆女婿向岳父拜壽】＋丁1696A【總是晚一步】
彰化縣民間文學集5 P.162-173	戇子婿（民間故事）	丁1681C【呆女婿向岳父拜壽】＋丁1696A【總是晚一步】
中縣③石岡鄉閩南語故事p.128-132	歹嘴歹舌	1696*【家裡出事別怪我】
中縣㉑新社鄉閩南語故事一p.184-189	屎篦嘴（烏鴉嘴）	1696*【家裡出事別怪我】
中縣㉑新社鄉閩南語故事一p.214-220	戇人有戇福	1696**【傻人傻福】
台中市大墩民間文學採錄集P.133-149	戇囝婿趁大錢	金1696C【傻女婿學話　句句派用場】
中縣㉖東勢鎮客語故事集四p.162-167	臭耳聾聽加話	1698【聾子和他們愚蠢的回答】
中縣㉝大安鄉閩南語故事三P.160-164	臭耳人加話	1698【聾子和他們愚蠢的回答】
中縣㉝大安鄉閩南語故事三P.166-169	耳聾人聽錯話	1698【聾子和他們愚蠢的回答】

彰化縣民間文學集2 p.190-195	臭耳聾的故事（笑話）	1698【聾子和他們的愚蠢回答】
彰化縣民間文學集9 P.134-139	四个臭耳人（笑話）	1698【聾子和他們的愚蠢回答】
中縣㊴東勢鎮客語故事集七p.146	臭耳聾	1698G【因聽錯話而引起的滑稽後果】
彰化縣民間文學集2 p.196-199	娶某（笑話）	1698G【因聽話而引起的滑稽後果】
中縣③石岡鄉閩南語故事p.108-110	筍仔學殼	1699【不懂外語引起誤解鬧笑話】
中縣⑮東勢鎮客語故事集二p.168-170	日本先生个笑話	1699【不懂外語引起誤鬧笑話】
中縣⑮東勢鎮客語故事集二p.190-192	菜打毋見	1699【不懂外語引起誤解鬧笑話】
中縣⑮東勢鎮客語故事集二p.194-197	董事長自殺轉來	1699【不懂外語引起誤解鬧笑話】
彰化縣民間文學集2 p.168-171	大人啊!gio^2 to^2（笑話）	1699【不懂外語引起誤解鬧笑話】
彰化縣民間文學集4 P.162-163	菜拍毋見（笑話）	1699【不懂外語引起誤解鬧笑話】
中縣③石岡鄉閩南語故事p.112-114	載仔蓋囝仔	1699A₁【不懂方言引起誤解鬧笑話】
中縣⑤石岡鄉閩南語故事二p.98-99	人客入坐	1699A₁【不懂方言引起誤解鬧笑話】
中縣⑤石岡鄉閩南語故事二p.104-106	無真濟人客	1699A₁【不懂方言引起誤解鬧笑話】、1699A₂【方言諧音鬧笑話】
中縣⑤石岡鄉閩南語故事二p.108-109	福州田真濟	1699A₁【不懂方言引起誤解鬧笑話】、1699A₂【方言諧音鬧笑話】
中縣⑤石岡鄉閩南語故事二p.110-112	賣肉包	1699A₁【不懂方言引起誤解鬧笑話】
中縣⑤石岡鄉閩南語故事二p.120-124	請人客	1699A₁【不懂方言引起誤解鬧笑話】、1699A₂【方言諧音鬧笑話】
中縣⑤石岡鄉閩南語故事二p.130-132	鵝仔食稻仔	1699A1【不懂方言引起誤解鬧笑話】、1699A₂【方言諧音鬧笑話】
中縣㉑新社鄉閩南語故事一p.178-182	下面兩三隻而已	1699A₁【不懂方言引起誤解鬧笑話】
中縣⑤石岡鄉閩南語故事二p.104-106	無真濟人客	1699A₂【方言諧音鬧笑話】、1699A₁【不懂方言引起誤解鬧笑話】
中縣⑤石岡鄉閩南語故事二p.108-109	福州田真濟	1699A₂【方言諧音鬧笑話】、1699A₁【不懂方言引起誤解鬧笑話】

中縣⑤石岡鄉閩南語故事 二p.114-116	賣肉脯	1699A₂【方言諧音鬧笑話】
中縣⑤石岡鄉閩南語故事 二p.118-119	賣肥戲	1699A₂【方言諧音鬧笑話】
中縣⑤石岡鄉閩南語故事 二p.120-124	請人客	1699A₂【方言諧音鬧笑話】、1699A1 【不懂方言引起誤解鬧笑話】
中縣⑤石岡鄉閩南語故事 二p.130-132	鵝仔食稻仔	1699A₂【方言諧音鬧笑話】、1699A₁【不 懂方言引起誤解鬧笑話】
中縣⑫沙鹿鎮閩南語故事 p.152-157	補鼎	1699A₂【方言諧音鬧笑話】
中縣⑳東勢鎮客語故事集 三p.186-189	和尚做齋	1699A₂【方言諧音鬧笑話】
中縣㉔新社鄉閩南語故事 二P.98-106	有生合無生	1699A₂【方言諧音鬧笑話】
中縣㉔新社鄉閩南語故事 二P.106-116	我合你去看戲	1699A₂【方言諧音鬧笑話】
中縣㉔新社鄉閩南語故事 二P.138-144	粗紙	1699A₂【方言諧音鬧笑話】
中縣㉔新社鄉閩南語故事 二P.152-160	教堂？夠長？	1699A₂【方言諧音鬧笑話】
中縣㉔新社鄉閩南語故事 二P.166-174	菰七、褲拭	1699A₂【方言諧音鬧笑話】
中縣㉖東勢鎮客語故事集 四p.154-157	別位還卡得	1699A₂【方言諧音鬧笑話】
中縣㉜東勢鎮客語故事集 五p.142-147	乾柴、棺材	1699A₂【方言諧音鬧笑話】
中縣㉜東勢鎮客語故事集 五p.154-157	徙出、屎出	1699A₂【方言諧音鬧笑話】
中縣㊴東勢鎮客語故事集 七p.136	河洛人同客人對談	1699A₂【方言諧音鬧笑話】
彰化縣民間文學集7 P.106- 107	討粗紙（笑話）	1699A₂【方言諧音鬧笑話】、1699A₁【不 懂方言引起誤解鬧笑話】
中縣⑤石岡鄉閩南語故事 二p.100-103	食喜酒	1699**【錯讀（唸）沒有標點的文句】
中縣㉟東勢鎮客語故事集 六p.122-124	讀錯字	1699**【錯讀（唸）沒有標點的文句】
中縣⑮東勢鎮客語故事集 二p.198-202	膨風	1920【說謊比賽】
彰化縣民間文學集7 P.208- 213	諏古	1920【說謊比賽】

結論

一、AT類型視野下中彰民間故事之風貌及其內在蘊涵

　　原AT分類系統，是把民間故事分為動物故事、一般民間故事、笑話、程式故事及難以分類的故事等五大類。中彰民間故事的文本資料，在這五大類中，程式故事及難以分類的故事並沒有呈現。

　　透過AT分類系統，將中彰民間故事的文本做逐一的檢閱，呈現出文本資料分佈在動物故事、一般民間故事及笑話這三大類裡，這些呈現，勾勒出中彰民間故事的輪廓。又如前面幾個章節所述，還可發現：文本大量集中在一般民間故事及笑話當中，而每一大類之項下的中類、及其更細緻的次類及子類，便又更清楚地展現了中彰民間故事的風貌。

　　中彰民間故事的流傳，以中彰地區的大群廣眾為依存。因此，其民間故事所展現的風貌，勢必也與中彰地區的鄉土、人文及風情等有著密不可分的的關係。所以，當再一次回顧中彰地區上述各類之民間故事風貌的同時，也將以故事文本為依憑，探究故事更深層的內在蘊涵。

（一）詮釋特徵與習性的動物故事

　　動物故事是AT分類系統裡，五大類民間故事中的一個大類，但中彰民間故事裡，屬於動物故事的只有7個類型、14則文本。這樣的數據，與其它類別相較，不管是在類型或是文本的數量上，都相對顯得稀少。

　　一般而言，動物故事以擬人手法表現，內容常有瑰麗的想像與奇特的聯想，不以現實世界為依歸，卻又常呈現出現實世界裡的美好價值或險惡衝

突，因此動物故事常充滿著活潑氣息與浪漫色彩。然而，中彰民間故事之動物故事，卻少有這種活潑氣息與浪漫色彩，其多數類型與文本，都較偏向對動物特徵或其生活習性的解釋，少有神似世態人情的動物故事。

在僅有的7個類型中，【老鼠讓貓睡過頭】、【牛和老鼠比誰快】及【貓的權利】，文本在應用這些故事類型的內容時，故事的敘述都與十二生肖的排行有關，但故事實際上則是在為「貓為何要咬老鼠」做解釋；而【老虎與貓的恩怨】，則是在解釋「貓為何要藏屎」；【人多要了牲畜的壽命】，文本則是藉由不同動物的特徵，去詮釋人在不同階段時的生活特點；【動物向別的動物借角或別的東西】，主要則是在解釋雞啼的內容，以及狗咬雞的原因。唯一不強調某種特徵或習性之詮釋的，則只有【老虎怕漏】這一故事類型，它展現的是一種語言的力量與樂趣。

由此看來，中彰民間故事的動物故事，是較不具浪漫色彩而是偏向務實性的詮釋。何以如此？我想有兩點是可以值得特別注意的：

1.相對平穩的生活環境與務實的群眾性格

就民間故事而言，AT分類系統中的五大類故事，動植物故事是最容易反映出人與大自然以及人與它類物種間之關係的故事類型。游牧民族或是以狩獵為生的族群，他們常與各類動物接觸又必須與大自然博鬥，面對這些接觸與博鬥，雖然帶給他們極大的危險，卻也讓他們更有機會對大自然及各類物種有更密切的觀察與想像。以丁乃通或金榮華的《索引》為例，這一類型的故事文本，就以量而言，生活環境較惡劣的少數民族，其文本便比生活環境較優越的漢族多。

中彰地區的漢民族，其生活環境與條件與當地原住民相比，相對平穩而安定。清領時期，台灣最繁榮的三大商港，所謂「一府二鹿三艋舺」中的二鹿－鹿港，便是在彰化的腹地之內，彰化平原更是農業發達之地；而在漢民族所居住的台中盆地及台中各屯區，其農工商業亦都頗為發達，縱使是客家民族所居住的丘陵之地亦不至要與各種猛獸博鬥才能求生存。這樣的地理生活條件，減少了漢民族須與各類動物廝殺的危險，但同時也減少了他們對各

類動物之觀察的機會。因此，以各種動物為主角的各種想像故事，其產生的機率便也相對減少。這也是為什麼「中彰民間文學集」中，動物故事只有7個類型、14則文本的最重要原因。而在這14則文本中，故事主角又明顯地集中在貓的身上，除了貓之外，其它在故事類型中出現的動物，如鼠、牛、犬、雞等，也都是些日常生活中很容易見到的動物。

生活環境是影響人們性格最重要的因素之一。概括來說，險惡的環境較易激發冒險犯難的精神；而日日奔馳於遼闊草原的漢子，則通常有著較為曠達而直率的性格。就以台灣而言，生活在長年天候晴朗而炎熱的南部人，他們確實也比生活在時有陰雨綿綿的台北人熱情。所以說，群眾所生活的大環境，確實對他們的性格有著相當深遠的影響。外在的生活環境影響著人們的性格，相對而言，人們的這種性格特徵，也常呈現在人們對待大自然及動植物的各種反應上。

如上所述，中彰地區的漢民族，其生活的大環境較平穩而安全，因而群眾的性格也較趨向務實而少浪漫——尤其是面對大自然與各種動物。所謂務實，好比說他們更在意如何使農作物豐收、豢養的家禽家畜如何趕快長大出售、要從事何種貿易買賣才會賺錢等，他們很少浪漫地想像農作物如何成長、也少去編織人與動物間或動物與動物之間會發生的故事。因此，在AT分類系統中，如【狐狸的忠告】、【人教野獸拉提琴】、【兔子帶狼去喝喜酒】等等……，各種擬人化及充滿浪漫想像的動物故事類型便不在中彰民間故事中出現。其所呈現的故事類型是偏向於對動物的特徵、或是其生活習性的解釋，這與群眾的務實性格是相合的。因而，這類的故事類型便在中彰民間故事中有所傳達。

2.生肖文化傳統對中彰漢民族的深遠影響

人們的性格與情感表達，深受有形的生活環境所影響；另一方面，人們的思維與邏輯，亦潛藏著無形之文化傳統的運作。就好比面對同一個天空，中國人會想著盤古開天、女媧補天的神話，或是常娥奔月、牛郎織女相會的傳說；然而，西洋人則會是希臘神話或是星座傳說，這是因為文化傳統有所

不同。

貓捉老鼠或是貓兒埋糞，是最普遍不過的動物習性，也幾乎是世界上大多數的族群都可以觀察得到的動物習性。然而，面對這一相同的動物習性，不同的族群則會有其不同的發想。以十二星座為傳統的西洋人，便不可能將貓的這些習性與十二生肖結合起來，因為十二生肖並不是他們的文化傳統。

十二生肖的文化傳統，在中華文化區有著長遠而悠久的歷史，甚而可以用「根深蒂固」來形容。中彰地區的漢民族來自於大陸，他們從唐山過台灣，自然也將這一文化傳承帶了過來。所以，他們藉著像【老鼠讓貓睡過頭】、【貓的權利】等這幾個故事類型，除了用來解釋「貓為何要咬老鼠」的動物習性外，也為十二生肖的排列順序，給自己一個聽來確實的理由，而這個部分便潛藏著無形之文化傳統的運作力量。

除此之外，【人多要了牲畜的壽命】、【動物向別的動物借角或別的東西】，中彰地區的群眾在這兩個類型的文本傳達中，則顯現出傳統文化與在地色彩的融合。例如【人多要了牲畜的壽命】的這一類型，故事文本藉由不同動物的特徵，去詮釋人們在不同階段時的生活特點，這樣的思維是傳統的，但每一階段所被用來象徵的動物，則有其區域性，在故事文本中以「猴」來象徵人們六十幾歲時的人生歲月，則是因為這區域的人，慣稱自己年紀大的丈夫為「老猴兒」；另外，【動物向別的動物借角或別的東西】，群眾最主要是藉由這故事類型來解釋雞啼的內容以及狗咬雞的原因，其解釋的邏輯是傳統的，然而那個引起紛爭的動物——鹿，則有其在地性，因為從前中彰地區盛產梅花鹿，鹿港在未成為繁榮的商港之前，更是梅花鹿的大本營。

綜合來說，就類型數或文本量而言，我們都可以發覺：動物故事並不為中彰地區的漢民族所熱衷。不熱衷有其不熱衷的原由，而這些如鳳毛麟角般的動物故事本文，則顯現了其彌足珍貴的民間文化意涵。

（二）世界性與區域性兼具的幻想故事

在AT分類系統裡，「一般民間故事」之「幻想故事」編號為300-749，

其所用號數之多，類目之繽紛，便可知道：在世界各地的民間故事中，幻想故事普遍受到普羅大眾的喜愛。而從丁乃通的索引所透露的，我們也可知道：在中國，幻想故事不僅受到廣大群眾的喜愛，反過來說，中國民間的廣大群眾也創造了更多、更離奇、情節也更複雜的幻想故事。

AT分類系統裡的「幻想故事」，丁乃通《中國民間故事類型索引》列出了170個幻想故事類型，金榮華《民間故事類型索引》則歸納出152個幻想故事類型，胡萬川《台灣民間故事類型（含母題索引）》則是有37個。根據這些數據，按比例而言，在台灣，幻想故事比起動物故事，其類目數量多出一倍以上，可見，在台灣也與大陸一樣，廣大的群眾對幻想故事充滿熱情與喜愛。而中彰民間故事在幻想故事這一區塊，也與上述的情況相同，不僅類目豐富，且同一類目之下也常擁有許多不同異文。就類型數與文本量而言，幻想故事確實是中彰地區的漢民族所熱衷的，務實的中彰地區民眾，他們不是不具想像力，而是願意將更多的想像與熱情投注在幻想故事上。而其主要特色，則有如下幾點：

1.神奇的丈夫多於神奇的妻子

在「幻想故事」這個範圍內的中彰民間故事，以「神奇的親屬」中的「神奇的丈夫」拔得頭籌——有最多的故事類型，包含【靈犬醫病娶嬌妻】（【少女嫁給動物】）、【蛇郎君】、【青蛙娶妻】（【蛻皮丈夫】）等，且這幾個故事類型的異文也多，由此可見，這些故事在中彰地區的漢民族生活圈中，它們得到了廣大群眾的極大歡迎。另外，還可特別注意的是：與「神奇的丈夫」相對應之「神奇的妻子」這一小範圍，在「中彰民間文學集」裡，只有【受苦善心女神仙賜美貌】這一故事類型，而這一類型金榮華還將其改置於「宗教神仙故事」中，除此之外，則無其他的類型與文本，就類型數與文本量而言，「神奇的丈夫」與「神奇的妻子」兩者真是相差懸殊。

在上述的類型中，中國典籍裡有關「犬娶人妻」的傳說，便多所記載，【靈犬醫病娶嬌妻】的這一個故事類型，便深具中國傳統，而運用這一故事類型的文本，大多數都是在敘說：犬（猴）與少女所生的孩子，是某一族或

某一國人的祖先。【蛇郎君】這一故事類型，則最廣受中彰地區的群眾所喜愛——擁有為數最多的文本。並且，運用這一故事類型的文本，敘說的則是一真正碰觸女子與異類的幸福婚姻生活，並且還將女兒的孝心與其婚姻幸福做了聯結，也對婚姻的破壞者做出了反擊，是一深具幻想特質的故事類型。尤其，此故事本質，存在著對好女子應得好姻緣的支持立場，所以這一故事類型，廣受女性聽眾的歡迎。至於運用【青蛙娶妻】這一故事類型的文本，除了述說青蛙丈夫所具有的特殊本領之外，其更重要的任務，則是在表達人們對「香火」的重視——祈求上天賜給他一個兒子，縱使是像青蛙一樣的兒子也萬千感謝。由此看來，中彰地區的民眾，願以更多幻想去解釋生命的混沌來源；而在生命的延續產生困難時、婚姻的幸福無法掌控時，也會以更多的幻想去撫慰不安的心靈。

不過，在漢民族移民之初，中彰地區漢民族也曾經都是「羅漢腳」，有過很長一段娶妻不易的年代，但是在「中彰民間文學集」裡，卻沒有像是【田螺姑娘】這一類——幻想著由異類所變成的好妻子，能出現在困苦的生活裡的故事類型，這是頗令我驚訝的。也許，這與文本的蒐集未能達到百分之百的完全有關；但更重要的原因，也可能與中彰地區後來的發展，相對富足而穩定是更有關聯的——男子通常不會窮到娶不起老婆，他也就不須要有如此的幻想了。

2.人的困境與具神奇力量的動物

在前述「動物故事」中，曾論及務實的中彰地區民眾，很少去編織或講述單純的擬人化動物故事。然而，中彰地區的民眾，並不是完全不講述與動物想像有關的故事。在「幻想故事」之「神奇的幫助者」這一範圍中，便有幾個故事類型，其神奇的幫助者便是「動物」。

在人生的過程中，遭遇困境是時有的事，而「絕處逢生」則是人們一致且衷心的期盼。這樣的期盼，在現實生活中，可能很令人失望地時時要落空；但在民間故事裡，卻常常有令人驚喜的結果。就「中彰民間文學集」而言，這個驚喜，極少是來自同類的人，它常是來自好運、或是神仙的幫忙、

或是具有某種靈力的動物的協助。在「神奇的幫助者」這一範圍裡，中彰地區的民眾，所幻想的便是這種具靈力的動物。【狗耕田】、【感恩的動物來幫忙】，則可說是這種故事類型的代表。

運用【狗耕田】這一故事類型的文本，主要是在敘說憨直的弟弟，其家產被貪婪的哥哥所霸佔，只留給他一條狗，但這條狗卻有著跟牛一樣的能耐——會耕田，這讓可憐的弟弟在絕處逢生；而運用【感恩的動物來幫忙】這一故事類型的文本，則大部分以小田螺為幫助者——小田螺竟具有人的靈性，能以身體寫下詩文，以警示主人在險境時脫逃。這兩個故事類型，是典型的人在困頓之時，平時能力弱小的動物，卻給了人極大的幫助的故事類型。

動物擁有特殊的能力或靈性，給予困頓無依的人絕處逢生的幫助，對那些平日毫無權柄的小老百姓而言，那是一個多麼令人欣慰而美麗的幻想。然而，這個幻想並不浪漫，它務實甚而帶點辛酸。因為，故事文本的重心，是在為困頓的生命找出路。換言之，幻想的出發點或本質，所倚重的是人的困頓與艱難，動物只不過是這困頓與艱難的投射標的而已。這也是為什麼，中彰地區的漢民族，把更多的熱情與想像，用在「幻想故事」裡這類具有神奇力量的動物身上，而不是在「動物故事」裡那些擬人化的動物故事身上。因為，潛意識裡，務實的中彰地區的群眾，他們更關心的應是人們自身在困頓之時的出路。

3.人的能力、毅力與神奇的魔力

「幻想故事」中，具神奇力量的，除了上述的動物之外，還有來自奇物、魔法、或是與生俱來的超自然能力。這些神奇的魔力，與人的能力、毅力常是相對的，但在這相對應的力量中，【故事類型】裡的文本內容卻並不一定都支持神奇的魔力。

「中彰民間文學集」裡，在「神奇的對手」這一範圍裡，有著家喻戶曉的【虎姑婆】故事類型，故事內容中，具有偽裝能力的老虎精，最後並沒有鬥勝那倖存孩子。故事在意義上，讚美的是孩子的機智與勇氣；屬「神奇的難題」這一範圍，【西天問佛：問三不問四】的這一故事類型，主角在路

途中受託的那幾個問題，雖然有點難度，但擺在主角面前的，更為困難的，則是他要歷經千辛萬苦、跋山涉水，完成他的遙遠旅程，才能得到解答，而最後他還可能得放棄自身權益——捨棄自身的求問，才能完成別人的託付。故事在意義上，更稱許的是主角的毅力與善良。所以，當人的力量是正向的——如勇敢、機智、堅毅與善良，那麼，縱使是神奇的魔力是反向的，也要屈服於人的力量之下。

　　屬於「超自然的能力或奇物」這個範圍的，其中具有深遠中國文化底蘊的【懂鳥語的人】，這一故事類型擁有最多的文本，故事主角擁有一般常人所沒有的超自然能力——能聽懂鳥語，這確實是令人稱羨的能力，主角也因此得許多的好處，但主角卻因為自私，得到了鳥的報復與反擊。故事在意義上，則是對人們的自私提出了警惕；屬於「神奇的寶物」這個範圍的，則有【太陽國】這一故事類型，故事內容中，知足的主角被神鳥帶到充滿金銀財寶的太陽國，他帶著金銀財寶安然地回家，而貪婪的哥哥（或朋友）則被燒死在太陽國。故事在意義上，則是懲戒人們的貪婪。所以，當人們動機是負面的——如自私、貪婪，那麼，縱使他擁有神奇的魔力相助，也是枉然。

　　屬於「超自然的能力或奇物」這個範圍的，有另一故事類型——【兄弟皆好漢】。這一故事類型，是人的力量與神奇的魔力，具有加乘作用的故事類型。故事內容裡的主角，是八或十個具有特殊能力的兄弟，更重要的是，他們十分團結，因此他們戰勝了惡勢力。故事在意義上，誇讚了他們各自的特殊能力，但更重的是贊許了他們的團結合作。所以，當人的力量與神奇的魔力是同向時，他們才能發生加乘的作用。

　　由此看來，幻想故事雖有瑰麗的想像，但想像仍舊圍繞在人的身上——中彰民間故事，以瑰麗的想像，贊許了人的良善，也撻伐了人的邪惡。充分展現出，民間故事在娛樂中所具有的教化作用。

　　由中彰民間故事的這些文本所呈現的這些特點看來，幻想故事確實是中彰地區的漢民族所熱衷的。除了上列所說的特點外，還可注意的是，這些文本有具世界性的類型如【虎姑婆】（與【小紅帽】近）、也有屬於在東南亞

地區廣為流傳的【蛇郎君】、也有屬於更局限於中國的【早發神箭】、也有
具深遠中華文化傳統的【懂鳥語的人】。總地來說,文本內容繽紛多彩,世
界性與區域性兼具,像是駕馭著區域性的特有文化列車,在世界文化的共通
軌道上。不管是縱向或橫向的研究,都值得再做進一步的探討。

(三)偏重因果與宿命的宗教神仙故事

　　AT分類系統裡,編號750-849的「宗教故事(宗教神仙故事)」,項下
還分為五個次類,包含「神的賞罰」、「真相大白」、「天堂之人」、「和
魔鬼打交道的人」以及「其他宗教故事」(815-849)等五類,但中彰民間
故事屬於這一範疇內的故事類型,卻有集中於「神的賞罰」這一小範圍的現
象。整體說來,文本最大的特色是透過「神的賞罰」,展現了濃厚的因果報
應觀與宿命思維。若做更細微的探究,其故事文本所呈現的神鬼觀念或信仰
思維,則主要有下列幾點特色:

1.有意識獎善懲惡的老天爺

　　如前所述,中彰民間故事屬於這一範疇內的故事類型,有集中於「神的
賞罰」這一小範圍的現象。而這一具有賞罰權柄及力量的神,通常是一被形
象化的老天爺。台灣人常說:「人在做,天在看。」意思是:有一個有意識
的老天爺,在人們看不到的地方,時時在監督人們的所作所為並給予獎懲,
人們敬畏祂的獎懲。中彰地區的廣群大眾,對神的想法,便在這一基調之
中。不同於西方人:重視死後可以上天堂、可以與主同在。這也應該是在這
一範疇之中的故事類型,中彰民間故事,並沒有「天堂之人」及「和魔鬼打
交道的人」,這類較偏向西方色彩的故事類型的呈現。

　　這個有意識的老天爺,其賞罰的對象、賞罰的行為,通常與善惡有報觀
是相結合的。例如,這一範疇內的故事類型【一罈金子和一罈蝎子】(【無
福之人金變蛇】),在這一故事類型下,有許多的中彰民間故事文本,其共
通點便是在強調:有良善之心的人,他最後得到了那一罈金子,貪婪或邪惡
之人便不可能得到那一罈金子。

不過，值得關注的是，就懲罰的對象而言，中彰地區的群眾對媳婦的要求應比兒子嚴苛。因為在「中彰民間文學集」裡，屬於【天雷打惡媳】這一故事類型的文本為數不少，內容有著濃厚要求媳婦須真心孝養婆婆的意味，如果不是的話，就會被這一有意識獎善懲惡的老天爺打死。但是，中彰民間故事裡，並沒有不孝子被老天爺打死的相關故事類型，甚而連相關的故事文本內容都極其少見。

2.因果業報教義的深滲透

「中彰民間文學集」在「一般民間故事」之「宗教神仙故事」所呈現的另一個特點，便是佛教因果業報的教義，深深滲透在這一單元的許多故事類型，以及類型下的許多故事文本。基本上可以這麼說：中彰地區的民間信仰思維，深受佛教因果輪迴報應的影響。

以AT761號系列的故事類型為例，除了原本在丁乃通的《索引》裡便有的【前世有罪孽投胎為畜生】外，胡萬川所新增設的類型，包含：【前世欠債今世還】、【前世因緣今世親人】及【累世因果報應】等，這一系列的故事類型，單是在名稱上便已流露出受佛教因果輪迴報應的影子，更遑論故事文本內容了。而「中彰民間文學集」中，便有為數不少的故事文本就在這一系列故事類型的項下。

就中彰民間故事的文本內容看來，其講述目的並不在於宣揚佛教教義，反而是藉佛教輪迴報應的觀念，以斷人惡念、勸人為善，甚而藉此以維持家庭的和諧人倫關係。例如，故事內容說：賴帳的人，死後變成牛，在被他占便宜的人家中工作還債；或是說，丈夫老是打妻子，原來那丈夫是被妻子前世所虐待的牲畜……等等。類似這樣世俗化的輪迴報應故事，在中彰民間故事的文本中時有所見。

我們可以說，佛教的教義已深入滲透在中彰民間故事的文本中，但反過來，這些故事文本，也把佛教因果輪迴的報應說變得更世俗化，這便是佛教教義與中彰民間故事間的交互影響關係。他們的交互影響關係越深，因果輪迴報應的思維，也就在這一區域有更深遠的影響。

3.人鬼神可轉換的鬼神觀念

「中彰民間文學集」在「宗教神仙故事」這一範疇裡，最有助於人們瞭解此區民眾之神鬼觀念的故事類型，應是【水鬼和漁夫】（含【落水鬼仁念放替身】及【漁夫義勇救替身】）這一類型的故事文本。漢族的市井百姓對人與鬼、神之間的關係，存在著「可轉換」的想法與觀念，中彰地區之民眾的鬼神觀，也屬於這個傳統與路線。

在一般市井百姓的觀念中，人死為鬼、但人死也可以成神；鬼可以投胎為人、鬼也可能一直當鬼、而鬼也可以成神。就人鬼之間的關係而言，可以是人鬼對立，也可以是人鬼互助。運用【水鬼和漁夫】這一故事類型的故事文本，基本上便是建立在市井百姓對人、鬼、神三者之間可轉換的鬼神觀念上。這與西方人上帝永遠是上帝，人死後不可能成為上帝的信仰思維是截然不同的，因此這個類型也是中華文化區的區域性故事類型，不是世界性的故事類型。「中彰民間文學集」中，屬於【水鬼和漁夫】這一故事類型的文本便達7則之多，可見中彰地區的群眾喜愛談說鬼故事。

就鬼神觀而言，中彰地區的人民，無庸置疑基本上仍傳承了原來漢民族——人鬼神三者可轉換的鬼神觀。但比較值得關注的是，除此之外，他們還喜歡把這樣的鬼神觀，與上述的佛教果報思維結合起來。因為不管是屬於【落水鬼仁念放替身】或【漁夫義勇救替身】的故事文本，敘說者都常這樣說：「因為水鬼沒有害人，所以就得到『好報』，不用再找替身才能投胎，就直接被升為土地神（或城隍）……」，算是另一層次的「果報」觀念的表達。

另外，就如前述章節所言，不管是在道德訓誡或是審美藝術效益的呈現上，屬於「水鬼仁慈型」的【落水鬼仁念放替身】都優於「漁夫勸阻型」的【漁夫義勇救替身】。但就本文的量而言，在這一單元中，「中彰民間文學集」的文本所呈現的則是不擇「優」而說。換言之，也就是【漁夫義勇救替身】的文本多於【落水鬼仁念放替身】。會有這樣的情形，很有可能的原因之一，便是講述者在述說故事時，受信仰思維的影響更甚於藝術審美的效

益。也就是說，他在講故事時，下意識裡是先受到了「果報」觀的影響，以及「人鬼對立」關係的影響，所以他選擇了人救人之方式的【漁夫義勇救替身】的故事類型，而不是選擇藝術審美效益較好的【落水鬼仁念放替身】這一故事類型。因此，屬於【漁夫義勇救替身】的文本，在中彰地區也就有較多的呈現。

4.命定與宿命思維的廣呈現

有關信仰思維這個部分，中彰地區的故事文本還有一點值得注意的，那便是命定與宿命思維的廣呈現。所謂「命定」是命中注定的思維，而「宿命」則是將生命中的種種遭遇，歸之於命運的消極想法。「中彰民間文學集」裡，屬於「宗教神仙故事」的許多故事類型，都有類似這種思維的故事文本。

例如，【一罈金子和一罈蜂】這一類型，故事文本除了運用這一故事類型表達金銀因人心之善惡而變形外，文本裡同時也表現出：天上掉下來的財寶，便是上天要給我的，表現出人們對於財富獲得的命定觀。而【乞丐不知有黃金】這一故事類型，還常與【命中注定的財寶】（【財各有主中定】）的這一故事類型的文本內容結合。因此，有關這一故事類型，在大陸的故事文本所強調的重點是「休妻休掉了福氣」，但中彰地區的文本，則強調「只恨枝無葉，莫怨太陽偏」，意思也就是說，只能自認命運不好，不要怪老天偏心。類似這種命定或宿命的思維，在「中彰民間文學集」裡的許多故事文本中時有所見。

中彰民間故事屬於「宗教神仙故事」的文本為數不少，但文本內容卻較偏狹地集中於「神的賞罰」這一小範圍之中，如上所述，透過這些故事類型及故事文本，使我們對中彰地區的信仰思維及價值觀的瞭解有了不小的幫助。

（四）啓智教育中摻雜命運說的生活故事

「動植物故事」，可讓我們瞭解到人與大自然及與其它物種間的關係；「宗教神仙故事」，可讓我們探知人們的信仰思維。那麼，「生活故事」則是讓我們探索區域性民眾之生活、行事及思慮……等等的好憑藉。在AT分

類系統裡，「生活故事」包括九大次類：「公主出嫁」（「選女婿與嫁女兒的故事」）、「王子娶親」（「娶親和巧媳婦的故事」）、「忠貞與清白」、「改造潑婦」、「好的箴言」、「聰明的言行」、「命運的故事」、「強盜和兇手」及「其它」等九類。

在這九類中，中彰民間故事，概括而言，其文本大量集中在「娶親和巧媳婦的故事」、「選女婿與嫁女兒的故事」、「命運的故事」及「其它」等四類，而其文本內容的重點與特色，則主要有下列幾點：

1.對機智言行的讚賞

就「中彰民間文學集」，在AT分類系統之「生活故事」類的故事文本呈現中，第一個最大的特點，便是文本有大量肯定及讚賞機智言行的故事。在「娶親和巧媳婦的故事」裡，是以AT875巧女或巧媳婦系列的故事類型為主軸，包含【巧姑娘巧解公牛奶】、【巧媳婦避諱】、【巧姑娘妙解隱謎】；以及876系列的【巧媳婦妙對無理問】、【姑娘詩歌笑眾人】、【巧女智答令出題者難堪】、【聰明的姑娘在賽詩中取勝】等。屬於這些故事類型的文本，其數量大約是中彰「生活故事」類的三分之一，運用這些類型的故事文本，大都藉由詩文隱語、無理問題及難境處理等，以各種不同的面向講述女主角的聰明機智、妙語巧對、或處事伶俐。這顯現出中彰地區的民眾，喜愛這類行事作為講智慧的故事。

漢民族的社會風氣，一般而言重智而尚才，在「萬般皆下品，唯有讀書高」的觀念下，人們對於詩文才華的重視尤其如此。中彰民間故事，在上述故事文本的表現上有一個很大的特點，那便是喜用對對聯、賽詩、解隱謎等須展現詩文才華的方式，來表現主人翁的機智與聰明，且文本內容大都流露著充滿機趣而俏皮的色彩。這樣的故事講述方式，本身便是很好的一種啟智教育方式，可見中彰地區的社會風氣也重智尚才。

如前述章節所言，巧女或巧媳婦的故事類型，是世界性的故事類型。但故事裡的主人翁，西方社會多以未婚的巧女為主角，而東方社會中則以已婚的巧媳婦為主角，在中彰地區的故事文本中，確實也是東方色彩的呈現——

巧媳婦多過巧女。這些故事,通常在敘述巧媳婦過人的聰明才智時,其時機有絕大多數都是為了捍衛公公的利益,或是表達對公公的尊重。所以,在重智尚才的同時,也表現了對尊卑倫常的看法。這樣的內容表述方式,在男尊女卑的現實社會中,不至於讓男性聽眾難堪,但卻讓女性聽眾得到了很好的心理補償,這應該是這類故事在中彰地區廣受歡迎的主要原因。

2.宿命論與風水說

在前述「宗教神仙故事」的類型及故事文本中,便發覺到:表現出命定與宿命思維的故事文本,在「中彰民間文學集」裡為數不少,而在「生活故事」的這一單元中,仍時常可以發現具有宿命思維的故事文本。除此之外,還可發現:除了宿命思維之外,中彰地區的民眾還喜談風水,風水地理之說,對此區域的民眾生活似有著深遠的影響。

如在「選女婿與嫁女兒的故事」這一範疇裡,包含了【賽詩求婚】、【為解千金小姐難題而中狀元得嬌妻】以及【和一個假冒的男人私奔的姑娘】等故事類型,這些故事類型的文本所呈現的特色,便側重在男主角在娶妻過程中所擁有的好命運,好命運有時只是單純的好命運,但有時則是風水說的張揚。例如:在類型【和一個假冒的男人私奔的姑娘】裡,與人私奔的姑娘,通常是有錢人家的姑娘,而陰錯陽差可以與其私奔的這男人,通常是在地理師的指點下,為他家的祖墳,做了風水上的更改,才換得與姑娘私奔並獲得了改變貧窮命運的機會。在前述單元——「只恨枝無葉,莫怨太陽偏」的故事文本中,有的文本敘述,也同樣表達了「太陽偏」能獲得命運上的改變,與風水的更動是相關的。

從清領時期,在台灣各地便流行的〈楊本縣敗地理〉的傳說故事,傳說裡的主角「楊本縣」,便是曾任彰化的知縣。雖然,在歷史的記載上,他並沒有做什麼敗地理風水之事,但他卻是被附會的人物,這與中彰地區之人喜談風水地理,則應脫不了關係。而在有關的風水傳說中,各種地理風水的名目,如「絲線吊銅鐘」、「龍蝦穴」、「老鷹穴」等,真是琳瑯滿目。這種喜談風水地理的講述,不僅呈現於傳說裡,也在民間故事中蔓延。

3.孝道義務的攻與防

對農業時代的中彰地區的群眾而言，什麼是生活的寄託？那麼，「養兒防老」應會是一個重要的選項。但是「養兒」是否真能「防老」？在現實生活中是存疑的。在中彰民間故事的文本裡，也有不少與此相關的故事。

以AT980系列包含【為老來做準備】、【給老人的破碗】等，便是述說「棄老與養老」的相關文本。屬於這兩個類型的故事內容，其故事發展都有著較圓滿的結局——通常都是遺棄父母的兒子、或不善待婆婆的媳婦，最後自己終於醒悟，從此孝養老人家，故事文本呈現出為人子女本應對父母善盡孝養之責的觀念；然而，另一個故事類型【想要一箱金，子女才孝順父親】，這一類型的故事文本，則是講述為人父親的，是以何種方式來防止兒子們對其棄養，故事文本則呈現出為人父母要防止兒女不善盡孝養之責的想法。所以，故事裡對孝道義務的攻與防都有所表達，這與現實生活是接近的——人們教育為人子女者應盡孝道，也希望子女們能盡孝道。可是，當事與願違時，便得知道要如何自保。而這些想法與作為，在故事文中都有所呈現。

除了盡孝之外，其它有關教養的問題，也是中彰地區的群眾所重視的，這在故事文本中也有所呈現。例如，運用【不孝子欲孝鑄大錯】這一故事類型，則是在述說祖先之神主牌的來由，並藉此要人們在祭拜時，能有「祭神如神在、祭父母如父母在」的孝敬態度。而【逆子弒親誤砍瓜】這一故事類型，則有警告人們切勿溺愛孩子，以免發生孩子弒親的悲劇。

上述這些故事類型，都是與孝養或教養議題相關的文本。這些故事文本中，有的有著過往習俗的留存痕跡、有的則是現今習俗的解釋，有的則是教養認知的導正。在現實的生活教育中，都有其積極的意義。

4.婚姻自主與結婚儀式

所謂「婚姻是終身大事」，除了上述的那些內容外，在「生活故事」的這一範圍裡，中彰民間故事還喜談與婚姻相關內容的故事。在「命運的故事」這一範圍內的兩個故事類型——【為自己命運負責的千金小姐】及【如

何避免命中注定的死亡】，便是述說與女性婚姻最相關的兩個故事類型，屬
這兩個故事類型的文本為數頗多。

運用【為自己命運負責的千金小姐】這一故事類型的文本內容，常隱含
著女主角對父權的否定、及其對婚姻自主的追求。有時候女主角寧可相信自
己的命運，也不願接受父親對其婚姻的安排。在現實生活中，女兒要如此衝
撞父親的權威，實際上是非常不容易的。就因為不容易，導致她們就更喜歡
聽這一方面的故事。

運用【如何避免命中注定的死亡】這一故事類型的文本，其內容則常與
「桃花女鬥周公」的傳說相結合，目的則是在述說：女孩在結婚時所用到的
一些儀式用品（如米篩、豬肉條），其所具有的神聖意義。內容常充滿濃厚
的神仙色彩，與中彰地區重地理、重風水等習俗則是一致的。

整體來說，中彰民間故事屬於「生活故事」的文本，雖也摻雜著一些
張揚風水或命運說的文本，但絕大多數的文本，則還是重視故事對智慧的啟
發，或對生活教育的開啟作用。

（五）語言樂趣更勝內容驚奇的笑話

笑話具有即興的、片段的喜劇性特徵，又具有嘲諷的功能。向來被各民
族的廣大群眾所喜愛，也是民間大眾之生活中的一種重要娛樂。「中彰民間
文學集」在笑話這一區塊，其類型及文本量都頗為豐富，可見中彰地區的民
眾喜愛笑話，而笑話也是他們日常生活中的重要娛樂之一。

「笑話」類的故事，AT分類系統裡編號在1200-1999之間，其下又分為
「傻瓜的故事」、「夫妻間的故事」、「女人的故事」、「男人的故事」、
「說大話的故事」等五個次類。在這五類中，「中彰民間文學集」裡的
「笑話」，大量集中在「男人的故事」這一個次類。這其中的故事類型包
含了：以1530A、1563B和1635等為主的「惡作劇系列」；以1681C、1685A、
1691*、1696A為主的「傻女婿系列」；還有以1698、1699為主的「聽錯與讀
錯系列」，以及1641【萬能博士（好鼻師）】這個故事類型。「女人的故

事」這一次類，是類型數排行第二的次類。屬於這一次類的故事類型有：以1441C**、及1441C***為主的「葷笑話」系列；以1457A及1457**為主的「媒婆與有殘疾的新郎新娘」系列；另外，還有三個故事類型，分別屬於三個次類。一是屬於「傻瓜的故事」的【長竿入城】；一是屬於「夫妻間的故事」的1382愚婦系列；最後則是屬於「說大話的故事」的【說謊比賽】。如上述所列，「中彰民間文學集」之笑話類故事，其故事類型是相當豐富的。其類型及故事文本的內涵特色，則主要有如下幾點：

1.熱愛語言誤解及誇張對話所造成的荒謬樂趣

在「中彰民間文學集」笑話類的故事中，如果以文本量而言，當以AT1698、1699號之「聽錯與讀錯系列」的故事類型拔得頭籌，包含【聾子和他們愚蠢的回答】、【聽錯話而引起滑稽後果】、【不懂外語鬧笑話】、【不懂方言引起誤解】、【方言諧音鬧笑話】、【錯讀沒有標點的文句】等。這一系列類型的文本內容意涵，都顯得較單純，是一種語言樂趣的笑話文本，少有諷刺或寓義，笑話效果的生發，大多與語音相近而聽錯所導致的滑稽效果有關。

從上述的類目，我們可觀察到：各種因聽錯所引起的滑稽效果的笑話，在中彰地區似乎特別多、也特別引起群眾的興趣。會有這樣的情況，與當時的時代環境背景應有很大的關係。中彰地區從清領時期開始，境內本來就有閩南、客家等使用不同語言的漢民族，後來這些漢人又受到了日本的統治，區域內的群眾，便有許多人也學日語，後來國民黨來台，又有大批的外省人定居於此。因此，有相當長的時期，此區域是個使用多種語言的地方。而使用不同語言的人，也時有接觸的機會，但又並不是每個人都熟悉每一種語言，因此，誤會意思的情形便時有所聞。

誤會別人所說的意思，在現實生活中有時是個困擾，但因語言誤解所造成的荒謬，卻也常常是茶餘飯後之笑話的好來源。對中彰地區的民眾而言，它們唾手可得，又不傷腦筋，縱使是不善於說故事的人，也都能說上幾則類似這樣的笑話，因此，這類笑話的故事文本也就為數極多。

上述的故事類型，其所引起的語言誤解，是來自於語言的本身，而另一種語言的誤解，則是一種語言信息的截取錯誤，這種誤解的產生則來自於人的有意設計，這類的故事類型，在中彰民間故事中，文本量比起前述單純性的語言誤解則少了非常多，其典型代表類型便是【媒婆巧計妙安排】（【三人共五目】），媒婆以其「媒人嘴，唬累累。」的能言善道，加上特別為相親時所設計的情境，便讓笑話內容中的兩肇，對語言信息選擇的角度、過程和注意力是相背的，而「笑話」的生命力便就此激發。這類的故事，中彰地區的民眾雖也喜愛，但流傳的類型則顯得較單一而少變化。

就語言本身所造成的樂趣而言，除了上述的「誤解」所引起的荒謬是一種樂趣外，對話的運用，在笑話上有其本質上的優勢，尤其是「誇張」的對話所引起的突兀與爆發性，則應是語言的另一種娛樂效果。這類的笑話，在中彰地區應以【說謊比賽】這一故事類型最具代表性。「對話」適於製造笑話的高潮句，而這一類型的故事文本，便是運用了「對話」，讓虛構的世界在突兀中卻能得到充分的瞭解，並在意料之外的結果中得到了令人驚喜的笑話效果。其文本量雖然不多，但卻顯得經典而有趣。

對樸質而務實的中彰地區的民眾而言，雖然這類以語言取勝的笑話，內容意涵單純，但看來他們相當喜歡、也相當享受這種單純的語言樂趣。

2.揶揄愚蠢言行之貶損式的幽默

前述是以語言本質取勝的笑話，在「中彰民間文學集」笑話類的故事中，若以諷刺內容取勝的故事文本而言，以揶揄愚蠢言行的類型及文本最多。

以愚蠢言行為諷刺對象的故事類型，其中包括了具悠久中國傳統的【長竿入城】這一故事類型，其主要是在諷刺不知變通，卻又好人師的行為；另外，則是大量以「傻女婿」為主角的負面性笑話類型，包含【猛吃的新郎】、【總是晚一步】、【不懂房事的傻新郎】、【呆女婿送禮，沿途吃光】等，把傻女婿不諳人情世故、不解性事及向岳父拜壽時等各個面向所發生的愚蠢言行，都給予了嘲諷，在愚蠢言行的笑話文本中拔得頭籌；還有，則是與「巧媳婦」對立的【傻媳婦儲存日曆】、【傻媳婦濫用客套話】，這

兩個類型的故事文本，最主要都是在諷刺愚婦的「有樣學樣」——雖然愚婦的言行都以巧婦為榜樣，但因其對不同物品與時間性的關聯無法掌握，或不知相同的言語在不同的場合有不同的意義，因此她的「有樣學樣」便成了愚蠢至極的言行，不過，「愚婦」的笑話文本與「傻女婿」相比便少得多；相同的，「愚婦」的文本也比「巧婦」少很多，看來中彰地區的民眾，較喜歡以正面讚賞的態度來敘說媳婦們之作為的故事文本，挪揄媳婦愚蠢的文本則少很多。

笑話在表達上常有悖常理，上述這些諷刺愚蠢言行的故事類型及文本，揭發的便常是一種失調的、有悖常理的現象，而聽眾卻在這種現象中，得到了某種放鬆，或體悟到一種矛盾中的契合，這類笑話多數在幽默中帶有貶損之意，而在貶損中又達到了某種警惕的糾正作用。

3.反邏輯的葷笑話與違人情的惡作劇

笑話常是反邏輯的、誇張的，葷笑話更常涉及須打破禁忌，以及從反邏輯的逆向思維中去發現，若是在打破禁忌的當下，還要有道德的顧忌，那便會使笑話不成笑話。

葷笑話在「中彰民間文學集」笑話類的故事文本中雖沒有缺席，但故事類型及文本則不是那麼豐富，屬於「葷笑話」系列的故事類型，有【公公佔媳婦便宜】及【巧揭母姦情】這兩個類型。「葷笑話」在笑話族群中是常客，這類笑話在講述過程的交流中，能激發出「笑果」，聽眾能欣賞這些笑話，是要以聽眾能理解笑話內容中的性意識、性理念為前提。所以，如果某一「葷笑話」在某一區域廣泛流傳，那麼代表著這一笑話內容裡的性意識及性觀念是這區域的群眾所共同擁有的。因此，由【公公佔媳婦便宜】這一類型的文本看來，中彰地區的民眾，喜以「公公」為那個反邏輯的角色，這一類葷笑話，除了具有笑話基本功能的「娛樂性」之外，也具有對公公之形象的「嘲諷性」。

另外，在性知識缺乏傳播途徑的傳統年代裡，「葷笑話」也具備了性知識或性意識的「文化傳播性」。【巧揭母姦情】這一葷笑話類型，其故事文

本內容，便不重在孩子的巧於揭發，而是重在性事的本身，對性知識或性意識的文化傳播性，有著濃厚的意味。

恶作劇的基本模式是故意使他人陷入窘境，並在旁觀賞他人尷尬、吃驚、惶恐等等尋常難以見到的情緒表現，藉此以得到樂趣。是一種違逆人情的戲謔式笑話。「中彰民間文學集」，在惡作劇這一類的故事類型中，最大的一個特點，便是惡作劇的主角為箭垛式人物——集中在台灣有名的兩個傳說人物「邱罔舍」及「白賊七」身上。

以「邱罔舍」為主角的故事文本，其所用到的故事類型，以【賣蛋小販上了當】、【向陌生婦女動手動腳】（【讓人誤認在親吻】）這兩個故事類型為主；以「白賊七」為主角的故事文本，其所用到的故事類型，則以【惡作劇者兩頭騙　受騙者虛驚一場】這一類型為主。與「邱罔舍」有關的那兩個類型，惡作劇者是透過某些有意的肢體設計或安排，以達成其戲謔的目的；與「白賊七」有關的那個類型，惡作劇者的目的，則是在製造一個讓被惡作劇者陷入情緒惶恐的窘境，而他就藉以觀賞別人的惶恐而得到樂趣。

在真實世界中，惡作劇是很具爭議性的，甚而還會讓人感到憎惡並且引起紛爭。但欣賞惡作劇的笑話，不必承擔這種風險，就能夠得到樂趣。中彰地區的民眾，對這在現實生活中，想做但又絕對不敢隨便下手的惡作劇行為，看來很樂於神遊這種不必負擔風險，卻能享受樂趣的笑話世界。

4.歪打正著的跌宕驚奇

在「中彰民間文學集」裡，【萬能博士】（【好鼻師】）這一故事類型，是以「歪打正著」為內容表現主軸的故事類型。著意渲染、出現反轉，讓結局與預期有落差，是製造笑話之效果的重要手段之一，而【萬能博士】（【好鼻師】）這一故事類型，用的便是這樣的方式。

這一故事類型的文本不多，在「中彰民間文學集」裡有兩則。文本的內容設計，都著重在「絕處逢生」式的歪打正著——就在主角覺得自己走投無路、死期將近時的絕望抱怨，他的絕望抱怨之辭，竟成了救命與成功之鑰。故事的結局在突兀中卻得到和諧，在跌宕中產生驚喜，是很典型的「歪打正

著」型笑話。

　　中彰地區的民眾，除了喜歡這種在跌宕中令人驚喜的結果之外，也應很羨慕這種絕處逢生式的好運氣，所以，他們傳講這一類型的故事。另外，還值得一提的是：中彰民間故事，運用【萬能博士（好鼻師）】這一故事類型的文本，還常與螞蟻之由來的傳說相結合。

　　綜觀而言，在「中彰民間文學集」裡的「笑話」中，雖不難發現各式各樣或具娛樂性、或具嘲諷性、或具文化傳播特質的笑話，但以文本的量而言，以展現語言樂趣，或對話「笑果」的文本居多，相對之下，以呈現笑話設計內容令人驚奇的文本則為數較少。

　　但整體而言，中彰民間故事裡的笑話，深受中彰地區之廣大民眾的普遍喜愛，它多采多姿，不但展現笑話所具的語言樂趣，亦顯現其內容繽紛多采的魅力。並且，透過了故事類型及故事文本的呈現，我們也藉此得以更瞭解農業時代之中彰地區群眾的各個面向，包含他們務實的個性、對中華文化傳統的傳承、相信輪迴報應的信仰思維、篤信風水的習俗、重啟智的生活教育、愛好具言語樂趣的笑話……等等。不管是做為民智學、還是民俗學的研究，故事類型研究及類型研究下的故事文本，確實為我們鋪了一條明確而有效的道路。

二、未來展望

　　本研究為區域性的民間故事類型研究，目的在藉助AT分類系統，探討中彰民間故事的風貌，並盡可能完整地呈現文本所具有的特性，而其結果則如前面的章節所述。論述雖已完成，但仍覺得有些不足，而這些不足有的是筆者在短時間內不能解決的，有的則是與本書的主旨相距較遠的，但它們卻都深具意義，筆者希望未來有機會能使其更臻完備，最主要有下列幾項：

（一）關於類型

　　如前所述，本文在論述之前，是以AT分類系統為依據，將成故事類型的文本一一編號歸類後得出了本文的論述。而這依據最主要是以丁乃通、金榮華及胡萬川的索引，為主要參考工具。雖然，前輩們的著述都屬於AT分類系統，但筆者在實際的分類過程中，卻發現前輩們不管在類目的名稱及編號、故事大要的撰寫及內容的歸類上，仍存在著種種的不同，這些差異之處是很值得再細細探究一番的。有關這一部分，則與本論述的聚焦相距較遠，但仍期勉自己，他日能在這一議題上，另立專題做更深入的論述。

（二）關於論述

　　本文在論述之前，對前述37冊的民間故事做了一一的檢閱及比對，然後以AT分類系統為依據，將成故事類型的文本一一編號歸類後得出了本文的論述。這其中，不成故事類型的故事是被刪除的，而不成故事類型的原因有很多：故事可能是依據當地的某些人、事、物或風俗等而來的，所以，他們只能是傳說，而不是故事；或者，某一則故事是AT類型索引裡並沒有的，而當地與他同類型的故事並沒有三則以上，那麼，它也不能成為一個新的故事類型。但他們其實仍是瑰寶，仍值得深入探究，有關這部分，筆者則會勉勵自己：在未來能另立專題，來論述這被刪除而值得探究的瑰寶。

　　另外，區域性的類型研究論述是值得推廣的，當更多的區域都做了這樣的論述與探討的時候，那麼，區域與區域之間的相同、相異及相關性也就會更明朗，這就期盼有更多的研究者也能從事這一區塊的研究了。

（三）關於文本

　　「中彰民間文學」為本研究探討的文本依據，包含了《台中縣民間文學集》、《台中市民間文學采錄集》及《彰化縣民間文學集》等三套政府出版品。雖然，這三套書是政府結合學者團體的力量，前後花了長達十幾年的時光，所普查與蒐集的結果，其收穫也頗為豐碩，《台中縣民間文學集》共有

39冊、《台中市民間文學采錄集》4冊、《彰化縣民間文學集》22冊，而其中存有民間故事的台中縣有22冊、台中市4冊、彰化縣11冊，共37冊。雖然為數頗多，但可能與當初蒐集時的人員特長有關連，所以這些文本就存在著某些特點，而以不同的角度看，它可能便是一種局限。

以彰化縣而言，便有好幾個鄉鎮的文本收集是以歌謠見長，甚而是只有歌謠而沒有故事，這就造成了在故事文本上收集的不完整；台中縣這種情況，相對就好很多，甚而同一個鄉鎮的故事集還連出了好幾冊。但不管是台中還是彰化，都是以漢民族為主要調查對象，全區只有半冊的原住民（和平鄉）民間故事。因此，本論述只能以漢族文本為探討對象。

未來，在田野調查這一區塊，若有團隊能得到有力的支援，不管是有關漢族，還是原住民，在故事文本的蒐集上，都還有可持續及深入的空間，而當文本的採集更豐富時，不同面向的論述，也會更有進展。

在研究的道路上，民間文學是我最關注的議題；而在生活的環境上，中彰地區則是我成家立業之後的安身立命之處。能在自己的研究領域有所精進，是對自己最大的期勉；能對自己的安身立命之處有所瞭解與貢獻，則是自己衷心的祈願。拙著論述已成，願內容的論述，也可為上述的兩個願望，留下一些註解。並祈　專家學者不吝指正，使其減少疏漏，更臻精善。

引用書目

一、工具書：

丁乃通：《中國民間故事類型索引》（北京，中國民間文藝出版社，1986.07）

金榮華：《民間故事類型索引（上、中、下冊）》（台北，中國口傳文學學會，
    2007.02）

胡萬川：《台灣民間故事類型（含母題索引）》（台北，里仁書局，2008.11）

Antti Aarne, Stith Thompson, "The Types of the Folktale" (Helsinki, 1973, SUOMALAINEN
    TIEDEAKATEMIA ACADEMIA SCIENTIARUM FENNICA)

二、文本

胡萬川：《台中縣民間文學集③石岡鄉閩南語故事集》台中縣立文化中心 1993.03

胡萬川：《台中縣民間文學集⑤石岡鄉閩南語故事集（二）》台中縣立文化中心
    1993.06

胡萬川：《台中縣民間文學集⑪東勢鎮客語故事集》台中縣立文化中心 1994.03

胡萬川：《台中縣民間文學集⑫沙鹿鎮閩南語故事集》（豐原，台中縣立文化中
    心，1994.03）

胡萬川：《台中縣民間文學集⑬沙鹿鎮閩南語故事集（二）》台中縣立文化中心
    1994.05

胡萬川：《台中縣民間文學集⑮東勢鎮客語故事集（二）》台中縣立文化中心
    1994..10

胡萬川、黃晴文：《台中縣民間文學集⑱大甲鎮閩南語故事集（一）》台中縣立文
    化中心 1995.06

胡萬川、黃晴文：《台中縣民間文學集⑳東勢鎮客語故事集（三）》（豐原，台中
　　縣立文化中心，1996.02）

胡萬川、黃晴文：《台中縣民間文學集㉑新社鄉閩南語故事集（一）》（豐原，台
　　中縣立文化中心，1996.06）

胡萬川、黃晴文：《台中縣民間文學集㉒清水鎮閩南語故事集（一）》台中縣立文
　　化中心 1996.06

胡萬川、黃晴文：《台中縣民間文學集㉓梧棲鎮閩南語故事集》台中縣立文化中心
　　1996.07

胡萬川、黃晴文：《台中縣民間文學集㉔新社鄉閩南語故事集（二）》（豐原，台
　　中縣立文化中心，1997.06）

胡萬川、黃晴文：《台中縣民間文學集㉕清水鎮閩南語故事集（二）》台中縣立文
　　化中心 1997.06

胡萬川、黃晴文：《台中縣民間文學集㉖東勢鎮客語故事集（四）》（豐原，台中
　　縣立文化中心，1997.07）

傅素花、陳素主《台中縣民間文學集㉗大安鄉閩南語故集（一）》台中縣立文化中心
　　1998.06

胡萬川、王正雄：《台中縣民間文學集㉘外埔鄉閩南語事集》台中縣立文化中心
　　1998.06

傅素花、陳素主《台中縣民間文學集㉙大安鄉閩南語故事集（二）》台中縣立文化
　　中心 1998.06

胡萬川、王正雄：《台中縣民間文學集㉜東勢鎮客語故事集（五）》台中縣立文化
　　中心 1998.08

胡萬川、王正雄：《台中縣民間文學集㉝大安鄉閩南語故事集（三）》（豐原，台
　　中縣立文化中心，1999.11）

胡萬川、王正雄：《台中縣民間文學集㉞東勢鎮閩南語故事集（一）》台中縣立文
　　化中心 2000.05

胡萬川、陳嘉瑞：《台中縣民間文學集㉟東勢鎮客語故事集（六）》台中縣立文化
　　中心 2001.04

胡萬川、陳嘉瑞：《台中縣民間文學集㊴東勢鎮客語故事集（七）》台中縣立文化
　　中心 2003.06

陳延輝、曾正義：《台中市民間文學采錄集》（台中，台中市立文化中心，1998.05）

陳延輝、曾敦香、楊照陽、賴妙華：《台中市大墩民間文學采錄集》（台中，台中
　　市立文化中心，1999.04）

陳延輝、陳弘昌：《台中市民間文學采錄集③》（台中，台中市立文化中心，1999.06）

楊照陽：《台中市民間文學采錄集④》（台中，台中市政府文化局，200.12）

胡萬川：《彰化縣民間文學集②——故事篇（一）》（彰化縣立文化中心 1994.06）

胡萬川：《彰化縣民間文學集④——故事篇（二）》（彰化縣立文化中心 1995.01）

胡萬川：《彰化縣民間文學集⑤——故事篇（三）》（彰化縣立文化中心 1995.07）

胡萬川：《彰化縣民間文學集⑦——故事篇（四）》（彰化縣立文化中心 1995.07）

胡萬川：《彰化縣民間文學集⑨——故事篇（五）》（彰化縣立文化中心 1996.06）

胡萬川、康原、陳益源：《彰化縣民間文學集⑰——線西伸港福興地區》（彰化縣
　　文化局 2002.04）

胡萬川、康原、陳益源：《彰化縣民間文學集⑱——芬園花壇秀水地區》（彰化縣
　　文化局 2002.04）

胡萬川、康原、陳益源：《彰化縣民間文學集⑲——員林大村埔心地區》（彰化縣
　　文化局 2003.05）

胡萬川、康原、陳益源：《彰化縣民間文學集⑳——北斗田尾社頭地區》（彰化縣
　　文化局 2003.05）

陳益源：《彰化縣民間文學集㉑——鹿港福興和美社頭地區》（彰化縣文化局
　　2004.11）

陳益源：《彰化縣民間文學集㉒——溪湖溪州竹塘二林大城二水地區》（彰化縣文
　　化局 2004.11）

三、專書

1.古典文獻：

宋・朱熹集註、蔣伯潛廣解《四書讀本・論語》（臺北，啟明書局）

阮毓崧輯：《莊子集註》〈內篇齊物論第二〉（台北，廣文書局，1972.07）

晉・干寶原著、黃滌明譯注《搜神記全譯》〈卷十四盤瓠子孫〉（貴州市，貴州人
　　民出版社）

清・黃承增輯《廣虞初新志》卷十九，黃之雋〈虎媼傳〉。

2.學位論文：

李俐思：〈中國民間故事的巧女形象〉（國立台東大學，兒童文學研究所碩士論文，
　　　2004）

吳青安：〈虎姑婆故事研究〉（東吳大學，中國文學系碩士論文，2003）

張曉舒：〈中西狼外婆（小紅帽）童話的比較〉（華中師範大學，民俗學碩士論文，
　　　2003）

曹榮科：〈民間故事采錄研究——以彰化縣為探討中心〉（中興大學，中國文學系
　　　碩士論文，2006）

黃聖琪：〈民間故事連續變形母題研究——以台灣漢語故事為例〉（清華大學，中
　　　國文學系碩士論文，2005）

黃薰慧：〈巧媳婦故事研究——以中國、台灣為主〉（國立東華大學，中國文學系
　　　碩士論文，2010）

羅彩珠：〈中國「難題求婚」型故事研究〉（靜宜大學，中國文學系碩士論文，2004）

3.現代專書：

王玉波：《中國古代的家》（台北，臺灣商務印書館，1998）

中國民間文學集成全國編輯委員會：《中國民間故事集成・福建卷》（北京，新華
　　　書店北京發行所，1998.12）

金榮華：《民間故事論集》（台北，三民書局，1997.06）

金榮華：《中國民間故事與故事分類》（台北，中國口傳文學學會，2007.09）

金榮華：《禪宗公案與民間故事——民間文學論集》（台北，口傳文學會，2007.09）

周紹賢：《佛學概論》（台北，臺灣商務印書館，1984.05）

張紫晨：《張紫晨民間文藝學民俗學論文集》（北京，北京師範大學出版社，1993.12）

祁連休：《中國民間故事史・先秦至隋唐五代篇》（台北市，秀威資訊科技，2011.08）

祁連休：《中國民間故事史・明代篇》（台北市，秀威資訊科技，2011.11）

祁連休：《中國民間故事史・清代篇》（台北，秀威資訊科技，2012.02）

劉守華：《比較故事學》（上海，上海藝文出版社，1995.09）

劉守華：《中國民間故事史》（武漢，湖北教育出版社，1999）

劉守華、黃永林主編：《民間敘事文學研究》（武漢，華中師範大學出版社，2005.08）

劉守華主編：《中國民間故事類型研究》（武漢市，華中師範大學出版社，2006.12）

劉淑爾：《元雜劇情節單元與故事類型研究》（新北市，花木蘭出版社，2012.03）

陳慶浩、王秋桂主編：《中國民間故事全集‧河南卷》（台北，遠流出版社，1989.06）

四、期刊論文：

王立：〈中古漢譯佛經與古代小說金銀變化母題〉，《開南學報（哲學社會科學版）》
　　（2004年第3期）

王杰文：〈民間笑話三論──對西方民間笑話研究成果的譯介〉，《民族文學研究》
　　（2003年第3期）

王杰文：〈中國古代葷笑話中的模式化人物──以《笑林廣記》為例〉，《青海師
　　範大學學報（哲學社會科學版）》（2005年第5期，總112期）

王建華：〈也談鼠為十二生肖之首的文化內涵〉，《中醫藥文化》第3卷6期（2008.12，
　　上海中醫雜誌社）。

王慧敏：〈公冶長二疑〉，《十堰技術學院學報》（2010.06，第23卷第3期）

向沁：〈淺談民間敘事中傻女婿藝術形象的可愛因子〉，《重慶科技學院學報（社
　　會科學版）》（2008年第2期）

李紅英：〈關聯理論對「笑話」的解釋力〉，《科技信息，2011年第31期》

余蕙靜：〈狗耕田故事初探〉，《高雄師範大學學報》（2003年14期）

金榮華：〈落水鬼仁念放替身──「水鬼漁夫」型故事試探及其型號之設定〉，《民
　　俗與文學學術研討會論文集》（高雄，國立中山大學中國文學系，1998.11.15）

金榮華：〈佛經「毗奈耶雜事」之智童巧女故事及其流傳〉，《中國文化大學中文
　　學報》（第十五期，2007.10）

金榮華：〈「蛇郎」探源〉，《2009海峽兩岸民俗暨民間文學學術研討會論文選》
　　（台北，中國口傳文學會，2010.07）

林真美：〈虎姑婆考〉，《首屆台灣民間文學學術研討會論文集》（彰化，臺灣省
　　礦溪文化學會，1997）

林靜慧：〈「狗耕田」故事類型探論〉，《2009海峽海峽兩岸民俗暨民間文學學術
　　研討會論文選》（中國口傳文學學會，2010.07）

明躍玲：〈盤瓠神話與瓦鄉人的族群認同〉、《黑龍江民族叢刊（雙月刊）》（2006
　　年第5期，總第94期）

涂靖：〈突顯和抑制：玩笑話語的認知〉，《外語學刊》（2009年第6期，總第151期）

洪淑苓：〈台灣民間故事中的巧女故事——兼論台灣民間故事的「媳婦」形象〉，
　　《紀念婁子匡先生百歲冥誕之民俗學國際學術研討會論文集》（成功大學中文
　　系、台灣文化研究中心）

馬驍、張志芹：〈傻女婿故事研究〉，《劍南文學（經典閱讀）》（2011年5期）

段寶林：〈「狼外婆」故事的比較研究初探〉，《民間文學論壇》（創刊號，1982）

韋惠玲：〈中緬蛇郎故事之比較〉，《南寧職業技術學院》（2011年16卷第1期）

陳金文：〈「公冶長識鳥語」傳說淺論〉，《齊魯學刊》（2002年第4期，總169期）

陳妙如：〈「虎姑婆故事」研究〉，《2009海峽兩岸民俗暨民間文學學術研討會論
　　文選》（台北，中國口傳文學學會，2010.07）

陳華文：〈試論兩兄弟型故事產生、傳承的動因－以武義兩兄弟型故事為切入點〉，
　　《浙江師範大學學報》（1995年第4期）

陳傳娟：〈笑話的生成機制與文化功用〉，《語文教學與研究‧教師版》（2009卷
　　3，2009.03）

陳麗娜：〈「青蛙娶親」故事試探〉，《美和學報》（第29卷第2期，2000）

康麗：〈利益務實與規範折衷－中國巧女故事中的民間女性德才觀探賾〉，《民俗
　　研究》（2003第一期）

康麗：〈隱匿的秩序：論中國巧女故事敘事結構中的故事範型序列〉，《民族文學
　　研究》（2006.1）

陸理原、李建：〈十二生肖造型藝術與民俗觀念〉，《重慶科技學院學報》（社會
　　科學版）（2007年第3期）。

張錫科：〈我國十二生肖文化探源〉，《東方論壇》（2008年第3期）。

范姜灯欽：〈台灣客家與原住民「人變動物」故事比較研究〉，《東華中國文學研
　　究》（第9期，2011.06）

彭勤：〈民間敘事中巧女形象的道德意蘊〉，《銅仁學院學報》（第一卷，第五期，
　　2007年，9月）

邱國珍：〈畲族「盤瓠」形象的民俗學解讀〉，《廣西民族學院學報（哲學社會科
　　學版）》（第25卷第6，2003年11月）

楊成忠：〈試論民間笑話的審美意義〉，《青海師範大學民族師範學院學報》（第
　　20卷第1期，2009年5月）

劉玉琴：〈從跨文化交際角度理解法語笑話〉，《嘉應學院學報（哲學社會科學版）》
　　（28卷第4期，2010年4月）

劉守華：〈兄弟分家與狗耕田－一個中國民間流行故事類型的文化解析〉，《商丘師範學院學報》（第17卷第1期，2001年2月）

劉魁立：〈中國蛇郎故事類型研究〉，《民間文學論壇》（1998）

劉魁立：〈民間敘事的生命樹－浙江當代「狗耕田」故事情節類型的型態結構分析〉，《民族藝術》（2001年第1期）

劉青：〈從甲骨卜辭看十二生肖之衍生──兼論十二生肖衍化的思維模式〉，《思想戰線》（第34卷2008年第5期）

劉淑爾：〈灰姑娘型故事的共同性與差異性析論〉，《中國文化大學中文學報》（第十八期，2009.04）

劉淑爾：〈從中彰民間文學的神明傳說故事觀其民間信仰思維〉，《勤益人文社會學刊》（第2期，2010年12月）

鐘文伶：〈臺灣「狗耕田」故事析論〉，《臺中教育大學學報：人文藝術類》（2009年，23卷第2期）

鍾敬文：〈老虎外婆故事專輯〉，《民間月刊》（第2卷第2號，1933）

謝明勳：〈水鬼漁夫故事析義──以聊齋誌異王六郎故事為中心〉，《廣西梧州師範高等專科學校學報》（第19卷第2期，2003年5月）

簡齊儒：〈從「成妻」的過渡性儀式解讀中國蛇郎君故事──以粵台異文比較為主線〉，《湖北民族學院學報（哲學社會科學版）》（2003年2期）

簡齊儒：〈兇殺、暴力與諧謔──台灣民間婚外情欲的變異〉，《台灣民間文學學術研討會暨說唱傳承表演論文集》（台南，國立臺灣文學館，2004.12）

譚曉娟：〈《桃花女》的民間文化研究略論〉，《四川教育學院學報》（第23卷，2007.10）

鄭土有：〈中國兩兄弟型（AT503E）故事型態分析〉，《廣西民族學院學報》（哲學社會科學版，2003年1月，第25卷第1期）

鄭志明：〈元雜劇《桃花女》的婚姻儀式探究〉，《鵝湖月刊》（第24卷，第12期，總號第288）

顧希佳：〈清代筆記中水鬼漁夫型故事的比較研究〉，《杭州師範學院學報》（1997年第2期）

文學視界43　AG0160

類型研究視野下的中彰民間故事

作　　者／劉淑爾
責任編輯／王奕文
圖文排版／楊家齊
封面設計／秦禎翊

發 行 人／宋政坤
法律顧問／毛國樑　律師
出版發行／秀威資訊科技股份有限公司
　　　　　114台北市內湖區瑞光路76巷65號1樓
　　　　　電話：+886-2-2796-3638　傳真：+886-2-2796-1377
　　　　　http://www.showwe.com.tw
劃撥帳號／19563868　戶名：秀威資訊科技股份有限公司
　　　　　讀者服務信箱：service@showwe.com.tw
展售門市／國家書店（松江門市）
　　　　　104台北市中山區松江路209號1樓
　　　　　電話：+886-2-2518-0207　傳真：+886-2-2518-0778
網路訂購／秀威網路書店：http://www.bodbooks.com.tw
　　　　　國家網路書店：http://www.govbooks.com.tw

2013年8月BOD一版
定價：400元

國家圖書館出版品預行編目

類型研究視野下的中彰民間故事 / 劉淑爾著. -- 一版. --
臺北市 : 秀威資訊科技, 2013.08
　面； 公分. --
ISBN 978-986-326-145-2 (平裝)

1. 民間故事　2. 分類索引　3. 臺灣

539.533021　　　　　　　　　　　　102013362

讀 者 回 函 卡

感謝您購買本書，為提升服務品質，請填妥以下資料，將讀者回函卡直接寄回或傳真本公司，收到您的寶貴意見後，我們會收藏記錄及檢討，謝謝！
如您需要了解本公司最新出版書目、購書優惠或企劃活動，歡迎您上網查詢或下載相關資料：http:// www.showwe.com.tw

您購買的書名：_____

出生日期：_____年_____月_____日

學歷：□高中 (含) 以下　　□大專　　□研究所 (含) 以上

職業：□製造業　□金融業　□資訊業　□軍警　□傳播業　□自由業
　　　□服務業　□公務員　□教職　　□學生　□家管　　□其它_____

購書地點：□網路書店　□實體書店　□書展　□郵購　□贈閱　□其他

您從何得知本書的消息？

　□網路書店　□實體書店　□網路搜尋　□電子報　□書訊　□雜誌
　□傳播媒體　□親友推薦　□網站推薦　□部落格　□其他_____

您對本書的評價：（請填代號　1.非常滿意　2.滿意　3.尚可　4.再改進）

　封面設計____　版面編排____　內容____　文／譯筆____　價格____

讀完書後您覺得：

　□很有收穫　□有收穫　□收穫不多　□沒收穫

對我們的建議：_____

_____

_____

_____

11466
台北市內湖區瑞光路 76 巷 65 號 1 樓

秀威資訊科技股份有限公司　　　收

BOD 數位出版事業部

....

（請沿線對折寄回，謝謝！）

姓　　名：＿＿＿＿＿＿＿＿＿　年齡：＿＿＿＿　性別：□女　□男

郵遞區號：□□□□□

地　　址：＿＿＿＿＿＿＿＿＿＿＿＿＿＿＿＿＿＿＿＿

聯絡電話：(日) ＿＿＿＿＿＿＿＿＿＿＿ (夜) ＿＿＿＿＿＿＿＿＿＿＿

E-mail：＿＿＿＿＿＿＿＿＿＿＿＿＿＿＿＿＿＿＿＿＿